全国高等职业教育道路与桥梁专业“十二五”规划教材

道路工程制图

主　编　张淑英　沈　磊　裴丽娜
副主编　包晓英　王凤维
主　审　杨忠贤

黄 河 水 利 出 版 社
·郑　州·

内容提要

本书是全国高等职业教育道路与桥梁专业“十二五”规划教材。在编写过程中，特别注意了高等职业技术教育理论以必须和够用为度的原则，内容上力求简明扼要，以实际应用为导向，由浅入深，尽量坚持理论为实践服务的指导思想，符合高职教育工、学结合的特点。

全书共十一章。主要内容有：概述，制图基本知识，投影的基本知识和轴测投影，点、直线和平面的投影，立体的投影，组合体的投影及尺寸标注，剖面图与断面图，标高投影，道路路线工程图，桥梁隧道工程图和涵洞与通道工程图。为了突出技能训练和素质培养，本教材配套有《道路工程制图习题集与技能训练指导书》。

本书可作为高职高专院校、本科院校举办的职业技术学院五年制高职、成人教育道路与桥梁专业及相关专业的教材，也可供从事相关工作的人员参考。

图书在版编目(CIP)数据

道路工程制图/张淑英，沈磊，裴丽娜主编. —郑州：黄河水利出版社，2013.12

全国高等职业教育道路与桥梁专业“十二五”规划教材

ISBN 978-7-5509-0541-2

Ⅰ. ①道… Ⅱ. ①张… ②沈… ③裴… Ⅲ. ①道路工程-工程制图-高等职业教育-教材 Ⅳ. ①U412.5

中国版本图书馆 CIP 数据核字(2013)第 204616 号

出 版 社：黄河水利出版社

地址：河南省郑州市顺河路黄委会综合楼 14 层　邮政编码：450003

发行单位：黄河水利出版社

发行部电话：0371-66026940、66020550、66028024、66022620(传真)

E-mail：hhslcbs@126.com

承印单位：黄河水利委员会印刷厂

开本：787 mm×1 092 mm　1/16

印张：12

字数：290 千字　　印数：1—4 000

版次：2013 年 12 月第 1 版　　印次：2013 年 12 月第 1 次印刷

定价：28.00 元

前　言

高等职业院校的任务是培养能够适应社会需要的理论扎实、实践动手能力强、具有较强创新意识的高素质实用型人才。高职教材要体现出：①针对性与先进性；②实用性与可操作性；③综合性与科学性。

本教材贯彻《道路工程制图标准》(GB 50162—92)。在编写过程中，注意理论与实际结合，注重对学生分析问题与解决问题能力的培养和训练。在开始学习投影基本知识时，较早介绍轴测投影，有利于提高学生的空间想象能力，为学生学习投影理论打好基础。在点、线、面的投影特性讲解中，不是孤立地讲抽象的点、线、面，而是将它们具体到形体中，有利于学生充分理解和应用。在专业图部分，以学习图示方法和读图为主，有利于达到专业培养目标。

本教材有以下几个显著特点：

1. 结构合理性

对每章内容明确提出知识目标和能力目标，使学生便于自主学习。有利于学生学习主动性和兴趣培养，有利于学生的学习能力、学习习惯、学习方法培养，也有利于提高教学效率。

2. 知识适用性

本教材以工程体图示法为主线组织投影作图教学，把立体作为研究对象，先建立基本形体三视图形成概念，再从基本形体上分析点、线、面的投影特征，这样比较符合学生从具体到抽象的认知规律。整个教材淡化了理论系统性，对制图原理的讲述简明扼要，以实际应用为导向，以技能训练为核心，增强能力培养，实现素质教育，体现了科学性、时代性。

3. 专业针对性

实践性教学体现了工、学结合的要求。为紧密配合本教材教学，还编制了与教材配套使用的《道路工程制图习题集与技能训练指导书》，其中附有技能实训的任务书和指导书，以完成工作任务的形式分项目进行综合技能训练，在学习中工作，在工作中学习，突出技能训练和素质培养，强调了实际工作能力的提高，通过训练使学生能够按照行业的规范进行制图，职业能力大大提高。

本书编写人员及编写分工如下：第一章、第九章由杨凌职业技术学院张淑英编写，第二章、第四章由内蒙古兴安职业技术学院包晓英编写，第三章、第八章由内蒙古兴安职业技术学院王凤维编写，第五章、第六章、第七章由江西交通职业技术学院裴丽娜编写，第十章和第十一章由山东交通职业学院沈磊编写。全书由张淑英、沈磊、裴丽娜任主编，由张淑英统稿，由包晓英、王凤维任副主编，由杨凌职业技术学院杨忠贤任主审。

由于编者水平有限，教材中难免有不足之处，恳请读者批评指正。

编　者

2013 年 4 月

目　录

第一章　概　述

第一节　工程图概述

一、学习工程制图课的重要性和必要性

有谁能用文字语言来精确描述一个工程物体的形状呢？没有，它需要一种特殊的语言——工程图。

在工程技术中，人们把“图”称为工程界的语言。在现代工业中，无论是建造房屋、修路架桥或者制造产品都需要依照图样进行施工或生产。图样已成为人们表达设计意图、交流技术思想的工具。

道路工程建设要经过设计和施工两个主要过程。设计，就是设计人员把想象中的工程体通过整套的“设计图纸”表示出来，一般要经过方案设计、技术设计、施工设计三个阶段。施工就是根据设计图纸把“道路工程”建造出来。

道路工程制图是介绍道路、桥涵图样绘制和识读规律的一门课程，是从事道桥工程建设的设计和施工技术人员表达设计意图、交流技术思想、指导生产施工等必须具备的基本知识和基本技能，不懂这门“语言”，他就是“图盲”，根本无法工作。此外，没有制图知识作基础，许多专业课程将难以学习。因此，道路工程制图课程是道路与桥梁工程技术专业的学生和从事相关行业的工程技术人员必须掌握的基本技能。

作为道路与桥梁工程技术专业的高等职业技术应用型人才，其主要岗位群就是道路与桥梁工程施工，看不懂工程图将是寸步难行的。

二、工程图及其作用

工程图是按一定的投影原理和方法并遵照国家工程建设标准有关规定绘制的，来准确表达工程体的形状、大小、位置，并说明有关技术要求的图样。它是审批建设工程项目的依据；在生产施工中，它是备料和施工的依据；当工程竣工时，要按照工程图的设计要求进行质量检查和验收，并以此评价工程优劣；工程图还是编制工程概算、预算和决算以及审核工程造价的依据；工程图是具有法律效力的技术文件。

三、道路工程图的种类

道路是一种供车辆行驶和行人步行的带状结构物，其基本组成包括路线、路基及防护、路面及排水、桥梁、涵洞与隧道、交通工程及沿线设施、绿化及美化等。

道路根据其不同的组成和功能特点，可分为公路和城市道路两种，位于城市以外的道路称为公路，位于城市范围以内的道路称为城市道路。

道路工程具有组成复杂、长宽高三个方向尺寸相差悬殊、形状受地形影响大和涉及学科

广的特点，所以道路工程图的图示方法与一般工程图不完全相同，它是由表达道路整体状况的路线工程图和表达各组成部分的构造物工程图共同组成的。其中，路线工程图由路线平面图、路线纵断面图和路基横断面图三种图样组成，构造物工程图主要由桥梁、隧道、涵洞、通道、防护及排水等工程图组成。道路工程图根据内容的不同可分为道路路线工程图、道路路面结构图、桥梁涵洞工程图、桥梁构件图及钢筋混凝土结构图。

第二节　学习道路工程制图课程的目的和方法

一、道路工程制图课程的教学目的

道路工程制图课程的教学目的有两个：一是让学生掌握各种道路图的图示方法和制图标准的有关规定，训练学生绘制道路工程图的技能，能绘制出符合国家制图标准的高质量的工程图；二是了解并熟悉各类道路工程图表达的内容，培养学生阅读专业图的能力，为学习后续专业课程和就业打下良好的基础。为实现高等职业技术教育的培养目标，还要注意培养学生认真负责、踏实敬业的工作态度和严谨求实、一丝不苟的工作作风，培养学生的空间想象能力、分析问题能力、解决问题能力、创造能力和审美能力，将良好素质培养和思想品德培养贯穿于教学全过程。

二、道路工程制图课程的学习方法和要求

本课程是一门既有理论又有实践的基本技能课。要学好这门课程要做到以下几点。

(一)端正态度，严肃认真

态度决定成败。要充分认识本课程在专业中的重要地位，以严肃认真的学习态度对待道路工程制图课。只有明确学习目的，才能刻苦认真，勤勉努力。

(二)专心听讲，及时复习

投影理论是工程制图的基础，初学时常会感到抽象难懂，投影理论又是环环紧扣，前边不学懂，后边难学懂。因此，听讲要专心，要善于思考，注意弄清基本概念，课后要及时复习以加深理解。最好能在每节课后，归纳整理学习笔记，将基本概念、基本原理、基本作图方法、基本图示要求等一一掌握。

(三)循序渐进，借助直观

要特别注意理解三维空间和二维平面图形之间的一一对应关系，弄清从空间到平面和从平面到空间的过程。在透彻理解课本例题的基础上，再完成一定的习题。在理解这些空间关系时，要经常借助直观的手段。比如，将铅笔当作直线，三角板或纸张当作平面，教室前面互相垂直的地面、墙面、黑板面当作投影面，或用纸张折叠投影体系及几何体等，依此比划模拟，帮助思考，培养空间想象能力和空间分析能力。

(四)多作实训，一丝不苟

本课程是一门实践性很强的技能课，任何技能的掌握都不是一朝一夕的事情，一定要自觉地加强绘图基本功的训练，勤学多练才能掌握较高的绘图技能。绘图要严谨，图上的每一笔都要遵循正确的方法、步骤和规律。图上的每一个符号、每一个数字、每一条图线、每一个标注都要准确无误。最好把每种示范图纸都抄绘一遍甚至多遍。严格训练绘图基本功，只

有这样才能提高绘图和读图能力，加快绘图速度，提高图纸质量。

（五）严格要求，耐心细致

道路工程图是道路建设施工的重要依据，图纸上一字一线的错误都会造成巨大损失，所以从画第一张作业图开始就要养成耐心细致、认真负责的工作态度和工作作风。学习制图标准时，有的内容要熟记牢记，如线型的名称和用途，图例符号、剖切符号、详图符号等。这些都是识读和绘制道路工程图的必备知识，一定要用心学习。

总之，要想在道路与桥梁工程建设行业就业，就必须学好道路工程制图课。

第二章　制图基本知识

知识目标

- 认识常用绘图工具，掌握绘图工具的性能和使用方法。
- 熟悉工程图绘制的国家标准，掌握工程图绘制的一般方法。
- 认识几何作图的重要性，掌握几何作图的画法和步骤。

能力目标

- 能正确熟练地使用绘图工具。
- 能正确应用国家制图标准。
- 能按要求画出常见几何图形。
- 能正确绘制平面图形。

第一节　制图工具及其使用方法

“工欲善其事，必先利其器”。绘制工程图，必须具备良好的制图工具和仪器，才能画出精美的图样。只有掌握制图工具的正确使用方法，才能提高工作效率，保证制图质量。应经常注意维护与保养制图工具，以延长它们的使用寿命。

一、制图工具及用品

绘制工程图需要具备的工具和用品有：图板，丁字尺，三角板，曲线板，比例尺，四件圆规，2H、2B、HB 铅笔，绘图橡皮，刀片，砂纸，擦布，绘图纸，胶带，擦图片。

若要画墨线图还需要：描图纸，绘图针管笔，绘图墨水。

二、制图工具的使用方法

（一）图板

图板是用来安置和固定图纸的，一般用胶合板制成。表面平整光洁，软硬适宜。图板的两短边为工作边，光滑平直，使用中要注意保护。常用图板有 0 号（900 mm × 1 200 mm）、1 号（600 mm × 900 mm）、2 号（450 mm × 600 mm）几种规格，可根据需要选用。当图纸固定其上后，只能以左侧边为工作边。在绘图过程中不得再变换工作边。图板不可受潮或高热，以防板面翘曲或破裂。固定图纸时应用胶带粘贴，不可使用其他任何方法固定。如图 2-1 所示。

（二）丁字尺

丁字尺（见图 2-1）一般用有机玻璃制成，由尺头和尺身组成，两部分互相垂直，尺身上有刻度的一边为工作边，用于画水平线。工作时，丁字尺尺头须靠着图板的左侧边（见图 2-2），左手大拇指轻压尺身，其余手指扶住尺头，稍向右按，使尺头靠紧图板工作边。画线时，如图 2-3 所示，自左向右画水平线，不能用丁字尺的下边画线。

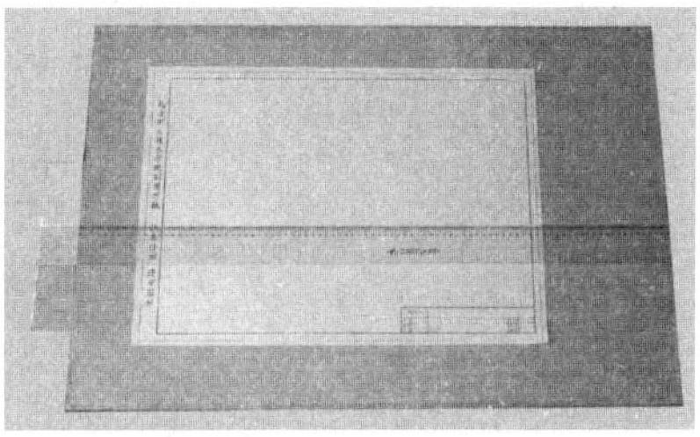

图 2-1　图板与丁字尺

(三) 三角板

三角板靠在丁字尺工作边上自下向上画铅垂线，如图 2-4 所示，两块三角板配合使用可画 15°、75°等斜线，如图 2-5 所示。为了保持尺边的平直，不能以丁字尺和三角板的画线边为导边用刀裁纸。

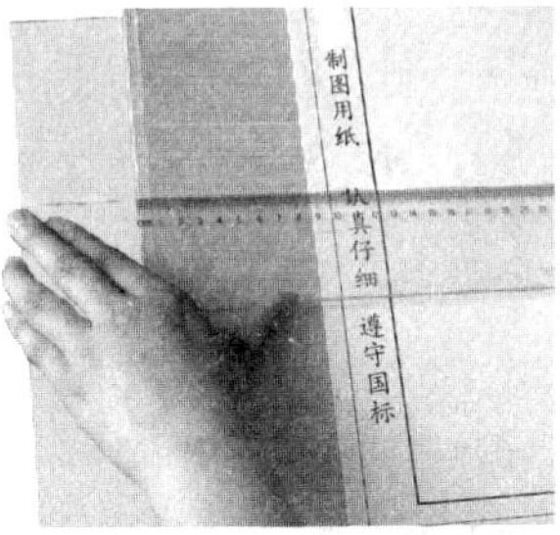

图 2-2　手握丁字尺的姿势

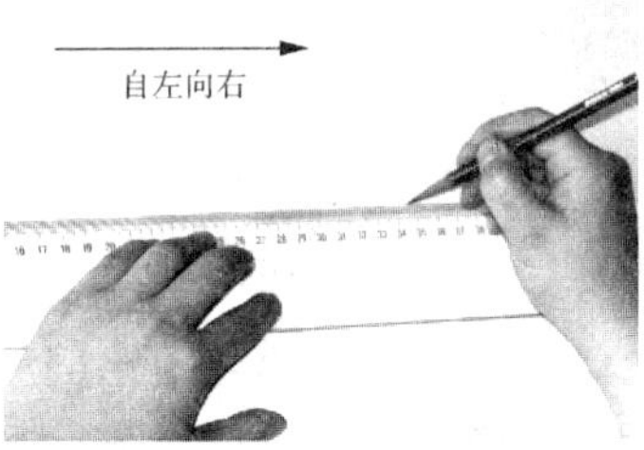

图 2-3　用丁字尺画水平线

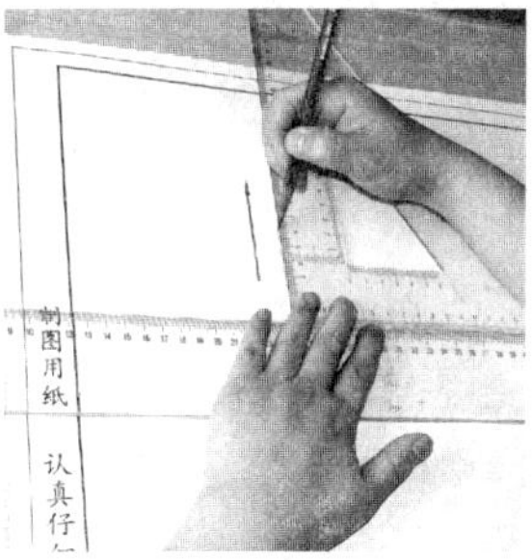

图 2-4　用丁字尺和三角板画铅垂线

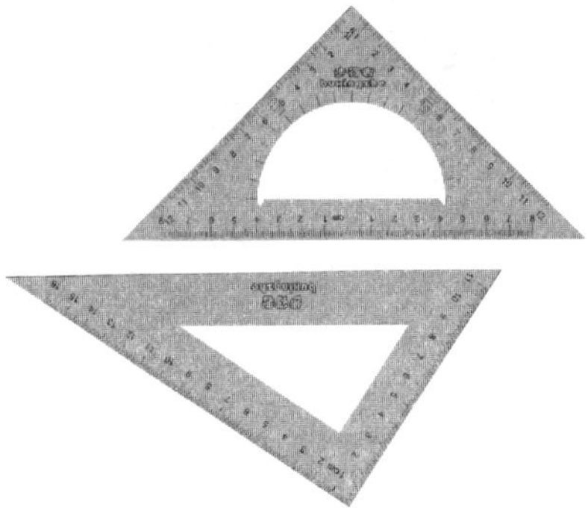

(a) 三角板

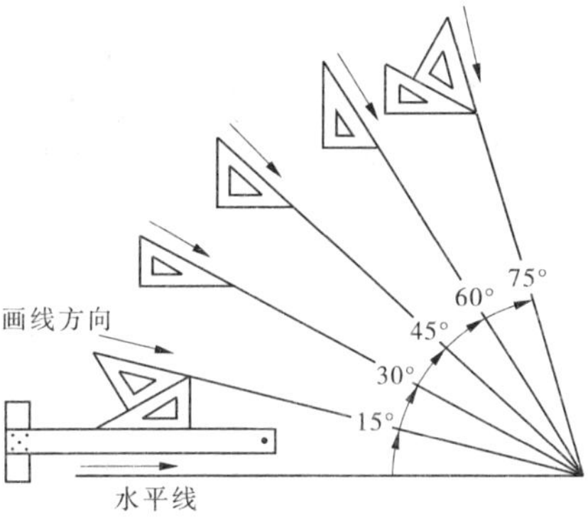

(b) 画斜线

图 2-5　用三角板画各种角度倾斜线

(四) 曲线板

曲线板(见图 2-6)是用来画非圆曲线的。画曲线时，应先徒手把曲线上各点轻轻地依次连成圆滑的细线，见图 2-7(b)，然后选择曲线板上曲率相当的部位进行画线。一般每画一段线最少应有三个点与曲线板上某一段吻合，见图 2-7(c)，并与已画成的相邻线段重合一部分，还应留出一小段不画，作为下段连接时过渡用，以保持曲线光滑，见图 2-7(d)、(e)。

图 2-6　曲线板

(五) 比例尺

比例尺又称为三棱尺，见图 2-8，用于图形放大或缩小。比例尺的三个面有六种不同比例的刻度，刻度数字单位是“m”，在运用比例尺时，首先要认清各个比例刻度最小格的读数。

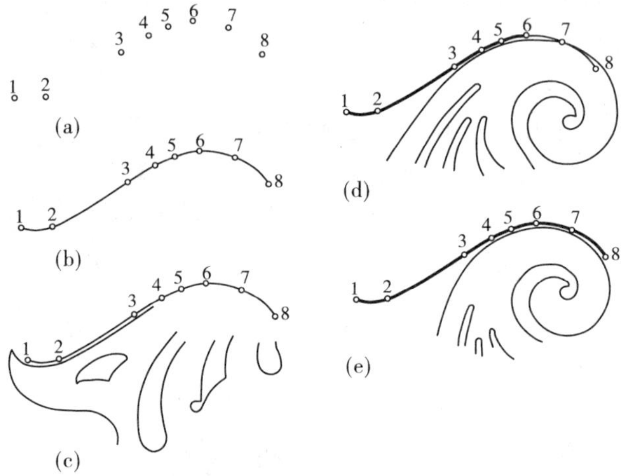

图 2-7　用曲线板画曲线

例如 1∶100 的比例尺上每一小格为 0.1 m，而 1∶1 000 的比例尺上每一小格为 1 m。由此可以看出，用比例尺量取线段时，只要在三棱尺上找到图样比例，在三棱尺上直接读刻度值即可，如图 2-9 所示。使用时只能用来度量尺寸，不可以用来画线。

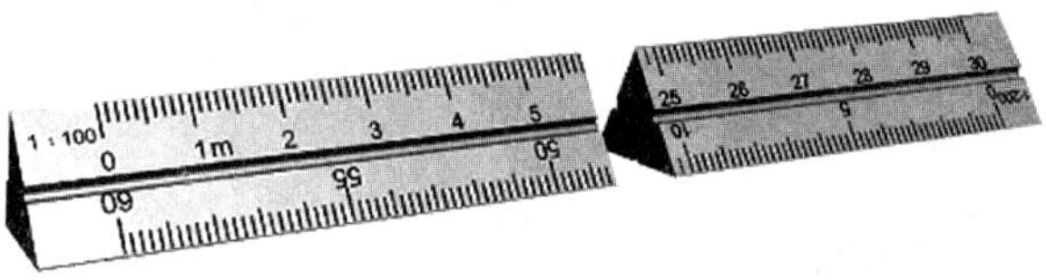

图 2-8　比例尺

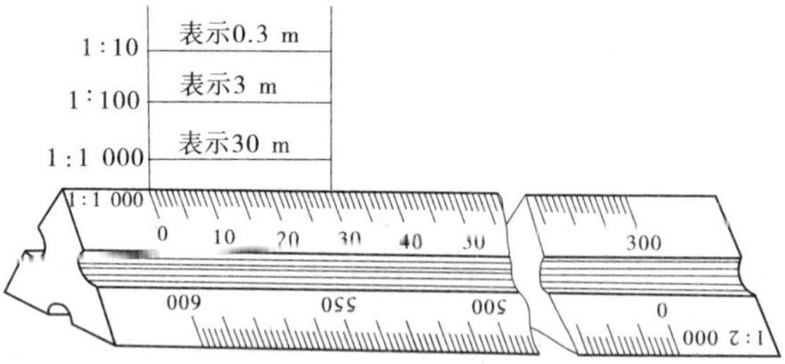

图 2-9　比例尺的使用

（六）铅笔

绘图铅笔的标号 H、B 是表示铅芯的硬软程度。B 前的数字愈大，表示铅芯愈软，绘出的图线颜色愈深；H 前的数字愈大，表示铅芯愈硬，绘出的图线颜色愈淡。HB 表示软硬适中。加深图线常用 2B 铅笔；写字常用 HB 铅笔，画底稿线常用 2H 铅笔。

削铅笔时应从没有标号的一端开始，以便保留铅芯软硬的标号，为了保证同一图样上的同类线型粗细一致，除写字用和画起止符号用铅笔铅芯部分削成锥形外，其他的可按图线粗细要求削成薄扁、中扁、厚扁形，如图 2-10 所示。

（七）圆规和分规

圆规是用来画圆或圆弧的仪器。四件圆规中有分规、铅芯插腿、鸭嘴插腿和延伸杆等（见图 2-11）。

图 2-10　铅笔的削磨

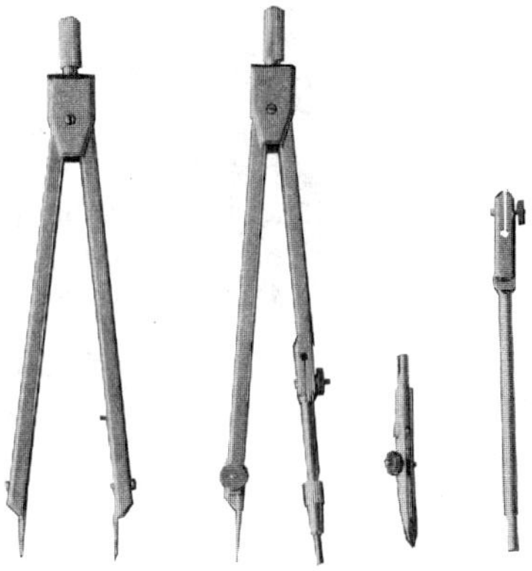

从左到右为分规、圆规用铅芯插腿、描图用鸭嘴插腿、画大圆用延伸杆

图 2-11　四件圆规

分规用于量取线段或等分线段。在使用分规时其两脚高低应一致。用分规等分线段时，先将分规张开到每等分长度，然后试分。如不足或超出，根据余量再调分规。如图 2-12 所示在三分线段时，由于分规张开距离不够，剩下余量 $B3$，需将分规再张大 $B3$ 的 1/3 后，继续试分。等分时分规运动方向见图 2-12。

画圆的方法见图 2-13；画大圆时，需要加延伸杆，如图 2-14 所示。

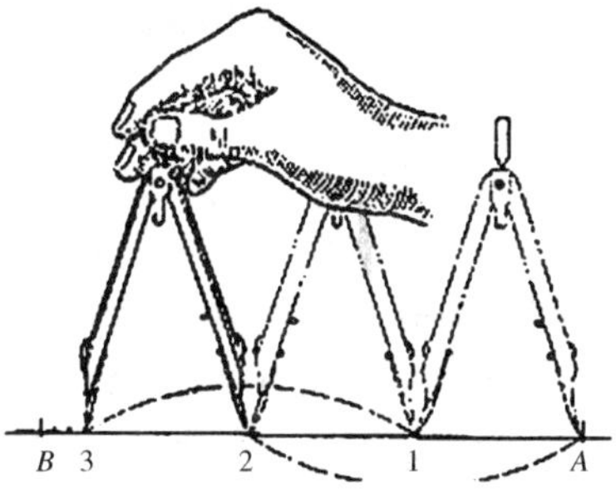

图 2-12　分规等分线

（八）墨线笔

墨线笔用来画墨线。一种是鸭嘴笔，一种是针管笔，分别见图 2-15、图 2-16。

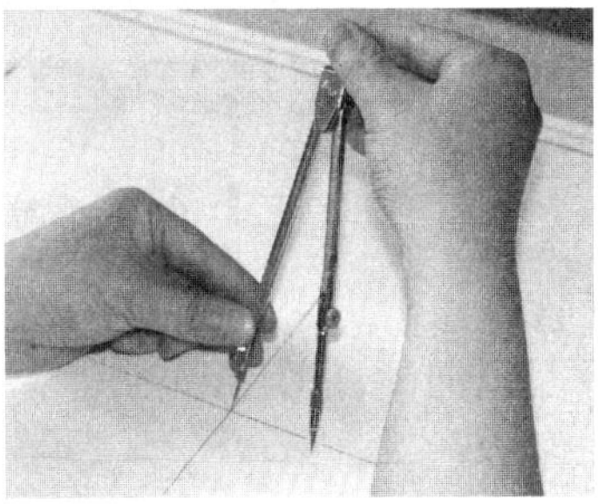

(a)用手帮助定位

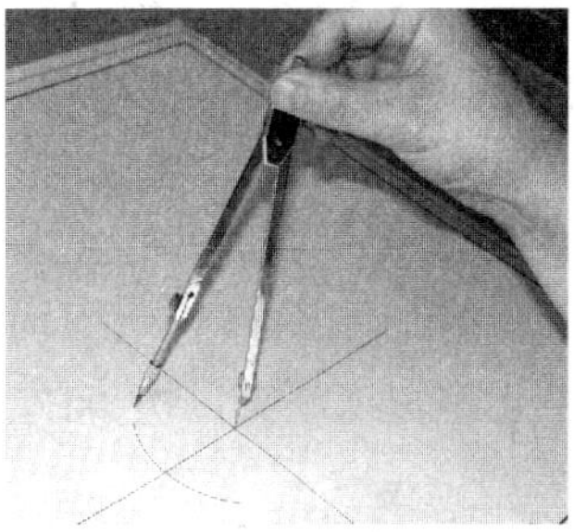

(b)画圆按顺时针方向旋转

图 2-13　用圆规画圆

鸭嘴笔的笔尖由两个小钢片合对构成，形似鸭嘴，有螺丝，可调整两个钢片的距离，以画

图 2-14　用加延伸杆画大圆

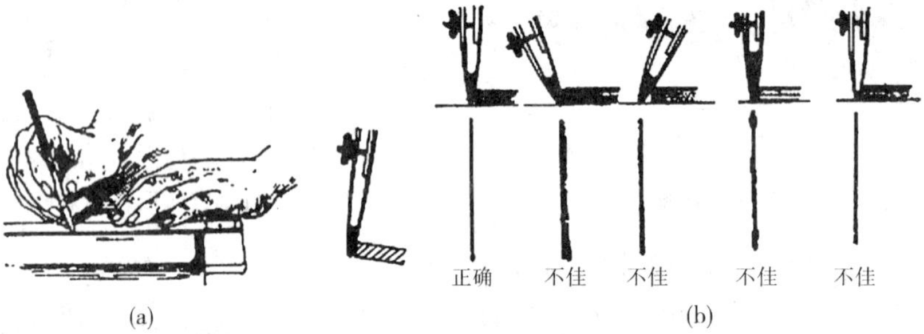

图 2-15　鸭嘴笔的使用

出不同粗细的线条。绘图前要先把绘图墨汁注入鸭嘴，注入高度以 5 mm 为宜，切不可将鸭嘴笔直接插入墨水瓶中蘸取。画图前要先在废描图纸上试画，宽度合适时才能在正式纸上画。描绘一条线的中途不能停顿，以防出现“拖墨”而弄脏图纸。用完后要擦拭干净，放松螺丝后收存。

针管笔的笔尖是用不锈钢针管内带通针制成的，有多种规格（从 0.1 ~ 1.2 mm）供绘制不同粗细的图线时使用。它能像普通钢笔一样吸墨水，可连续使用较长时间，比鸭嘴笔更方便。为保证墨水流畅，必须使用专用绘图墨水，用毕后应及时清洗。

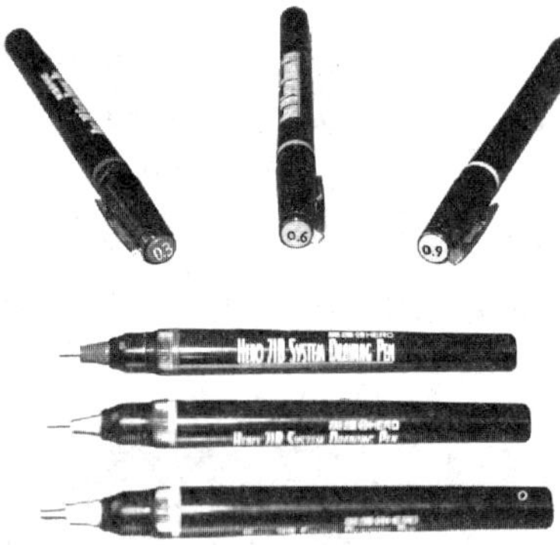

图 2-16　针管笔

用墨线笔画图时，笔位于铅垂面内且向前进方向倾斜 5° ~ 10°，运笔速度不宜过快，自左向右画线，不可反向画，以免纸纤维堵塞笔尖管孔。

（九）图纸

图纸分绘图纸和描图纸两种。绘图纸常用于绘制底图或铅笔图，要求纸面洁白，质地厚实，画线时不洇水，用橡皮擦拭时不起毛，幅面符合国家标准。

描图纸即硫酸纸，要求透明度好、有柔性。在工程施工中，往往需要多份图纸，通常采用先描后晒的方法进行，成本较低。晒成的图俗称蓝图。图上墨线要自然干燥，不能用吸墨纸吸干。不要折叠图纸，不要在图纸上方削铅笔或给墨线笔加墨，以保持图面整洁。

（十）模板

模板用来提高制图效率。模板有圆模板、椭圆模板、常用符号模板、图形模板、字母模板等。模板上刻有一系列大小不同的圆、椭圆、多种符号，如图 2-17 所示。用模板画图时笔应尽量与纸面垂直且紧切图形边缘。

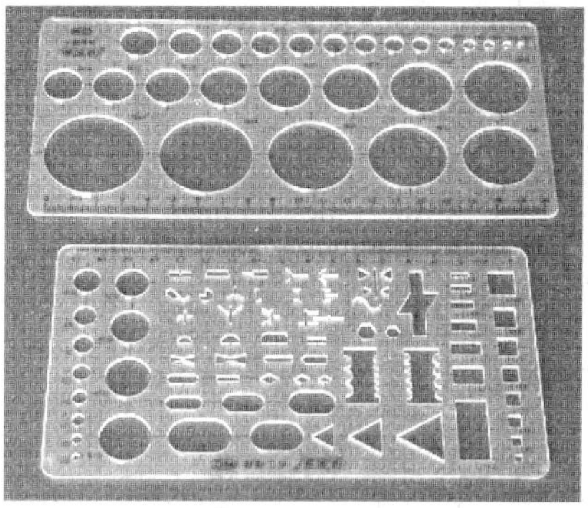

图 2-17　模板

（十一）擦图片

擦图片用很薄的不锈钢制成（见图 2-18），是用来修改图线的。用时，把正确的图线盖住，把需要擦掉的图线从擦图片上适当的缺口中漏出，用橡皮擦掉。

（十二）绘图小用品

绘图小用品见图 2-19，小刀用来削铅笔，胶带用来固定图纸，砂纸用来磨铅，单面刀片用来修图。此外，还有绘图专用墨水。

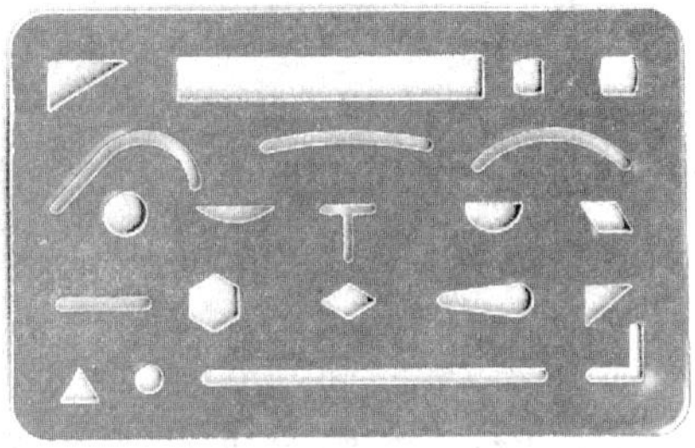

图 2-18　擦图片

图 2-19　绘图小用品

第二节　制图基本规则

“图是工程界的语言”，如果没有统一严格的标准，图样就会失去它的作用。因此，严格遵守标准绘图是非常必要的。为此，国家制定了各种制图标准，本教材执行《道路工程制图标准》（GB 50162—92）。

一、图幅图框、图标及会签栏

（一）图幅图框

为了图纸的装订、管理和合理利用，国标规定了图纸的幅面大小和图框尺寸，如表 2-1 所示，表中代号含义如图 2-20 所示。

从表 2-1 中可以看出，A1 幅面是 A0 的对开，A2 幅面是 A1 的对开，其他依次类推。A0 号图幅的面积为 1 m^2，$l=\sqrt{2}b$。

必要时可以加长图纸的幅面，在加长时只加长长边，图幅的短边不得加长。长边加长的长度，图幅 A0、A2、A4 应为 150 mm 的整倍数，图幅 A1、A3 应为 210 mm 的整倍数。

表 2-1　图幅及图框尺寸表　（单位：mm）

尺寸代号	幅面代号				
	A0	A1	A2	A3	A4
$b \times l$	841 × 1 189	594 × 841	420 × 594	297 × 420	210 × 297
a	35			30	25
c	10				

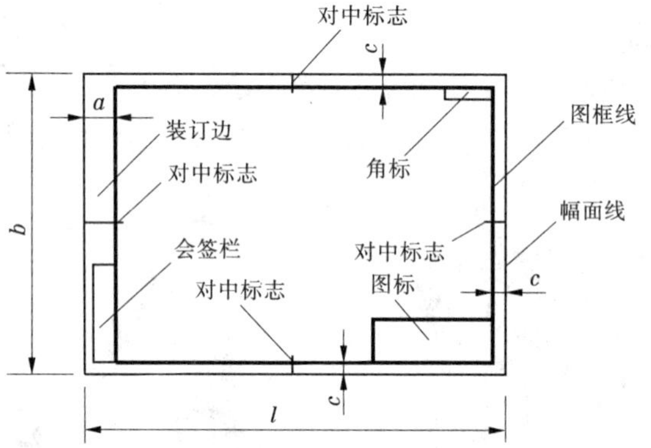

图 2-20　图幅图框

国家标准规定一项工程所用的图纸（套图），不宜多于两种图纸幅面，但图纸目录表格所用的 A4 图纸不在此限。

需要缩微后存档或复制的图纸，图框四边均应具有位于图幅长边、短边中点的对中标志（见图 2-20），并应在下图框线的外侧，绘制一段长 100 mm 标尺，其分格为 10 mm。对中标志的线宽宜大于或等于 0. 5 mm，标尺线宜采用 0. 25 mm 宽的实线绘制（见图 2-21）。

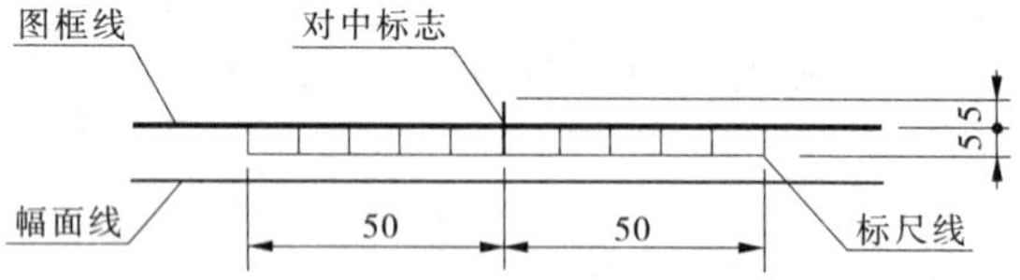

图 2-21　对中标志及标尺　（单位：mm）

（二）图标及会签栏

（1）图标，用来简要说明图纸的内容，图标应布置在图框内右下角（见图 2-20）。图标外框线线宽宜为 0. 7 mm，图标内分格线线宽宜为 0. 25 mm。

（2）图标应采用图 2-22 中的一种。

（3）会签栏宜布置在图框外左下角（见图 2-20），并应按图 2-23（a）绘制。会签栏外框线线宽宜为 0. 5 mm，内分格线线宽宜为 0. 25 mm。

（4）当图纸需要绘制角标时，应布置在图框内的右上角，角标线线宽宜为 0. 25 mm。

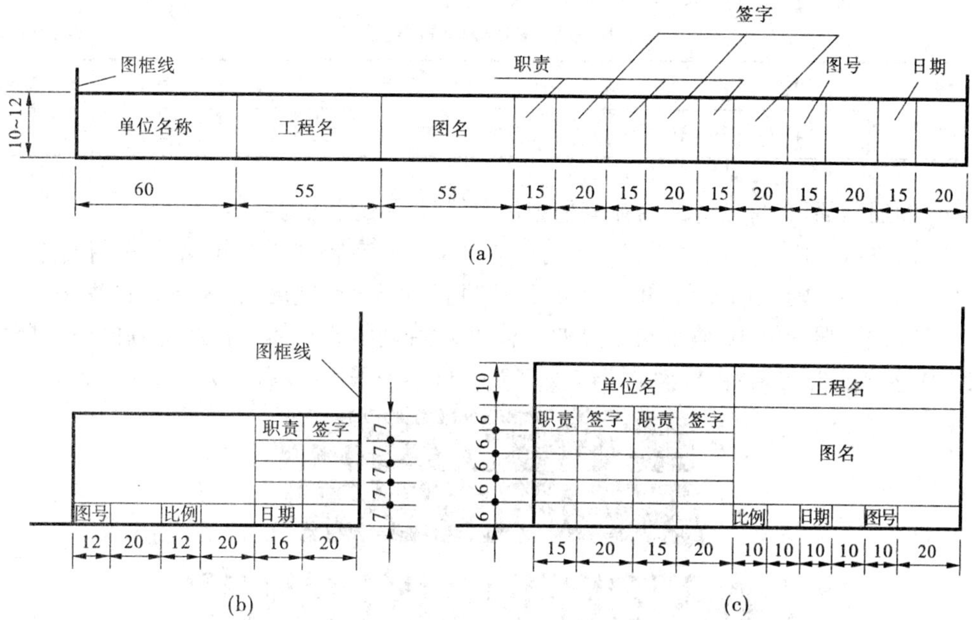

图 2-22　图标　（单位：mm）

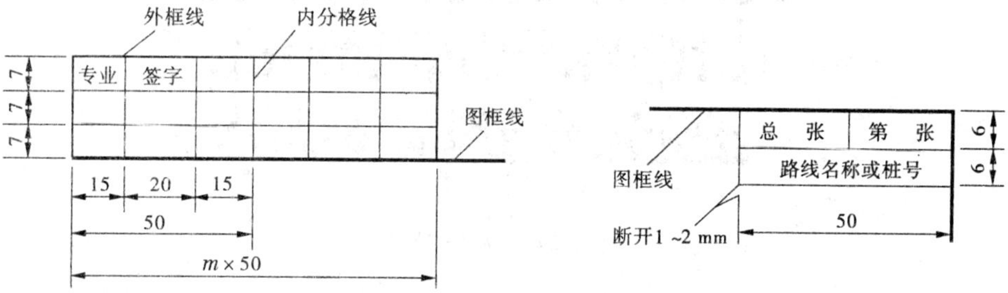

（a）会签栏　　　（b）角标

图 2-23　会签栏与角标

二、字体及书写方法

工程图样上除绘有图形外，还要用汉字填写图标、注写技术要求或说明事项，用数字注写尺寸，用字母表示定位轴线的编号、符号等。这些字体必须书写端正、排列整齐、笔画清晰。标点符号也要清楚正确。不能用龙飞凤舞的手写体书写。有时由于一个字的错误，将会给工程带来困难，造成一些不必要的损失。因此，绘图时必须认真对待，不能掉以轻心。

（一）字体

（1）图纸上的文字、数字、字母、符号、代号等，均应笔画清晰、字体端正、排列整齐、标点符号清楚正确。

（2）文字的字高尺寸系列为 2.5 mm、3.5 mm、5 mm、7 mm、10 mm、14 mm、20 mm。当采用更大的字体时，其字高应按$\sqrt{2}$的倍数递增。

（3）图纸中的汉字应采用长仿宋体，字的高、宽尺寸，可按表 2-2 的规定采用。当采用打字机打印汉字时，宜选用仿宋体或高宽比为$\sqrt{2}$的字型。

表 2-2　长仿宋体汉字的高、宽尺寸　　（单位：mm）

字高	20	14	10	7	5	3.5	2.5
字宽	14	10	7	5	3.5	2.5	1.8

（4）图册封面、大标题等的字体宜采用仿宋体等易于辨认的字体。

（5）图中汉字应采用国家公布使用的简化汉字。除有特殊要求外，不得采用繁体字。

（6）图纸中的阿拉伯数字、外文字母、汉语拼音字母笔画宽度，宜为字高的 1/10。

（7）在同一册图纸中，数字与字母的字体可采用直体或斜体。直体笔画的横与竖应成 90°；斜体字字头向右倾斜，与水平线应成 75°；字母不得采用手写体，如图 2-24 所示。

图 2-24　数字与字母

（8）大写字母的宽度宜为字高的 2/3，小写字母的高度应以 b、f、h、p、g 为准，字宽宜为字高的 1/2。a、m、n、o、c 的字宽宜为上述小写字母高度的 2/3。

（9）当图纸中有需要说明的事项时，宜在每张图的右下角、图标上方加以叙述。该部分文字应采用“注”标明，字样“注”应写在叙述事项的左上角。每条注的结尾应标以“。”。说明事项需要划分层次时，第一、二、三层次的编号应分别用阿拉伯数字、带括号的阿拉伯数字及带圆圈的阿拉伯数字标注。

（10）图纸中文字说明不宜用符号代替名称。当表示数量时，应采用阿拉伯数字书写。如三千零五十毫米应写成 3 050 mm，三十二小时应写成 32 h。分数不得用数字与汉字混合表示。如五分之一应写成 1/5，不得写成 5 分之 1。不够整数位的小数数字，小数点前应加 0 定位。

（11）当图纸需要缩小复制时，图幅 A0、A1、A2、A3、A4 中汉字字高，分别应不小于 10 mm、7 mm、5 mm、3.5 mm。

（二）汉字的书写要求

汉字应采用国家公布的简化汉字，并用长仿宋体。

书写长仿宋体的基本要领是：横平竖直、起落有锋、布局均匀、填满方格。

(1)横平竖直。横画要平,但由于书写习惯,往往将横画略向右上倾斜一点;竖画要直,即呈铅垂状。

(2)注意起落。即横、竖、撇、捺、点、钩、挑等笔画的起笔和落笔均应稍停顿一下,呈三角形状,使之有明显的笔锋。

(3)笔锋满格。笔画较多的字,一般应充满字格;但有些字如“一”、“四”等只能左右满格,“月”、“多”等字只能上下满格,“口”、“日”等字则上下左右均不能满格,“国”、“图”等字还须略小于字格。所以,书写时,必须根据字形的具体情况,灵活掌握。

(4)结构匀称。结构匀称是指字形的各组成部分的比例要适当。

(5)汉字与数字或字母混写时,数字或字母的字高比汉字的字高小一号。

汉字书写实例见图 2-25。

图 2-25　汉字书写实例

三、图线

图纸上所画的图形是用不同的图线组成的,一张高质量的图纸必须由不同的线条适当搭配而成,要做到图面清晰美观,不能一种图线画到底。绘制工程图时,为了表示不同内容并能分清主次,必须使用不同线型和线宽的图线。

(1)图线的宽度(b)应从 2.0 mm、1.4 mm、1.0 mm、0.7 mm、0.5 mm、0.35 mm、0.25 mm、0.18 mm、0.13 mm 中选取。

(2)每张图上的图线线宽不宜超过 3 种。基本线宽(b)应根据图样比例和复杂程度确定。线宽组合宜符合表 2-3 的规定。

表 2-3　线宽组合

线宽类别	线宽系列(mm)				
b	1.4	1.0	0.7	0.5	0.35
$0.5b$	0.7	0.5	0.35	0.25	0.25
$0.25b$	0.35	0.25	0.18(0.2)	0.13(0.15)	0.13(0.15)

注:表中括号内的数字为代用的线宽。

(3)图纸中常用线型及线宽应符合表2-4的规定。

表2-4　常用线型、线宽及用途

名称	线型	线宽	一般用途
标准实线		b	可见轮廓线、钢筋线
细实线		$0.25b$	尺寸线、剖面线、引出线、图例线、原地面线
中粗实线		$0.5b$	较细的可见轮廓线、钢筋线
加粗实线		$(1.4\sim2.0)b$	图框线、路线设计线、地平线
粗虚线		b	地下管道或建筑物
中虚线		$0.5b$	不可见轮廓线
细点画线		$0.25b$	中心线、对称线、轴线
中粗点画线		$0.5b$	用地界线
双点画线		$0.25b$	假想轮廓线、规划道路中线、地下水位线
粗双点画线		b	规划红线
波浪线		$0.25b$	断开界线
折断线		$0.25b$	断开界线

(4)虚线、长虚线、点画线、双点画线和折断线应按图2-26绘制。

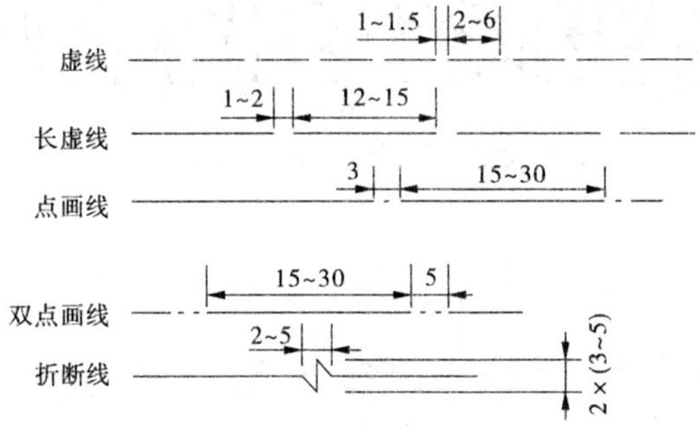

图2-26　图线的画法　(单位:mm)

(5)相交图线的绘制应符合下列规定:①当虚线与虚线或虚线与实线相交接时,不应留空隙(见图2-27(a))。②当实线的延长线为虚线时,应留空隙(见图2-27(b))。③当点画线与点画线或点画线与其他图线相交时,交点应设在线段处(见图2-27(c))。

(6)图线间的净距不得小于0.7 mm。

四、坐标

(1)坐标网格应采用细实线绘制,南北方向轴线代号应为X;东西方向轴线代号应为Y。坐标网格也可采用十字线代替,如图2-28(a)所示。坐标值的标注应靠近被标注点;书写方向应平行于网格或在网格延长线上。数值前应标注坐标轴线代号。当无坐标轴线代号时,图纸上应绘制指北标志,如图2-28(b)所示。指北针的画法如图2-28(c)所示。

(2)当坐标数位数较多时,可将前面相同数字省略,但应在图纸中说明。坐标值也可采

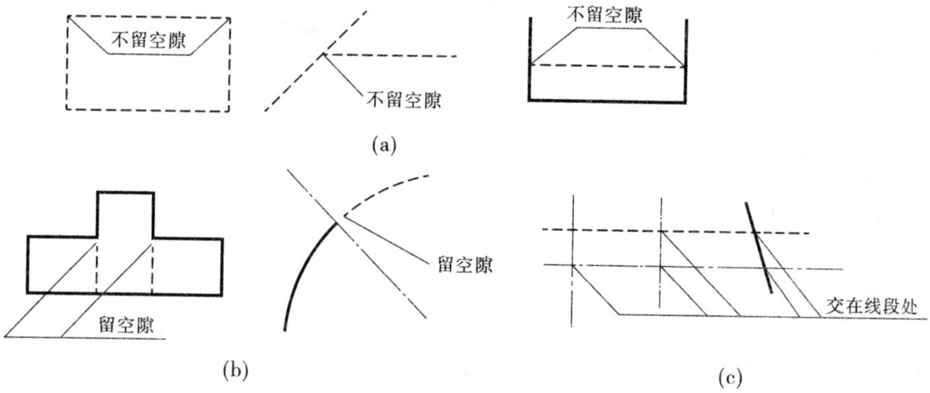

图 2-27　图线相交的画法　(单位:mm)

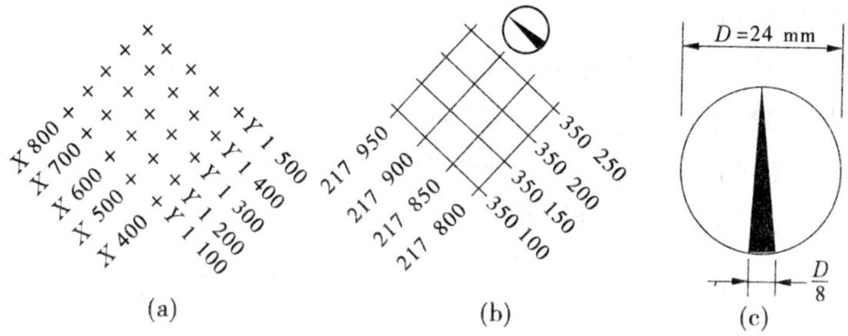

图 2-28　坐标网格及标线

用间隔标注。

(3)当需要标注的控制坐标点不多时,宜采用引出线的形式标注。水平线上、下应分别标注 *X* 轴、*Y* 轴的代号及数值,如图 2-29 所示。当需要标注的控制坐标点较多时,图纸上可仅标注点的代号,坐标值可在适当位置列表示出。坐标值的计量单位应采用"m",并精确至小数点后三位。

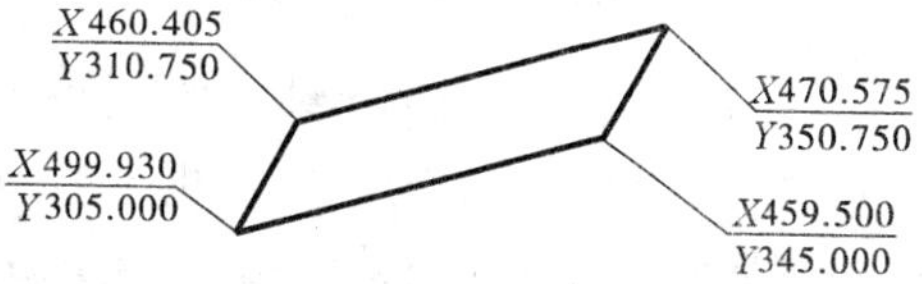

图 2-29　控制点坐标的标注

五、比例

(1)绘图的比例,应为图形线性尺寸与相应实物实际尺寸之比。比例大小即为比值大小,如 1∶50 大于 1∶100。

(2)绘图比例的选择,应根据图面布置合理、匀称、美观的原则,按图形大小及图面复杂程度确定。

(3)比例应采用阿拉伯数字表示,宜标注在视图图名的右侧或下方,字高可为视图图名字高的 0.7,如图 2-30(a)所示。当同一张图纸中的比例完全相同时,可在图标中注明,也可在图纸中适当位置采用标尺标注。当竖直方向与水平方向的比例不同时,可用 *V* 表示竖直方向比例,用 *H* 表示水平方向比例,如图 2-30(b)所示。

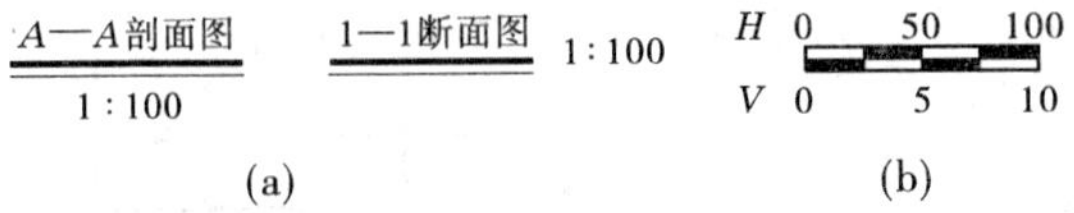

图 2-30　比例的标注

六、尺寸标注

工程图必须标注尺寸才能使用。清晰、完整、正确的尺寸标注是工程施工的依据。如果尺寸标注有错、不完整或不合理，将给施工带来困难。在这里只介绍国家标准关于尺寸标注法中的基本要求，其他内容将在以后章节中逐步介绍。

（一）尺寸组成的基本要素

图样上标注的尺寸由尺寸界线、尺寸线、尺寸起止符号和尺寸数字四个基本要素所组成，如图 2-31 所示。

（二）尺寸标注的一般规则

（1）尺寸界线应用细实线绘制，由一对垂直于被标注长度的平行线组成，其间距等于被标注的长度，如图 2-32 所示；当标注有困难时，尺寸界线也可不垂直于被标注长度，但尺寸界线应互相平行。尺寸界线一端应靠近所标注的图形轮廓线，但不得相连，另一端宜超出尺寸线 2 ~ 3 mm。图形轮廓线、中心线也可作为尺寸界线。

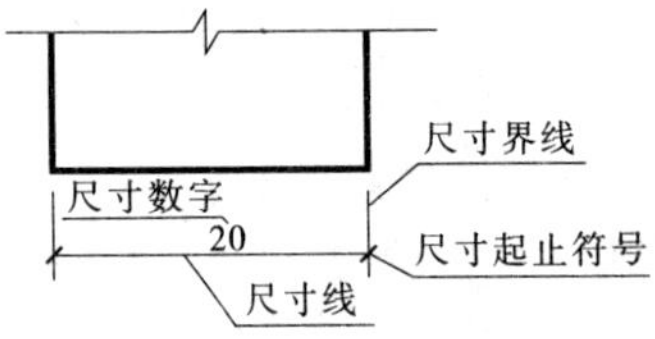

图 2-31　尺寸四要素

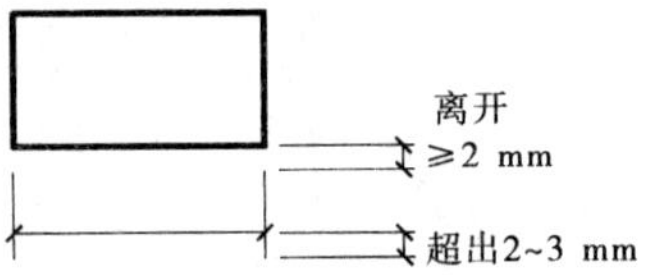

图 2-32　尺寸界线

（2）尺寸线用细实线绘制，应与被标注长度平行，且不宜超出尺寸界线。图样本身的任何其他图线均不得用作尺寸线，也不能画在其他图线的延长线上。当标注位置不足时，可采用反向箭头。尺寸线与被标注尺寸的轮廓线的间距以及互相平行的两尺寸线的间距一般为 5 ~ 15 mm（见图 2-33）；同一图纸或同一图形上的这种间距大小应当保持一致。尺寸线与尺寸线之间，尺寸线与尺寸界线之间应尽量避免相交。互相平行的尺寸线应从被标注的图形轮廓线由近向远排列，分尺寸线应离轮廓线近，总尺寸线应离轮廓线远，即大尺寸线包小尺寸线。

（3）如图 2-34（a）所示，尺寸起止符号一般用中粗斜短线绘制，其倾斜方向应与尺寸界线成顺时针 45°角，并过尺寸线与尺寸界线的交点，长度宜为 2 ~ 3 mm。半径、直径、角度与弧长的尺寸起止符号用箭头表示，如图 2-34（b）、图 2-35（a）所示。尺寸界线过密时尺寸起止符号可用小圆点表示，如图 2-35（b）所示。

（4）图样上的尺寸数字必须是物体的实际大小，它与绘图所用比例及绘图准确度无关。在道路工程图中，线路的里程桩号以 km 为单位，标高、坡长和曲线要素均以 m 为单位，一般砖、石、混凝土等工程结构物以 cm 为单位，钢筋和钢材长度以 cm 为单位，钢筋和钢材断面以 mm 为单位。图上尺寸数字之后不必注写单位，但在注解及技术要求中要注明尺寸单位。

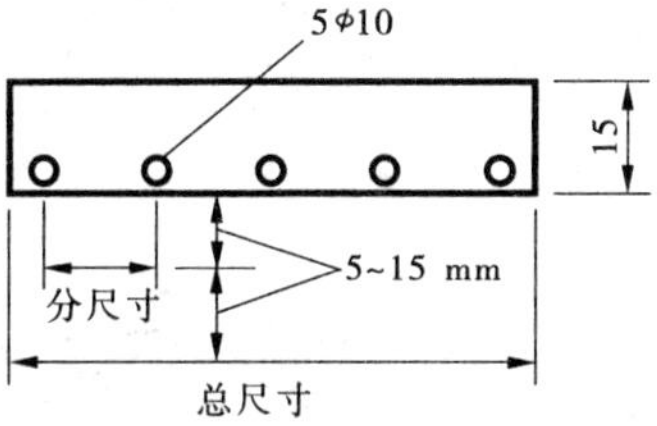

图 2-33　尺寸线

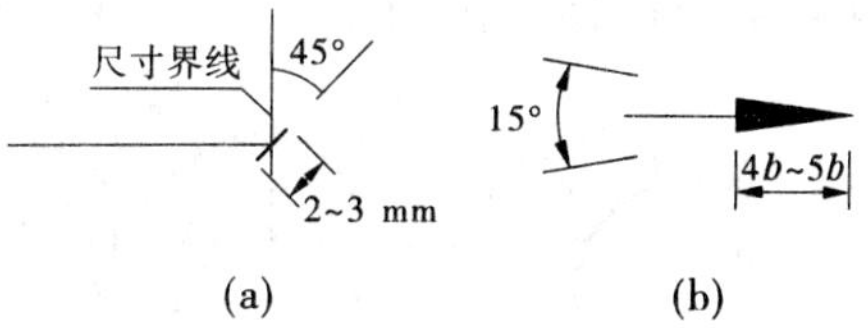

图 2-34　尺寸起止符号的画法

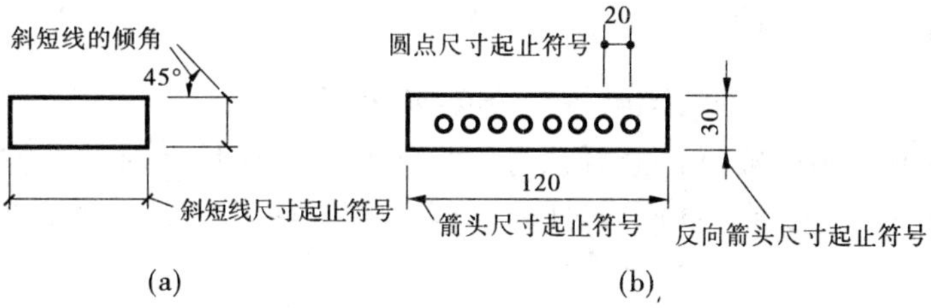

图 2-35　尺寸起止符号

①尺寸数字和文字的注写方向如图 2-36 所示。当尺寸线水平时，尺寸数字的字头必须朝上；当尺寸线垂直时，尺寸数字的字头必须朝左；当尺寸线倾斜时，尺寸数字的字头总保持朝上的趋势。

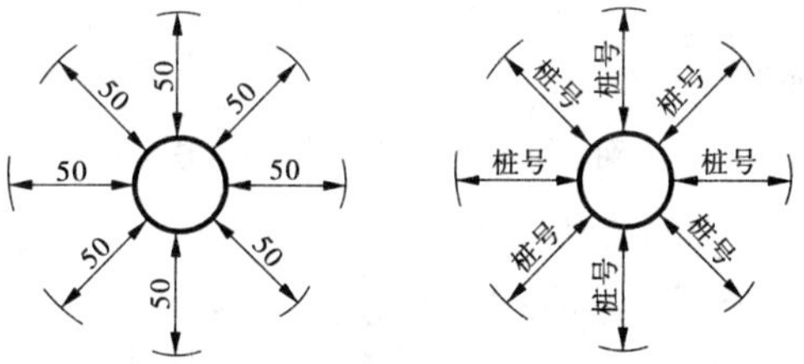

图 2-36　尺寸数字、文字的注写方向

②如没有足够的注写位置，最外边的尺寸数字可注写在尺寸界线的外侧，中间相邻的尺寸数字可错开注写（见图 2-37）。

③为了保证图上的尺寸数字清晰，任何图线、符号都不允许穿过尺寸数字。无法避免时应将图线断开。

④引出线的斜线与水平线应采用细实线绘制，其交角可按 90°、120°、135°、150°绘制。当斜线在一条以上时，各斜线宜平行或交于一点，如图 2-38 所示。当图形需要文字说明时，可将文字说明标注在引出线的水平线上。

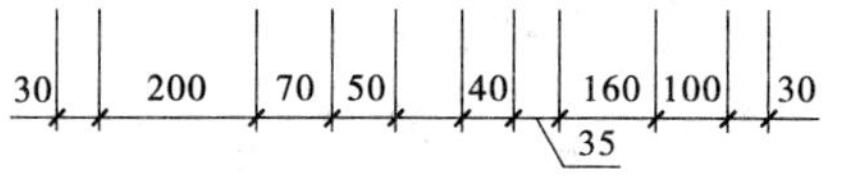

图 2-37　尺寸数字的注写位置

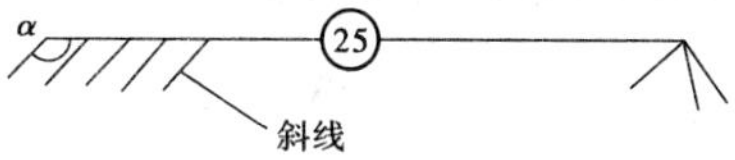

图 2-38　引出线的标注

（三）常用尺寸标注法

1. 半径、直径的标注

半圆或小于半圆的圆弧一般标注半径尺寸，如图 2-39（a）所示，半径尺寸线应一端从圆心开始，另一端画箭头指向圆弧，半径数字前应加注半径符号“R”。小圆弧和大圆弧可按图 2-39(b)、(c)的形式标注。

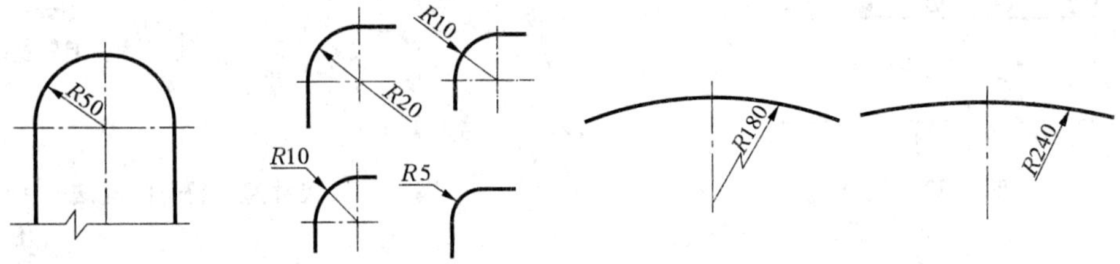

(a)半径标注方法　(b)小圆弧半径的标注方法　(c)大圆弧半径的标注方法

图 2-39　半径的标注方法

圆或大于半圆的圆弧需标注直径尺寸。标注圆的直径尺寸时，直径数字前应加符号“ϕ”。在圆内标注的直径尺寸线应通过圆心两端画箭头指至圆弧，如图 2-40 所示。

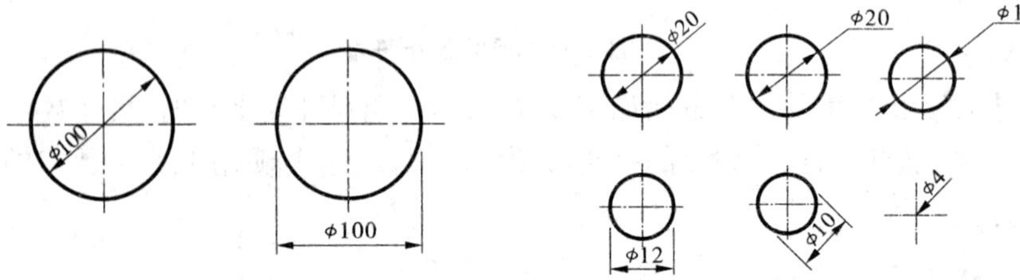

(a)大圆的标注方法　(b)小圆的标注方法

图 2-40　圆的直径标注方法

球的尺寸标注如图 2-41 所示。标注球半径尺寸时，应在尺寸数字前加注符号“SR”，标注球的直径尺寸时，应在尺寸数字前加注符号“$S\phi$”。

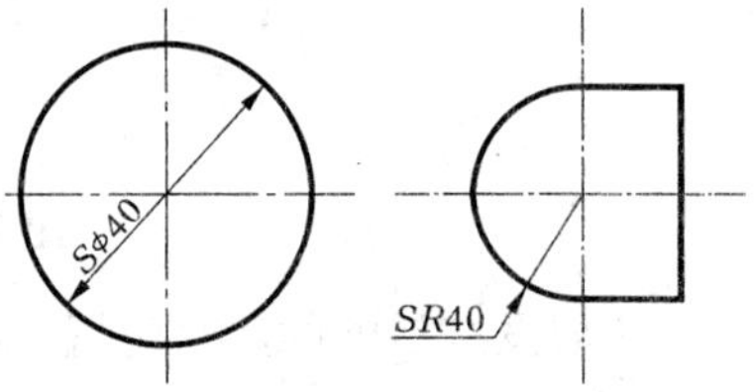

图 2-41　球的直径、半径标注方法

2. 角度、弧长、弦长的标注

角度的尺寸线以圆弧表示。圆弧的圆心是该角的顶点，角的两条边为尺寸界线。起止符号应以箭头表示，如没有足够的位置画箭头，可用圆点代替，圆点直径约为 2 倍的粗实线宽度，角度数字应按水平方向注写，如图 2-42 所示。

标注圆弧的弧长时，尺寸线应以与该圆弧同心的圆弧线表示，尺寸界线应垂直于该圆弧的弦，起止符号用箭头表示，弧长数字上方应加注圆弧符号“⌒”，如图 2-43 所示。

标注圆弧的弦长时，尺寸线应以平行于该弦的直线表示，尺寸界线应垂直于该弦，起止符号用中粗斜短线表示，见图 2-44。

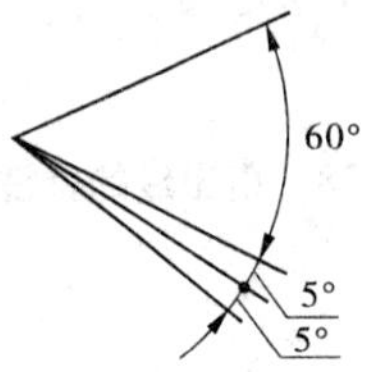

图 2-42　角度标注方法

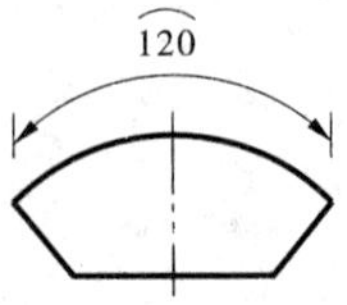

图 2-43　弧长标注方法

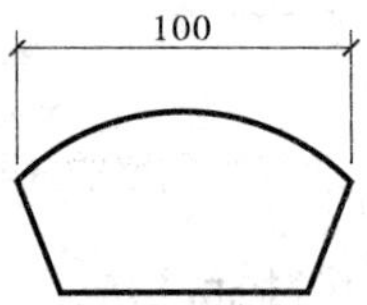

图 2-44　弦长标注方法

3. 尺寸的简化标注

(1)有些尺寸可以采用尺寸的简化标注法标注。

连续排列的等长尺寸,可用“个数 × 等长尺寸 = 总长”的形式标注,如图 2-45 所示。

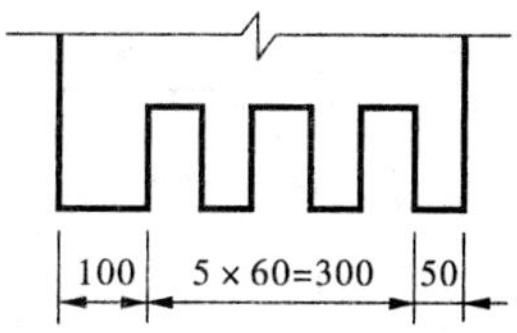

图 2-45　等长尺寸标注方法

(2)构配件内的构造因素(如孔、槽等)如相同,可仅标注其中一个要素的尺寸,如图 2-46 所示。

(3)对称构配件可采用对称省略画法。如图 2-47(a)是对称构件尺寸标注方法,该对称构配件的尺寸线应略超过对称符号,仅在尺寸线的一端画尺寸起止符号,尺寸数字应按整体全尺寸注写,其注写位置宜与对称符号对齐。如图 2-47(b)所示是对称符号的画法,它由对称线和两端的两对平行线组成,对称线垂直平分两对平行线。

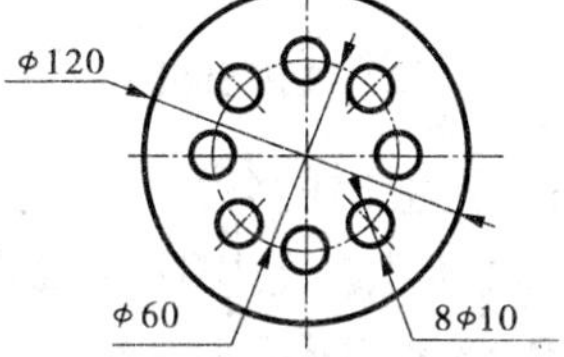

图 2-46　相同要素尺寸标注方法

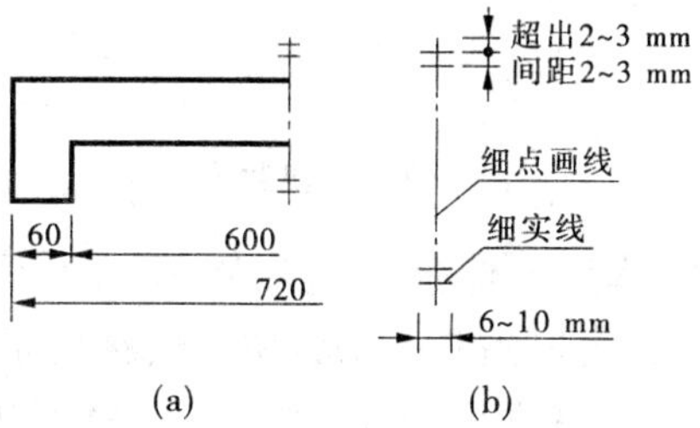

图 2-47　对称构件尺寸标注方法

(4)相似构件,若个别尺寸数字不同,可在同一图样中将其中一个构配件的不同尺寸数字注写在括号内,如图 2-48 所示。

4. 非圆曲线的图

对于复杂的曲线图形,常用网格形式标注,如图 2-49 所示。

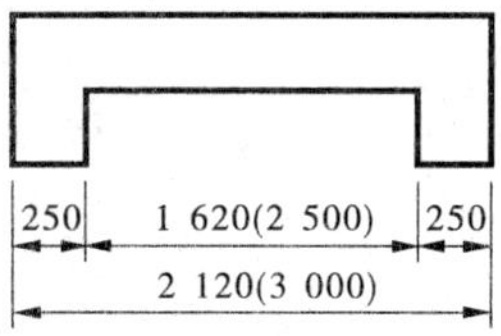

图 2-48　相似构件尺寸标注方法

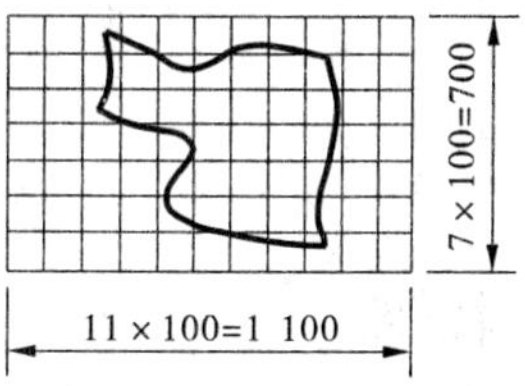

图 2-49　网格法标注复杂曲线

5. 坡度的标注

标注坡度时,应沿坡度画出指向下坡的箭头,坡度宜用单面箭头表示,在箭头的一侧或一端的附近注写坡度数字,坡度数字可用百分数或比例表示,如图 2-50 所示。

6. 多层结构的标注

多层结构用“共用引出线”引出标注各层的名称和结构。

(1)引出线。应以细实线绘制,宜采用水平方向的直线,或与水平方向成 30°、45°、60°、90°的直线,或经上述角度再折为水平线,如图 2-51 所示。文字说明宜注写在水平线的上方,如图 2-51(a)所示;也可注写在水平线的端部,如图 2-51(b)所示。索引详图的引出线,

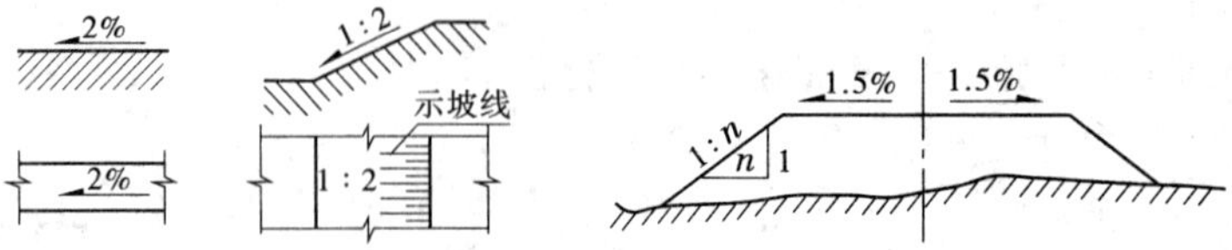

图 2-50　坡度的标注方法

应与水平直径线相连接,如图 2-51(c)所示。

(2)共用引出线。同时由几个相同部分引出的“共用引出线”宜互相平行,如图 2-52(a)所示;也可画成集中于一点的放射线,如图 2-52(b)所示。

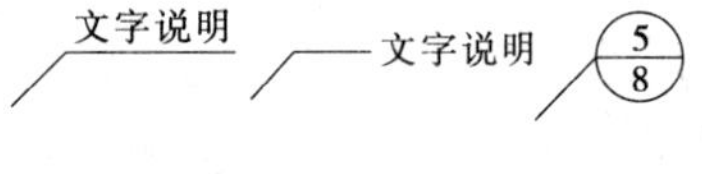

(a)　(b)　(c)

图 2-51　引出线

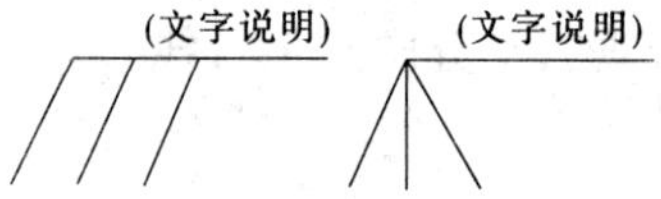

(a)　(b)

图 2-52　共用引出线

(3)多层结构标注。多层结构共用引出线应通过并垂直被引出的各层。文字说明的顺序应由上至下,并应与被说明的层次相互一致,如图 2-53(a)所示。如层次为横向排序,则由上至下的说明顺序应与由左至右的层次相互一致,如图 2-53(b)所示。

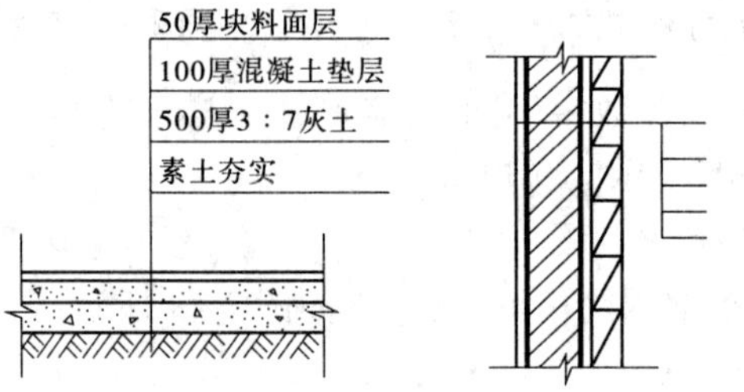

(a)　(b)

图 2-53　多层结构的标注方法

(四)常用符号

常用符号见表 2-5。

表 2-5　常用符号

名称	符号	说明
连接符号	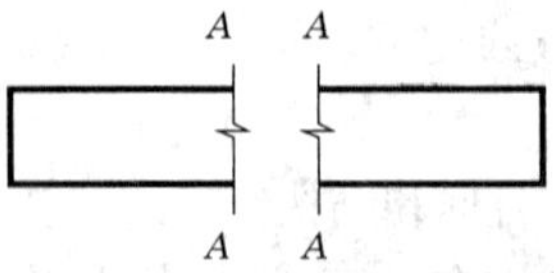	连接符号应以折断线表示需连接的部位。两部位相距过远时,折断线两端靠图样一侧应标注大写拉丁字母表示连接编号。两个被连接的图样必须用相同的字母编号

续表 2-5

名称	符号	说明
零件符号	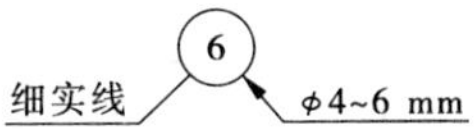	零件、钢筋、杆件、设备等的编号以直径为 4 ~ 6 mm 细实线圆表示，其编号应用阿拉伯数字按顺序编写
定位轴线编号	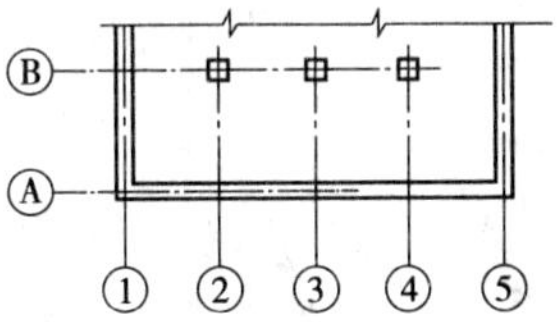	定位轴线是用来确定建筑物承重构件位置的基准线，用细单点长画线绘制。定位轴线编号注写在轴线端部的圆内。圆应用细实线绘制，直径为 8 mm（详图上为 10 mm）。定位轴线圆的圆心，应在定位轴线的延长线上或延长线的折线上。 平面图上定位轴线的编号，宜标注在图样的下方与左侧。横向编号应用阿拉伯数字，从左至右顺序编写，竖向编号应用大写拉丁字母，从下至上顺序编写。拉丁字母的 I、O、Z 不得用作轴线编号。如字母数量不够使用，可增用双字母或单字母加数字注脚，如 AA、BA、…、YA 或 A_1、B_1、…、Y_1
标高符号	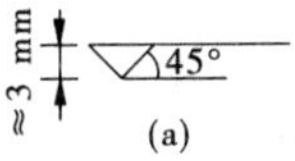 (a) 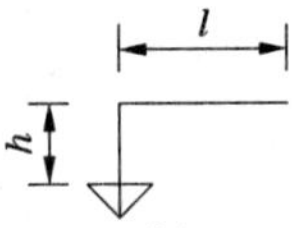 (b) *h*—— 根据需要取适当高度； *l* —— 取适当长度注写标高数字 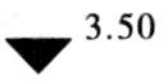 (c) 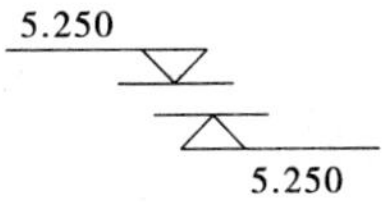 (d) 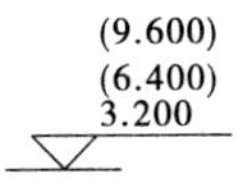 (e)	建筑物都要表达长、宽、高的尺寸。建筑施工图中高度方向的尺度用标高来表示。 标高符号用以细实线绘制的等腰直角三角形表示，见图（a）。标高数值以 m 为单位，一般注写至小数点后三位。如标注位置不够，也可按图（b）所示形式绘制。 总平面图室外地坪标高符号，宜用涂黑的三角形表示，见图（c）。在总平面图中，数值可注写到小数点后二位。 零点标高应注写成 ±0.000，正数标高不注“+”，负数标高应注“-”，例如 3.000、-0.600。 标高符号的尖端应指至被注高度的位置。尖端一般应向下，也可向上，标高数字注写在标高符号的左侧或右侧，见图（d）。 在图样的同一位置需表示几个不同标高时，标高数字可按图（e）的形式注写。图（a）、（c）为平面图标高符号，三绝顶点处没有短横线

第三节　几何作图及平面图形的绘制

一、几何作图

为能正确、迅速地画出工程图中的平面图形，首先要熟练地掌握各种几何图形的作图原理和方法。几何作图见表2-6。

表2-6　几何作图

项目	已知与要求	作图	画法与步骤
1. 作直线的平行线	已知直线 AB 及点 P，求作过点 P 且平行于 AB 的直线	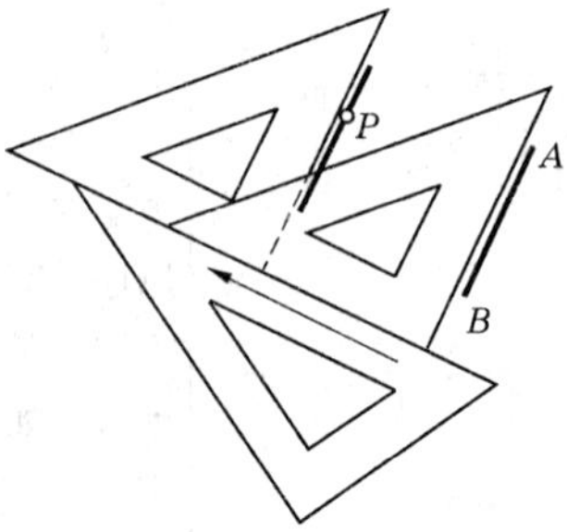	①使三角板的一边与直线 AB 重合，用丁字尺或三角板，靠紧三角板的另一个边；②移动三角板至点 P，过 P 画直线即为所求
2. 作直线的垂直线	已知直线 AB 及点 P，求作过点 P 且垂直于 AB 的直线	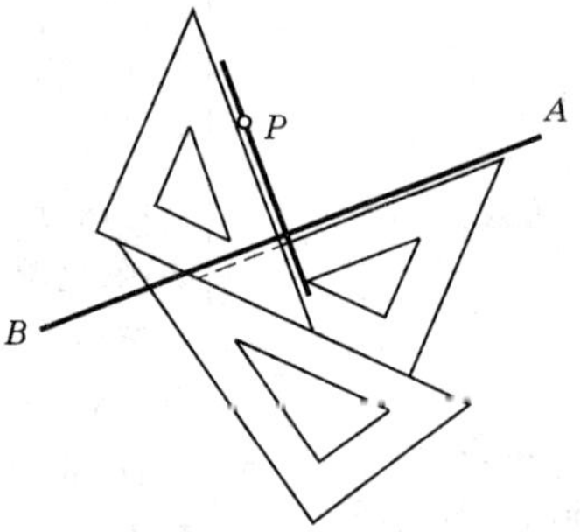	①使三角板的一直角边与直线 AB 重合；②用丁字尺或三角板，靠紧三角板的斜边，移动三角板使其另一直角边过点 P 并画直线即为所求
3. 等分直线段	已知线段 AB，欲将其分为5等份	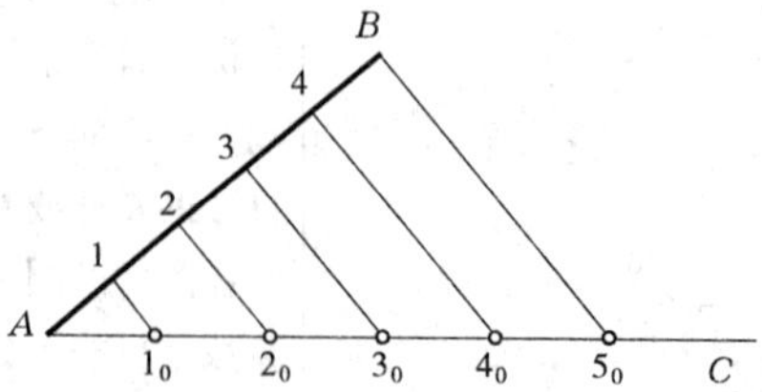	①过点 A 任意作一直线 AC，在 AC 上以适当长度截取5等份得 1_0、2_0、3_0、4_0、5_0 点，连 5_0B；②过点 1_0、2_0、3_0、4_0 分别作平行于 5_0B 的直线交 AB 为1、2、3、4即为所求

续表 2-6

项目	已知与要求	作图	画法与步骤
4. 分两平行线间的距离为已知等份	已知平行线 *AB* 和 *CD*，欲将其距离分为 5 等份	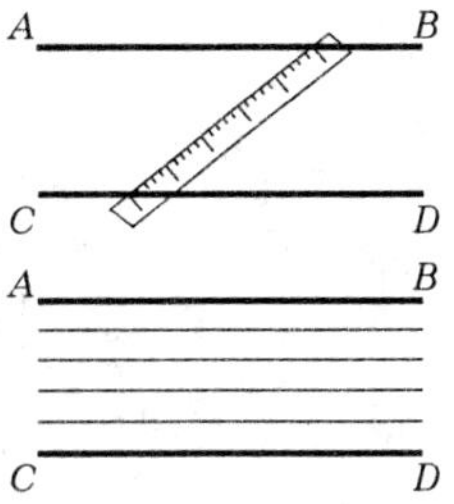	①将直尺上的刻度 0 点置于 *CD* 上，转动尺身，使刻度 5 落在 *AB* 上，得 1、2、3、4 各分点；②过各分点作 *AB*(或 *CD*)的平行线，即为所求
5. 画圆内接正五边形	已知圆 *O*	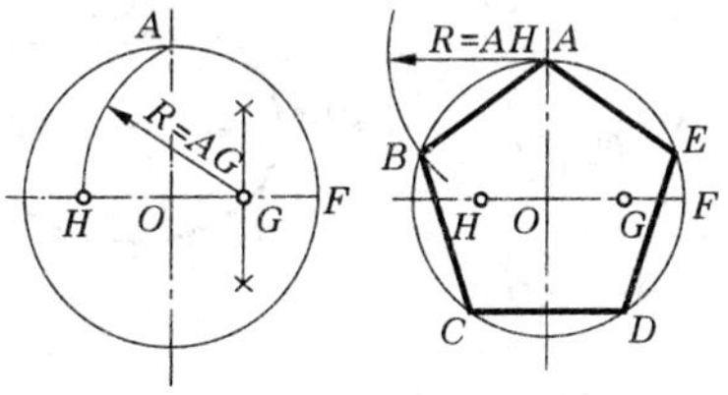	①作出半径 *OF* 的等分点 *G*；②以 *G* 为圆心，*AG* 为半径作圆弧，交直径于 *H*；③以 *AH* 为半径，分圆周为五等份；④顺序连各等分点 *A*、*B*、*C*、*D*、*E*，即为所求
6. 画圆内接正六边形	已知圆 *O*	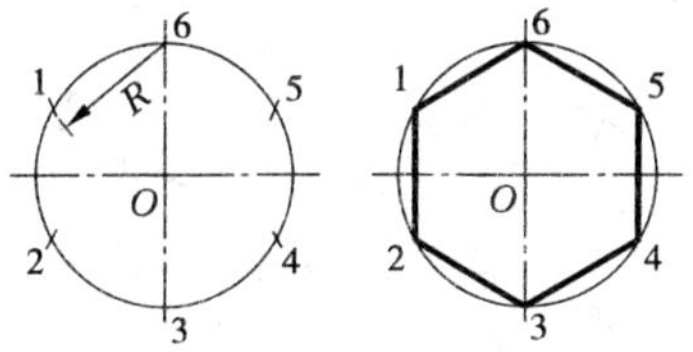	①以半径 *R* 为长，在圆周上截得 1、2、3、4、5、6 点；②按顺序连接 1、2、3、4、5、6 点，即得正六边形
7. 画圆内接正 *n* 边形(以 7 边形为例)	已知圆 *O*	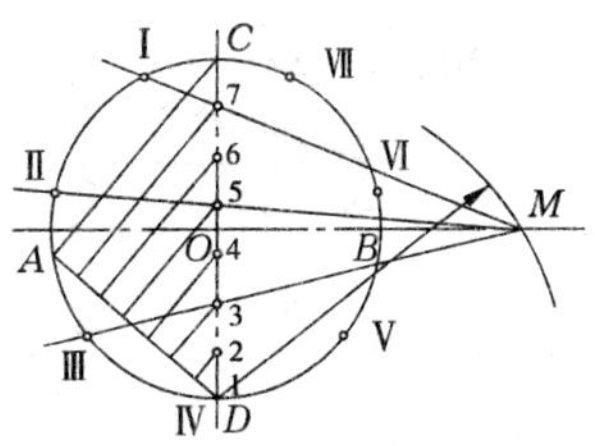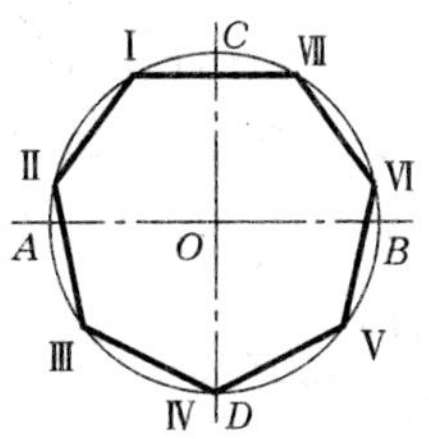	①延长直径 *AB* 并以 *D* 为圆心，*DC* 为半径画弧交 *AB* 的延长线于 *M*；②将 *DC* 等分为七等份，将 *M* 与 *DC* 上的奇数点(或偶数点)相连，交圆周于Ⅰ、Ⅱ、Ⅲ、Ⅳ点；③在另一半圆周上，取Ⅰ、Ⅱ、Ⅲ点的对称点Ⅴ、Ⅵ、Ⅶ；④连接Ⅰ、Ⅱ、Ⅲ、Ⅳ、Ⅴ、Ⅵ、Ⅶ、Ⅰ点得正七边形，即为所求

续表 2-6

项目	已知与要求	作图	画法与步骤
8. 画椭圆（四圆心法）	已知椭圆的长轴 *AB* 和短轴 *CD*	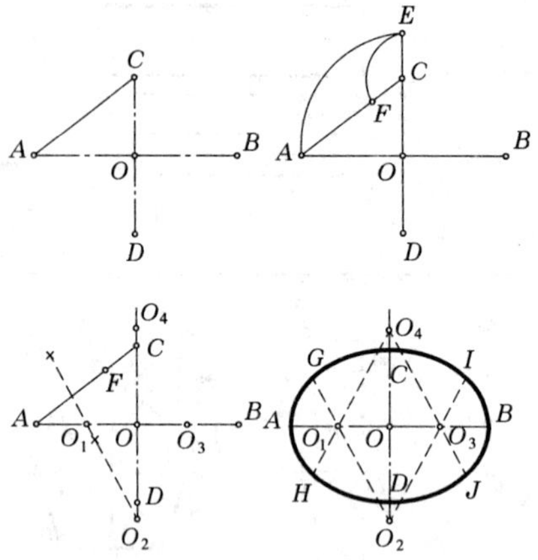	①以 *O* 为圆心，*OA* 为半径作圆弧，交 *OC* 延长线于点 *E*。以 *C* 为圆心，*CE* 为半径作圆弧 *EF* 交 *CA* 于 *F*。②作 *AF* 的垂直平分线，交长轴于 O_1，又交短轴（或其延长线）于 O_2，在 *AB* 上截 $OO_3 = OO_1$，又在 *CD* 延长线上截 $OO_4 = OO_2$。③以 O_1、O_2、O_3、O_4 为圆心，以 O_1A、O_2C、O_3B、O_4D 为半径作圆弧，使各弧在 O_2O_1、O_2O_3、O_4O_1、O_4O_3 的延长线上的 *G*、*I*、*H*、*J* 四点处连接
9. 画椭圆（同心圆法）	已知椭圆的长轴 *AB* 和短轴 *CD*	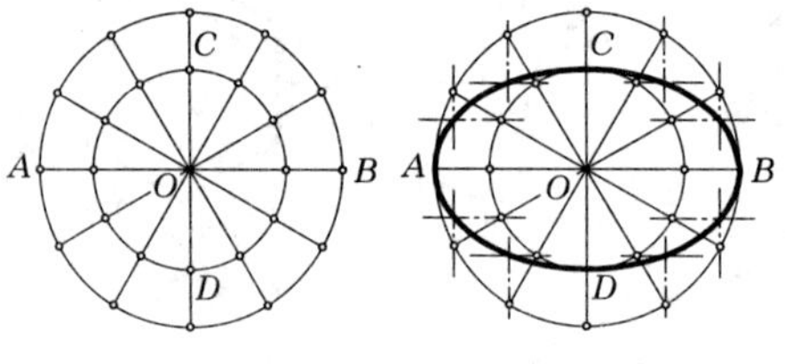	①分别以 *AB* 和 *CD* 为直径作大小两圆，并等分两圆周为若干份，例如 12 等份；②从大圆各等分点作竖直线，与过小圆各对应等分点所作的水平线相交，得椭圆上各点。用曲线板连接起来，即为所求
10. 画斜线	已知斜度为 1∶5	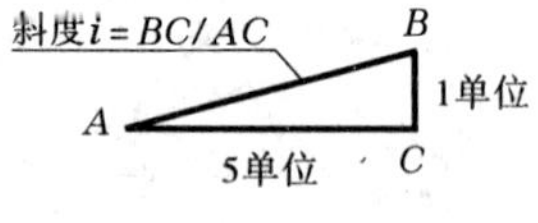	①画水平线 *AC* 等于 5 个单位；②在 *C* 处垂直线上取 *BC* 为 1 个单位，连接 *AB*，其斜度即为 1∶5
11. 过圆外一点作已知圆的切线	已知圆 *O* 和圆外一点 *A*，求过 *A* 点的圆周切线	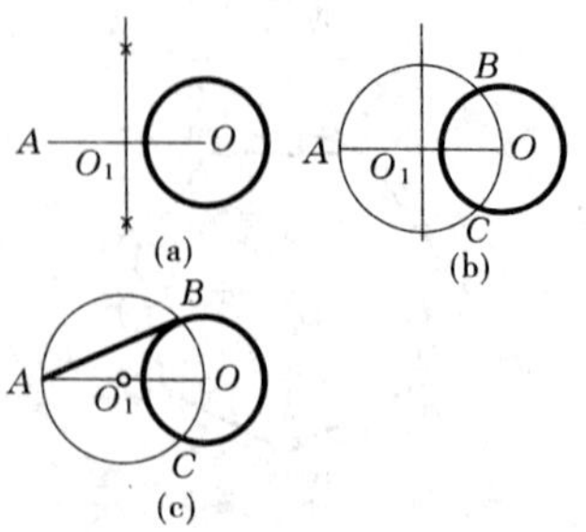	①连 *OA*，并求出 *OA* 的中点 O_1，以 O_1A 为半径画圆与已知圆交于 *B* 点及 *C* 点；②连 *AB* 或 *AC* 即为所求的切线

续表 2-6

项目	已知与要求	作图	画法与步骤
12. 作两圆的外公切线	已知圆 O_1、O_2，R_1、R_2 为两圆的半径，求其外公切线	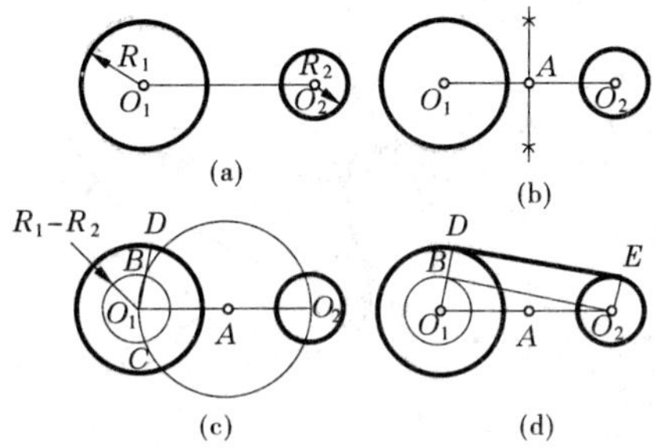	①连接两圆心 O_1 及 O_2，并求出其中点 A，以 A 点为圆心，以 AO_1 为半径画辅助圆；②以 O_1 为圆心，以 R_1-R_2 为半径作圆与辅助圆交于 B 点及 C 点；③连 O_1B 并延长与圆 O_1 交于 D，再连 O_2B；④过 O_2 点作 O_1B 的平行线与圆 O_2 交于 E 点，连 DE 即为所求的外公切线
13. 作两圆的内公切线	已知圆 O_1 的半径 R_1 及圆 O_2 的半径 R_2，求其内公切线	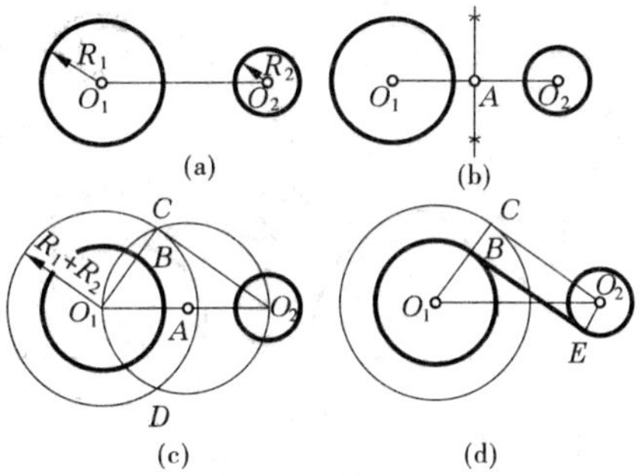	①连接两圆心 O_1 及 O_2，并求出其中点 A，以 A 点为圆心，以 AO_1 为半径画辅助圆；②以 O_1 为圆心，以 R_1+R_2 为半径作圆与辅助圆交于 D 点及 C 点；③连 CO_1 及 CO_2，CO_1 与圆 O_1 交于 B 点；④过 O_2 点作 CO_1 的平行线与圆 O_2 交于 E 点，连 BE 即为所求的内公切线
14. 圆弧连接二直线	已知连接弧半径 R 和两直线 L_1、L_2	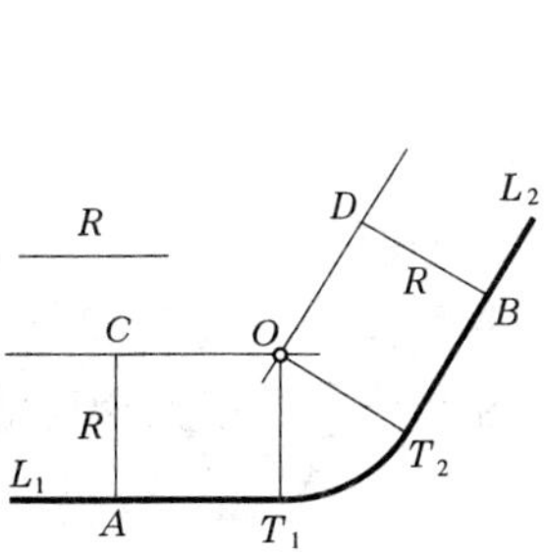	①在直线 L_1、L_2 上各任取一点 A、B，过 A、B 作二直线的垂线；②在二垂线上都截取相同长度 R 得点 C、D；③分别过 C、D 作 L_1、L_2 的平行线，两线相交于 O，即为连接弧圆心；④过点 O 向二直线作垂线，得垂足 T_1、T_2，即为切点；⑤以 O 点为圆心，已知半径 R 为半径，在 T_1、T_2 之间画弧，即为所求

续表 2-6

项目	已知与要求	作图	画法与步骤
15. 用圆弧连接一直线和一圆弧	已知连接圆弧半径 R 和直线 L 及半径为 R_1 的圆弧	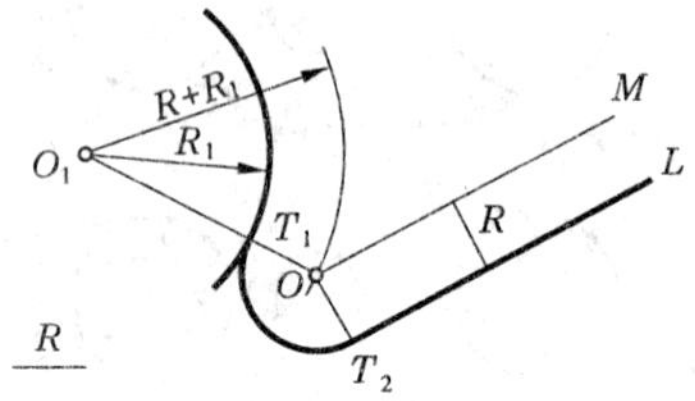	①作直线 $M // L$,且使距离 $=R$;②以 O_1 为圆心,以 $R+R_1$ 为半径画弧与 M 线相交于 O,即为连接弧圆心;③连 O_1O 交已知弧于 T_1,即为切点;再过 O 作 L 的垂线得垂足 T_2,即为切点;④以 O 为圆心,R 为半径,在 T_1、T_2 之间画弧即为所求
16. 用圆弧连接两已知圆弧(外切)	已知连接弧半径 R 和半径为 R_1、R_2 的两已知弧	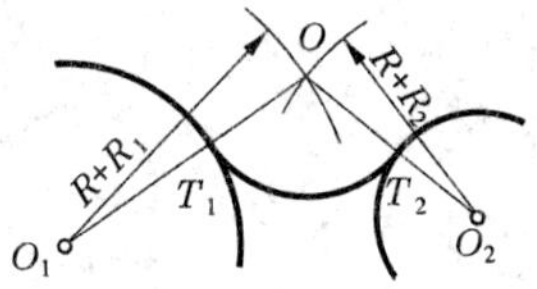	①以 O_1 为圆心,$R+R_1$ 为半径画弧;②以 O_2 为圆心,$R+R_2$ 为半径画弧与前弧交于 O,即连接弧圆心;③连 OO_1 交已知弧于 T_1,连 OO_2 交已知弧于 T_2 即为切点;④以 O 为圆心,R 为半径,在 T_1、T_2 之间画弧,即为所求

二、平面图形作图实例

一个平面图形通常由一个或多个几何图形组成,而每个几何图形又由若干线段(直线或圆弧)相邻相交或相切连接。绘制平面图形前,要对平面图形进行线段分析和尺寸分析,从而知道哪些线段可以直接画出,哪些线段要根据相切的几何条件作图,这样便能正确地确定平面图形的画图步骤。

【例 2-1】 画出如图 2-54 所示的平面图形。

解:1. 平面图形的尺寸分析

平面图形中所注尺寸,就其作用可分为两大类:

(1)定形尺寸。用以确定平面图形各组成部分的形状和大小的尺寸。

(2)定位尺寸。用以确定平面图形中各组成部分之间相对位置的尺寸。定位尺寸都是从某些点、线出发的。这种作为标注尺寸起始位置的点、线称为尺寸基准。通常以对称图形

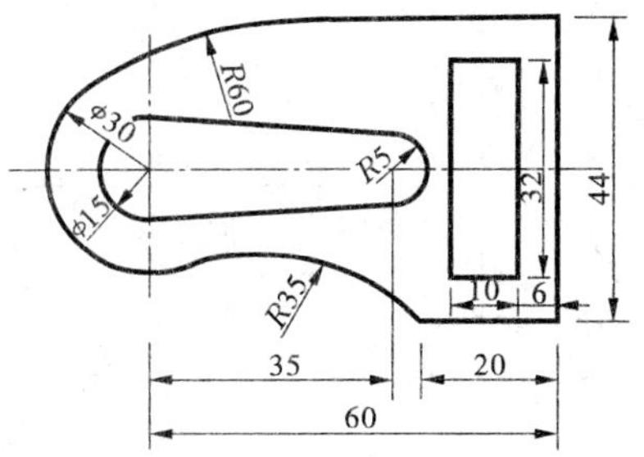

图 2-54　平面图形

的轴线、较大圆的中心线以及较长的直线等作为尺寸基准。

在图 2-54 中的基准是水平对称轴、左侧Φ30 圆的垂直中心线以及最右的垂线。图中尺寸 32 和 10 为矩形的高和长，反映了它的形状大小；尺寸Φ30、Φ15 等，反映了圆的直径大小或线段的长度，都属于定形尺寸。尺寸 60 表示Φ30、Φ15 中心与右端的距离；尺寸 35 表示 $R5$ 半圆的圆心位置；尺寸 6 表示矩形离开右端的距离；上述所有尺寸，都表明了几何元素或图形的位置关系，都属定位尺寸。

2. 平面图形的线段分析

在平面图形中，线段的性质是根据图中所给尺寸的齐全与否来决定的。有的可直接画出，有的则不然。因此，根据线段的所给尺寸，平面图形中的线段可分为三种：

（1）已知线段。根据图形中所给尺寸能直接画出的圆弧或直线。例如要画一段圆弧（或一圆），必须知道圆心（两个方向的定位尺寸）及半径（或直径）的大小。在图形中三个尺寸（圆心、坐标、半径）都已知的圆弧叫已知弧。在图 2-54 中，Φ15、Φ30、$R5$ 都是已知弧。要画一条直线，必须知道两点（的尺寸）或直线上一点（的尺寸）及其方向。

（2）中间线段。除图形中标注的尺寸外，还需要根据一个连接关系才能画出的圆弧或直线，称为中间线段。对圆弧来讲，只已知其中两个尺寸的圆弧叫中间弧。对直线来讲，过一已知点（或已知直线方向）且与已知圆相切的直线称为中间线段。图 2-54 中的 $R60$ 是中间弧，因为只知 $R60$ 和它的中心位置的坐标 $y = 60 - 44/2 = 38$（这是根据 $R60$ 必与 44 上线相切算出来的）。x 值需要依据与Φ30 圆外切的条件才能决定。

（3）连接线段。需要根据两个连接关系才能画出的圆弧或直线。

对圆弧来讲只注出半径，不给出圆心位置的叫连接弧。对直线来讲只知道两端与定圆（或定圆弧）相切而不标注任何尺寸的叫连接线段。如图 2-54 中连接Φ15 和 $R5$ 的两直线即为连接线段。

3. 绘图步骤

通过平面图形分析，显然可以得出如图 2-55 所示绘图步骤。

【例 2-2】　画出如图 2-56 所示的建筑装饰局部图形。

解：1. 分析图形

该图形是由直线、斜线及圆弧连接而成的，长为 800 和 300 的直线可以直接画出，斜线知道方向不知长度，$R = 250$ 及 $R = 100$ 两圆弧的圆心及半径均已知，而 $R = 160$ 的圆弧还需求出圆心。

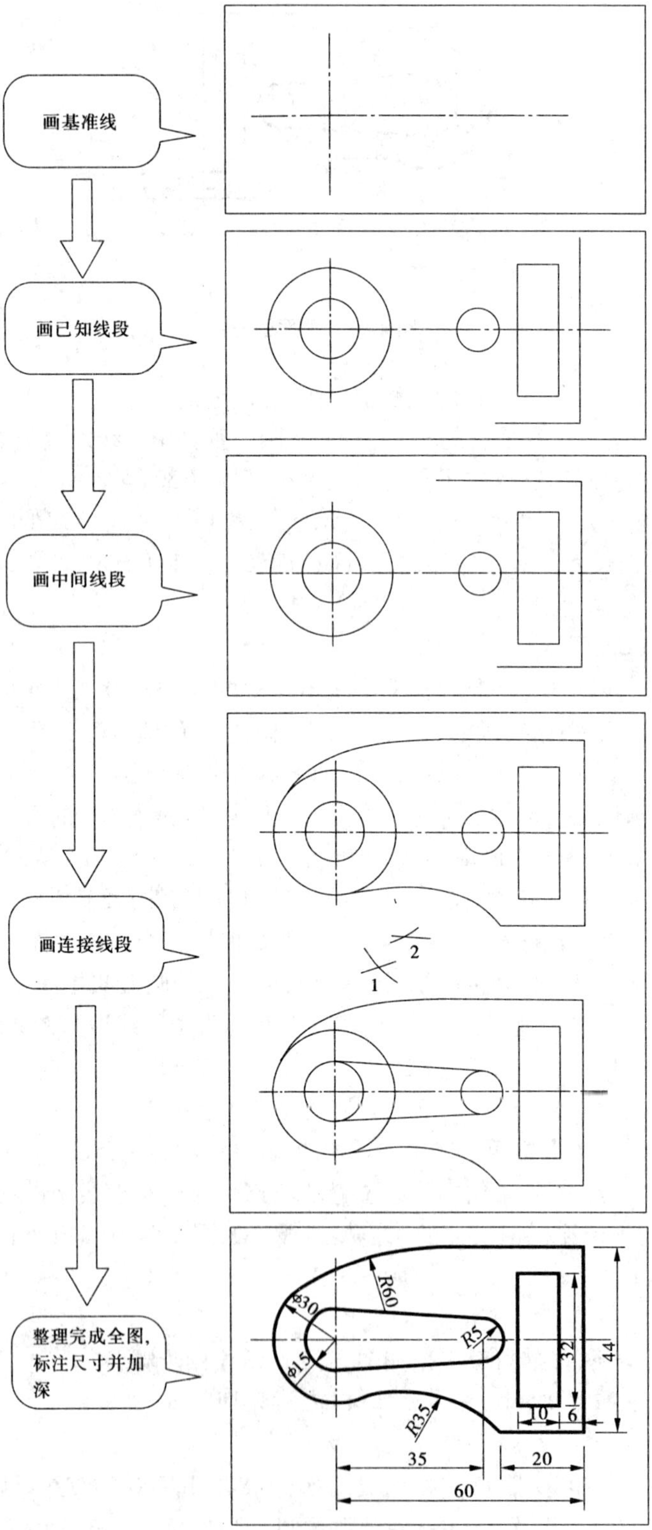

图 2-55 平面图形的画法流程

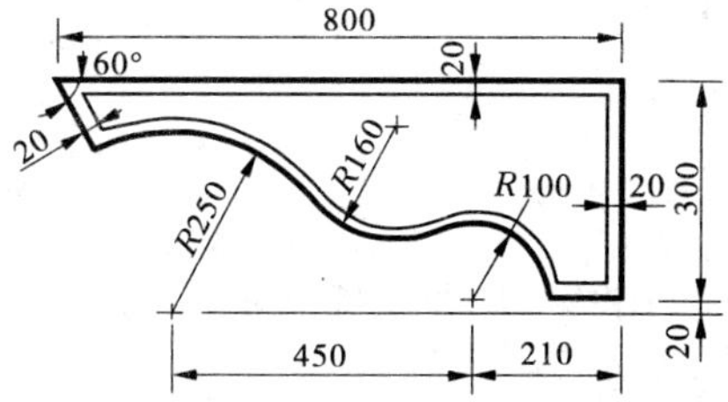

图 2-56　已知图形

2. 画图

(1)画已知线。在图纸的选定位置,先画出直线 AB、BC 及过 A 的斜线,圆心 O_1 及 O_2 位置,并画圆弧如图 2-57(a)所示。

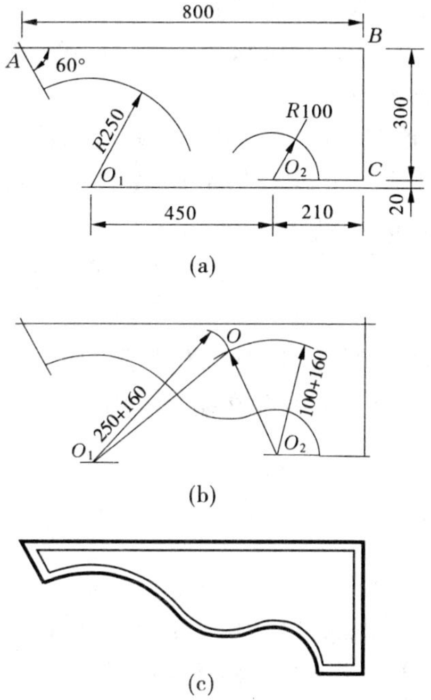

图 2-57　画图步骤

(2)画连接圆弧。求出连接圆弧的圆心 O 和切点,并画出连接圆弧,如图 2-57(b)所示。

(3)整理成图。擦去多余的线,加深轮廓,标注尺寸,最后完成全图。

第四节　绘图的一般步骤与方法

要使图样绘制得迅速美观,正确无误,除必须熟练掌握各种作图方法、正确使用高质量制图用具外,还需按照一定的程序进行工作。俗话说,得法者事半功倍。为了提高制图工作的效率和质量,在学习之初,就应养成良好的习惯,按照正确的工作步骤,循序进行工作。

一、绘图的一般步骤

(一)做好绘图前的准备工作

(1)了解所画图样的内容和要求。

(2)估计图形大小,选定图纸幅面。

(3)准备好绘图仪器与工具。

(4)用胶带固定图纸。

(二)画底图

(1)画图框线及标题栏(可用学生作业用标题栏)。

(2)按范图中给定尺寸画底图。

(3)校对底稿,擦去多余图线。

(三)铅笔加深或上墨

上墨就是直接在绘图纸上用墨线笔加深图形。

(1)先加深图形,后加深图框和标题栏。

(2)先画粗线,后画细线,同型线一次完成。

(3)先画曲线,再画水平方向直线,后画垂直方向直线,由上到下,由左到右。

(4)用长仿宋字体填写标题栏。

如果上墨线出错,可在图纸下面垫上一块三角板,然后用锋利的刀片把错误的墨线轮廓轻轻刮去,然后用光滑的笔杆辗平所刮削的部位。如需要再画较粗的墨线,对于已修改刮削的图纸部分,应用细线累积画成,以防墨线渗开。

二、图样复制

若所绘制的图样需要复制份数较多,则一般都是先描出底图,然后用晒图机复制。所复制的图样称为蓝图。描图就是将透明纸蒙在稿图上用墨线笔将图描在透明纸上。

描图顺序与加深相同。

三、获得绘图技能的途径

获得绘图技能的唯一途径就是勤练。

首先,在学习制图与识图知识的过程中,一定要保持对画图的浓厚兴趣,要勤于实践,把制图视作快乐的事。如果主观上认为并不喜欢这项工作,而是不得不去做,那么学习将是艰难和痛苦的。因此,在明确学习目标与拥有坚定信心的前提下,保持学习兴趣,尽量多画图,集中精力积累知识,才能够迅速掌握制图知识。有了学习热情,自然会积极主动地对自己接触到的各类图纸表现出强烈的关心。随着学习程度的深入,对制图也会有分析能力,就会对制图的图示原理、绘图工具、画法、线条、图示符号、图例等方面进行研究,进而能不断提高制图的专业水准。

其次,学习制图要充分理解制图的内容。因为谁也无法表述出自己都不知道、都想象不到的事物。也就是说,制图时必须具备有关制图对象的足够的知识。

再次,学习制图要多动脑。制图并不是单纯的机械劳动,而是一项富有创造性的工作。根据绘图目的,应采用什么方法表现,怎样才能表现得准确、清晰而精美,这些都必须认真考虑。同样内容的图纸,有些图面的效果赏心悦目,有的则使人感到呆板生硬。其实,这主要取决于线条的粗细、图线的密度、数字和文字的多少,以及上述因素综合运用得恰当与否,而这一切可能不一定能在理论上解释得非常清楚。所以说,制图的学习需要学习者多分析、多揣摩、多动脑,以期加深理解。总之,学习制图不是一朝一夕的功夫,没有什么捷径可走。有志学习者要勤于动手画图，勇于积极尝试各类技法，善于研究思考问题，这样才能全面培养和提高制图能力。

小　结

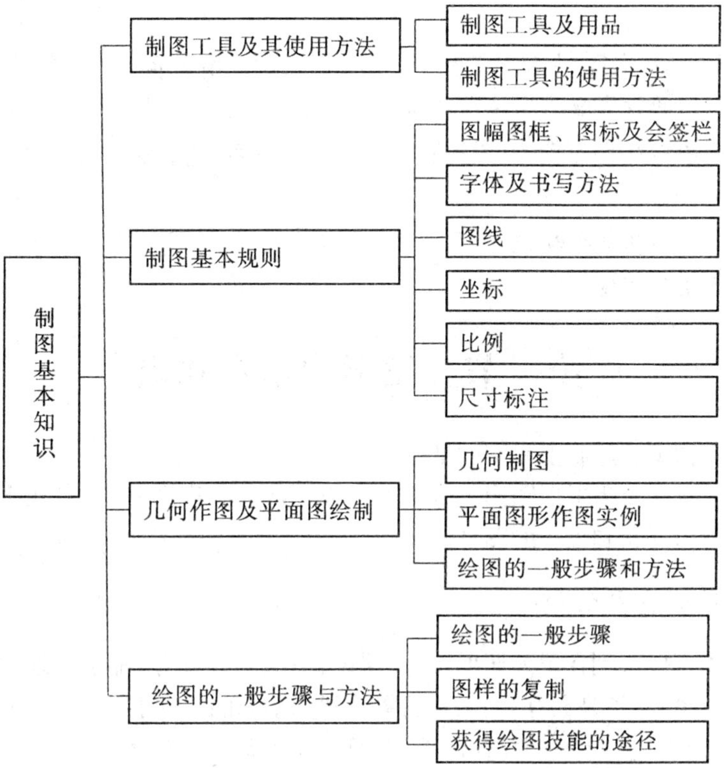

第三章　投影的基本知识和轴测投影

知识目标

- 理解投影的概念，了解工程上常用的投影图类型并掌握正投影的特性。
- 掌握三视图的投影规律和绘制方法。
- 了解轴测图的形成和种类、掌握常用轴测图的画法。

能力目标

- 能画出基本形体的三视图。
- 能绘制常用轴测图。

第一节　投影的基本知识

投影的基本知识是绘制工程图的基础。

把立体的实物转化为平面图形的方法称为投影法。工程图样，就是在平面上准确完整地表达实物的几何形状和大小的图样。

一、投影的概念及分类

日常生活中可以看到在阳光照射下，一棵树、一根电线杆等，都会在地面上或墙面上投下它的影子。可见，影子是在有光线、空间物体和承影面的条件下产生的。但它只能反映空间形体的轮廓，而表达不出空间物体的真实面目，如图 3-1(a)所示。

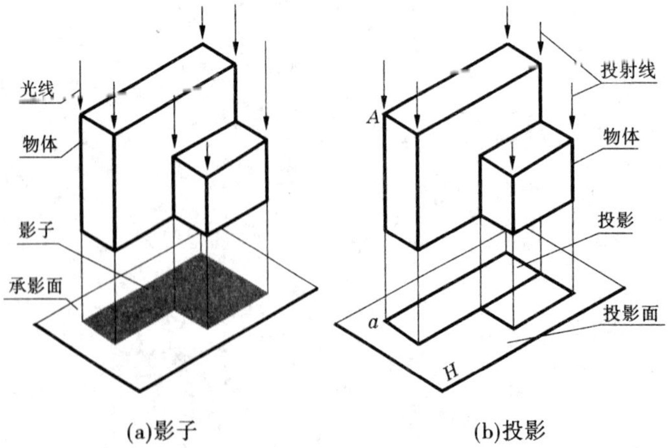

图 3-1　投影的概念

假设光线能够透过形体而将形体的各个顶点和棱线都在承影面(H)上落下影子，从而使点线的投影组成能反映空间形体形状的图形，这样形成的影子称为投影，如图 3-1(b)所示。光线称为投影线，投影所在的平面称为投影面。人们利用日常现象总结抽象出在平面上表达空间物体的形状和大小的方法称作投影法。

根据投影线的形式不同，一般把投影分为中心投影和平行投影。

(一)中心投影

由一点发出的投影线作出的投影称为中心投影，图 3-2(a)是三角形的中心投影。这种投影法称为中心投影法。因为投影线相交于一点，若物体位置发生变化，投影也变化。

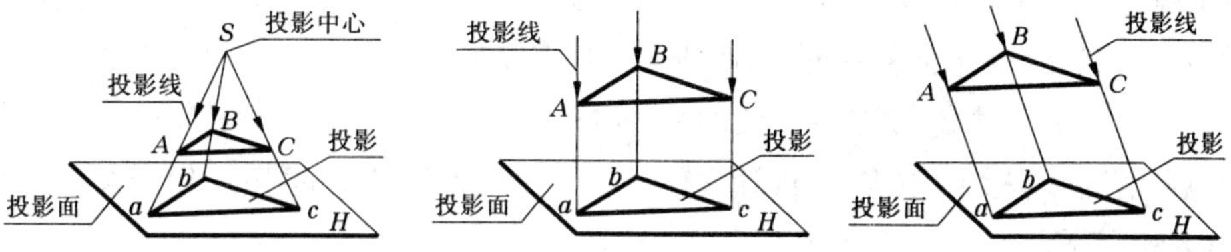

(a)中心投影　　(b)平行正投影　　(c)平行斜投影

图 3-2　投影的分类

(二)平行投影

由平行投影线作出的投影称为平行投影。若投影线与投影面垂直，称为平行正投影，简称正投影，如图 3-2(b)所示；若投影线与投影面倾斜，称为平行斜投影，如图 3-2(c)所示。平行投影法的特点是投影线平行，物体位置变化时投影不变化。

二、工程上常用的投影图

对同一个形体而言，用不同投影法绘制而成的投影图是不同的，如图 3-3 所示。常用的投影图如下。

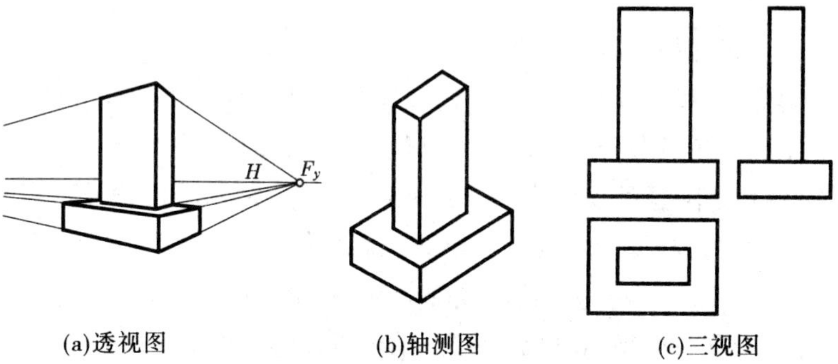

(a)透视图　　(b)轴测图　　(c)三视图

图 3-3　工程上常用的投影

(一)透视图

图 3-3(a)是用中心投影法绘制的单面投影图。其优点是形象逼真，立体感强，常用来绘制建筑物的效果表现图，作设计方案的比较、展览。其缺点是绘制较繁，且建筑物各部分的确切形状和大小不能在图中度量，因此不能作施工图用。

(二)轴测图

图 3-3(b)是用斜平行投影法绘制的单面投影图。这种图也有立体感，且简便实用，既有一定的度量性又有一定的艺术性，一般用轴测图作为工程辅助图样。

(三)三视图

图 3-3(c)是用平行投影的正投影法绘制的多面投影图。这种画法较前两种图简便,又便于度量,工程上应用最广,用于表现设计图和工程施工图,准确完整,但它缺乏立体感,需经过一定的训练才能看懂。

(四)标高投影图

图 3-4 是一种带有数字标记的单面正投影。它用正投影反映形体的长度和宽度,其高度用数字标注。图 3-4(a)为图 3-3 中形体的标高投影。标高投影主要用来表达地面的形状。作图时,用间隔相等的水平面截割地形面,其交线为等高线。将不同高程的等高线投影在水平的投影面上,并标注出各等高线的高程,即为等高线图(又称为地形图),从而表达出该处的地形情况。在实际工程中,设计人员要充分发挥各种投影的特性,根据实际情况恰当运用投影法,在平面上表达三维空间。

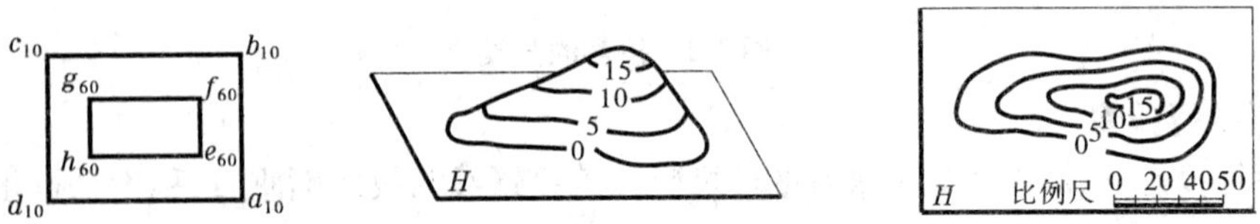

(a)形体的标高投影　　(b)地形的标高投影

图 3-4　标高投影

第二节　正投影的特性

正投影的形成条件是:投影线互相平行且垂直于投影面。组成形体的基本几何元素是点、线、面。了解点、直线、平面的正投影特性,有助于更好地理解和掌握正投影图的画法。

拿一只铅笔或三角板做个试验,首先让其平行于桌面,在平行光线下,桌面上的影子与铅笔或三角板一样大小,这种现象称"反映实形";当铅笔从水平位置沿垂直面逐渐倾斜,会发现影子愈来愈短,这种现象称"缩变";继续倾斜旋转至垂直桌面,这时影子成为一点,这种现象称"积聚"。只要方位不变,抬高或降低一些,影子的形状都不变。如果将铅笔比作一条直线,三角板比作一个平面,那么可以总结出正投影的以下特性。

一、实形性

当线段或平面图形平行于投影面时,投影反映实长或实形,这种特性称为"显实性",这时,图形的大小尺寸可直接从投影中度量,因此也可称为"度量性"。如图 3-5(a)所示。

二、缩变性

当线段或平面图形倾斜于投影面时,其投影小于实长或实形,这种特性称为"缩变性",但形状仍然类似原形,因此也可称为"类似性"。如图 3-5(c)所示。

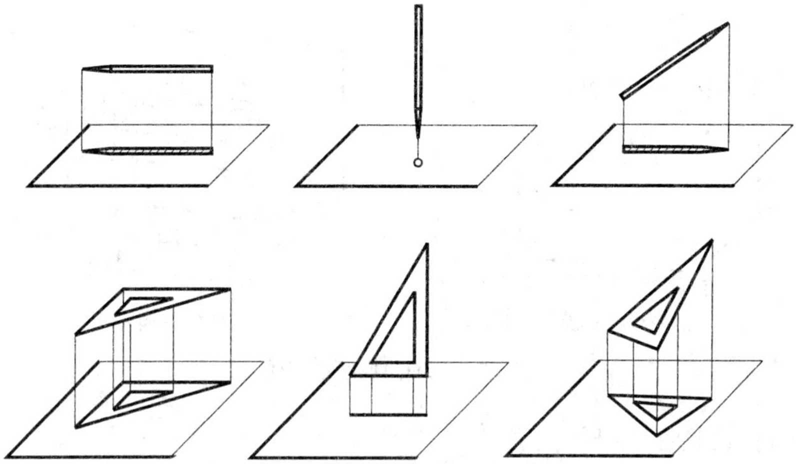

(a)　　　　(b)　　　　(c)

图 3-5　正投影的特性

三、积聚性

当线段或平面图形垂直于投影面时,其投影积聚为一点或一直线,这种特性称为“积聚性”。如图 3-5(b)所示。

第三节　形体的三面投影图

如图 3-6 所示,在空间有几个不同形状的物体,它们向同一个投影面投影,其投影图都是相同的,这样我们就无法用一个投影代表一个物体。

可见,仅有物体的一个投影,不能确定物体的形状和大小,因为任何物体都具有长、宽、高三个方向的尺寸。如果将物体只向一个投影面投影,就只能反映它一个面的形状和大小,不能完整地表示出它的形状和大小。所以,为了完整地表达形体的三维结构,需要建立一个三面投影体系。

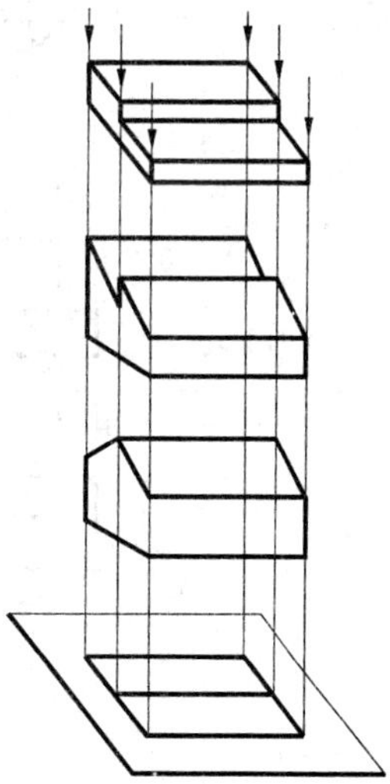

图 3-6　一个投影不能确定物体的形状和大小

一、三面投影体系的建立和三面投影图的形成

用三个互相垂直的投影面组成三面投影体系。

如图 3-7(a)所示,分别是:水平投影面 H,正立投影面 V,侧立投影面 W。H、V 的交线称 X 轴,H、W 的交线称 Y 轴,V、W 的交线称 Z 轴。三轴交于原点 O。

如图 3-7(b)所示,将物体(砖)置于三面投影体系中:由上向下投影,在 H 面上得到水平投影,也称 H 面投影;由前向后投影,在 V 面上得到正立面投影,也称 V 面投影;由左向右投影,在 W 面上得到侧立面投影,也称 W 面投影。

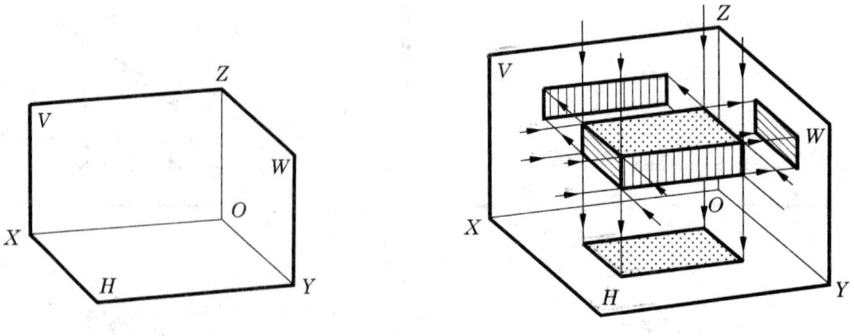

(a)三个投影面　　(b)砖的三面投影

图 3-7　三面投影图的形成

二、三面投影图的展开

为了把空间三个投影面上所得的投影画在一个平面上，需要将三个互相垂直的投影面展开摊平为一个平面。展开方法如图 3-8(b)所示：保持 *V* 面不动，将 *H* 面与 *W* 面沿 *Y* 轴剪开，*H* 面绕 *X* 轴向下旋转 90°，*W* 轴绕 *Z* 轴向右旋转 90°，则三个投影面在一个平面内。这时 *Y* 轴分成两条，随 *H* 面旋转的一条标以 Y_H，随 *W* 面旋转的一条标以 Y_W。展开后，三个投影面的位置如图 3-8(c)所示，*V* 面投影在左上方，*H* 面投影在 *V* 面投影的下面，*W* 面投影在 *V* 面投影的右方，通常不画出投影轴，如图 3-8(d)所示。

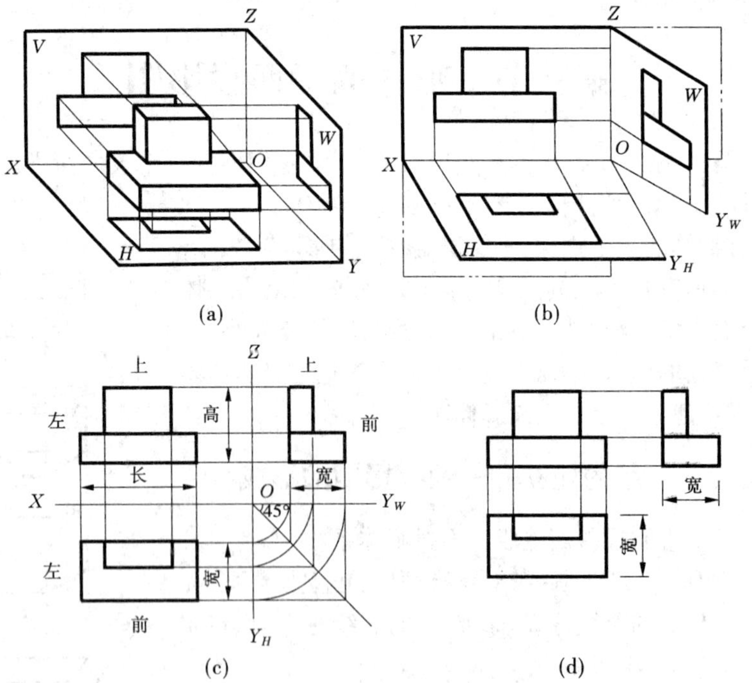

(a)　(b)　(c)　(d)

图 3-8　形体的三面投影图

三、三面投影图中的尺寸关系

我们将 *X* 轴向尺寸称为长，*Y* 轴向尺寸称为宽，*Z* 轴向尺寸称为高。从图 3-8(c)可以看出：V 面投影反映物体的长和高，H 面投影反映物体的长和宽，W 面投影反映物体的宽和高。因为三个投影表示的是同一物体，所以无论是整个物体，还是物体的每一部分，它们之间必然保持下列关系：

V 面投影与 H 面投影“长对正”；

V 面投影与 W 面投影“高平齐”；

H 面投影与 W 面投影“宽相等”。

简称为“长对正，高平齐，宽相等”（简称“三等”）。这就是三面正投影的投影规律，今后要经常用到，一定要透彻理解，牢牢铭记。

水平投影与侧面投影之间宽相等的关系，可以利用以原点 O 为圆心的圆弧作出，也可以借助于从 O 引出的 45°线作出，如图 3-8（c）所示。实际画图时不画投影轴，如图 3-8（d）所示，此时可用分规直接量取宽度。

四、三面投影图的空间方位关系

立体的各表面分别处在立体的不同方位上，同时有上、下、左、右、前、后六个方向的形状和大小。它们在投影图上是如何表示的呢？

如图 3-9 所示，在三面投影图中，每个投影图各反映其中四个方向情况，即正立投影图反映物体的上、下和左、右，水平投影图反映物体的左、右和前、后，侧立投影图反映物体的上、下和前、后。对于水平投影面和侧立投影面上的前后关系要特别注意。

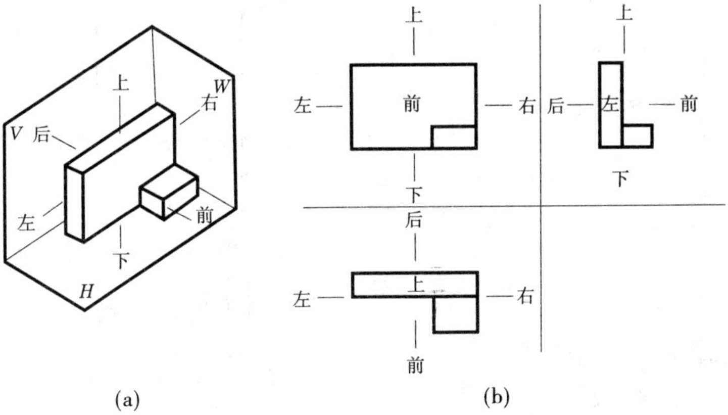

图 3-9　投影图上的方位关系

五、三视图的作图方法

在工程制图中，通常把三面正投影图称为三视图（以后如不加说明，投影均指三视图）。画图时，将物体摆正，视线分别垂直于三个投影面，根据正投影的特性和投影规律就可以画出简单形体的三视图。以一块砖的投影为例，长、宽、高的尺寸从物体上量取。作图步骤如下：

（1）先画出水平和垂直十字相交线，表示投影轴，如图 3-10（a）所示。

（2）一般先从 V 面投影开始画，依据长和高画出正面视图，如图 3-10（b）所示。

（3）根据“三等”关系，正立面投影图和水平面投影图作铅垂线——长对正，在 Y 轴方向上取宽度，画出水平面视图，如图 3-10（c）所示。

（4）正立面投影图和侧立面投影图作水平线——高平齐。水平投影和侧面投影宽相

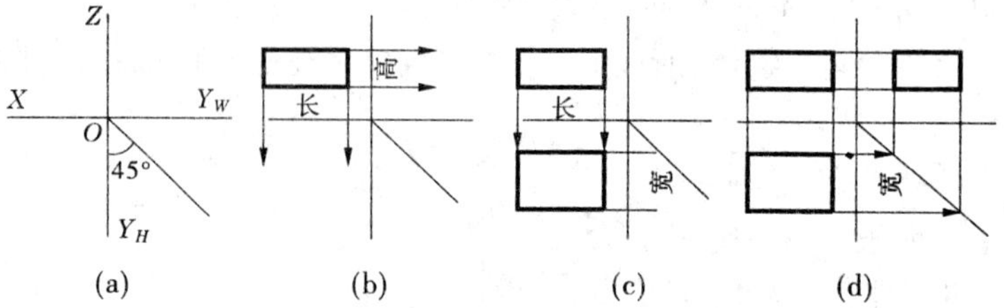

图 3-10　三视图的画图步骤

等。作图时先从 O 点作一条向右下斜的 45°线，然后在水平投影图上向右引水平线，交到 45°线后再向上引铅垂线，把水平投影图中的宽反映到侧立面投影中，即可作出侧面视图，如图 3-10(d)所示。

三个投影图与投影轴的距离，反映物体与三个投影面的距离，制图时，只要求各投影图之间的相应关系正确，图形与轴线的距离可以灵活安排。

【**例 3-1**】　画出正六棱柱的三视图。

解：具体绘图步骤见表 3-1。

表 3-1　正六棱柱三视图的绘图步骤

绘图步骤	图示
1. 绘制三投影轴，作中心线，并作正六棱柱的水平投影	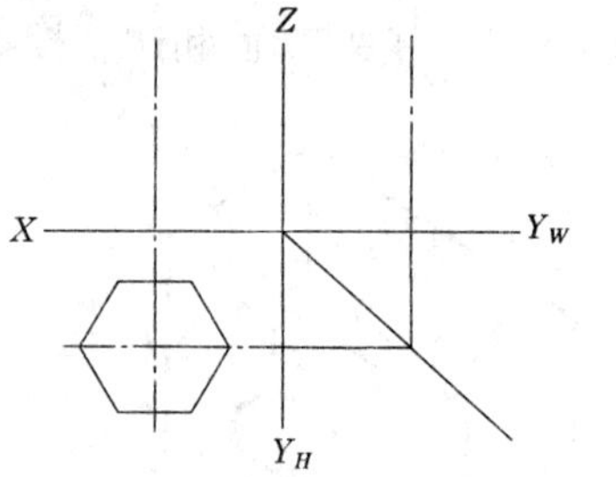
2. 按“主俯视图长相等且对正”原则和棱柱高度绘制正面投影	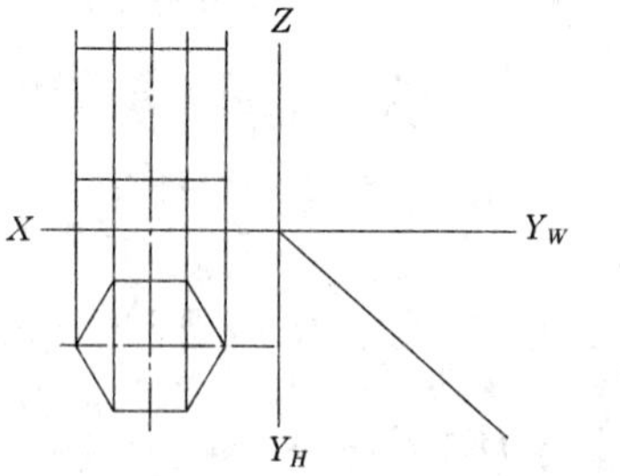
3. 以“俯视图左视图宽相等且对应”原则作辅助线，以“主、左视图高平齐”原则作侧面投影	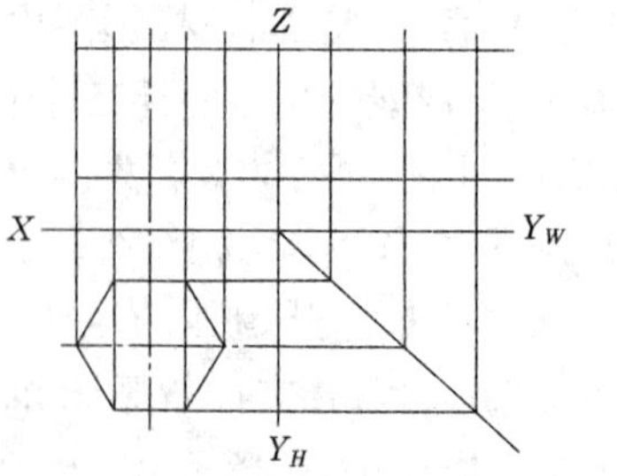

续表 3-1

绘图步骤	图示
4. 检查、加深图线	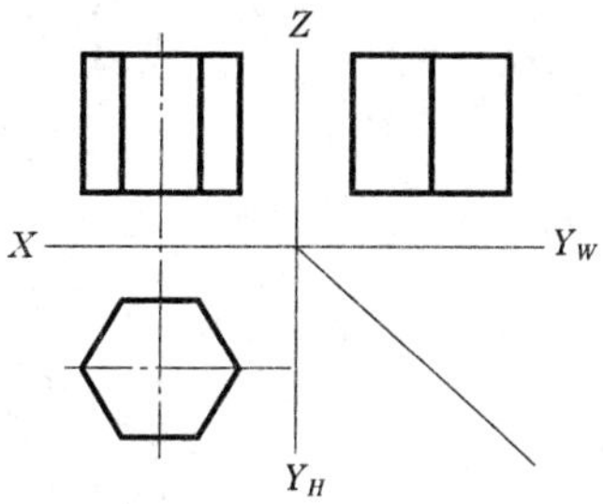

常见几何体的三视图见图 3-11。

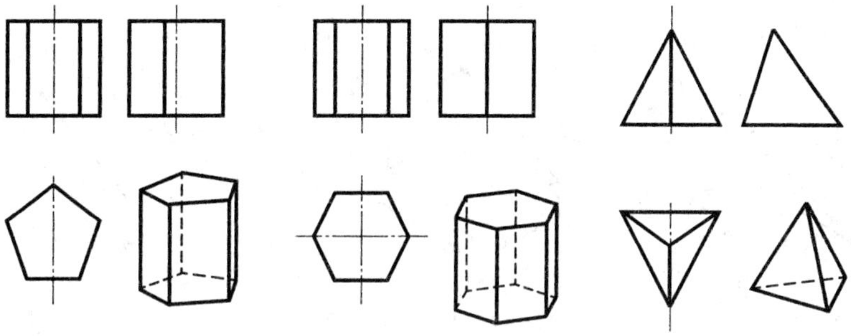

(a)正五棱柱　　(b)正六棱柱　　(c)正三棱锥

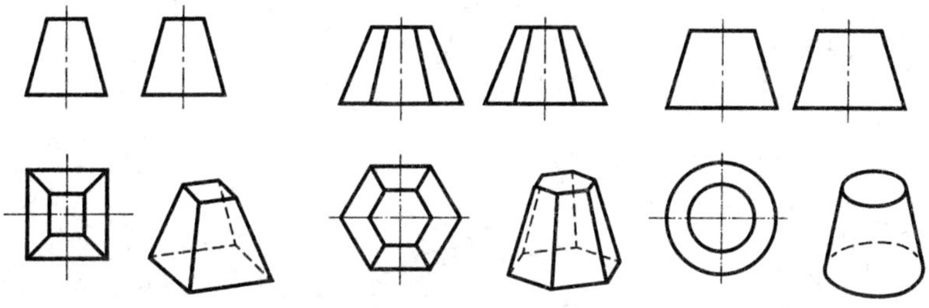

(d)正四棱台　　(e)正六棱台　　(f)圆台

图 3-11　常见几何体的三视图

【课堂训练】

试画如图 3-12 所示常见基本几何体的三视图。

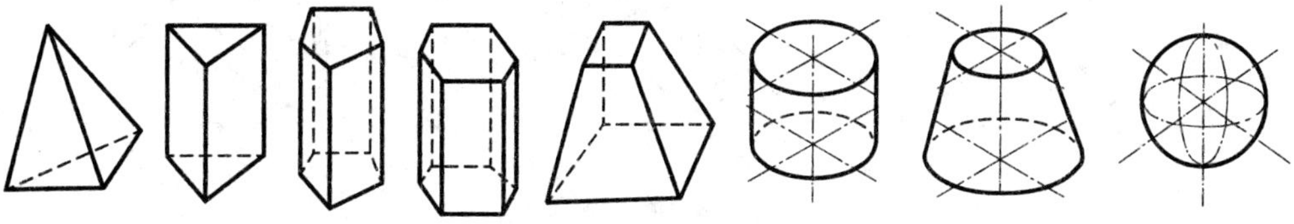

图 3-12　常见基本几何体

根据立体图找投影图,如图 3-13 所示。

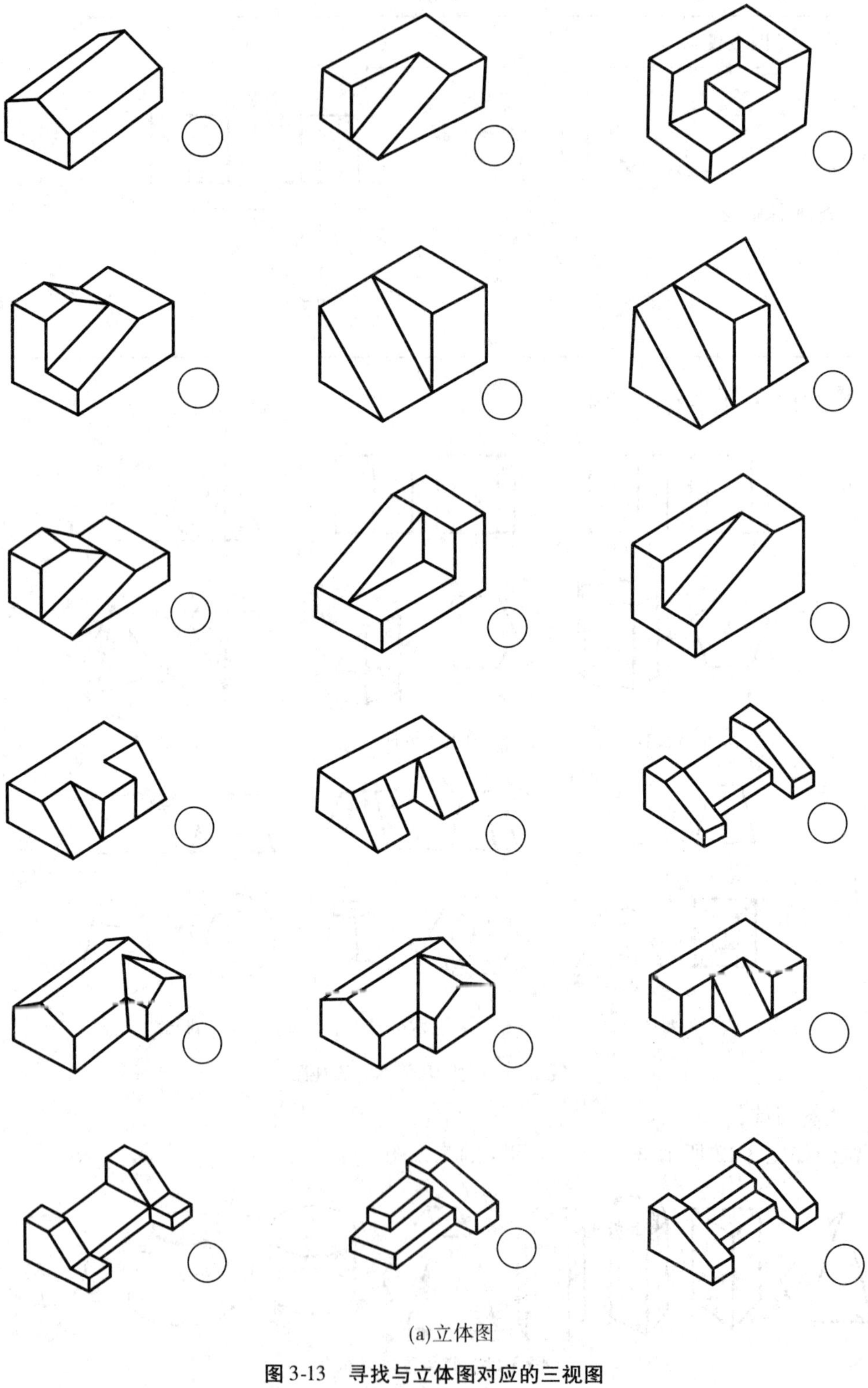

(a)立体图

图 3-13　寻找与立体图对应的三视图

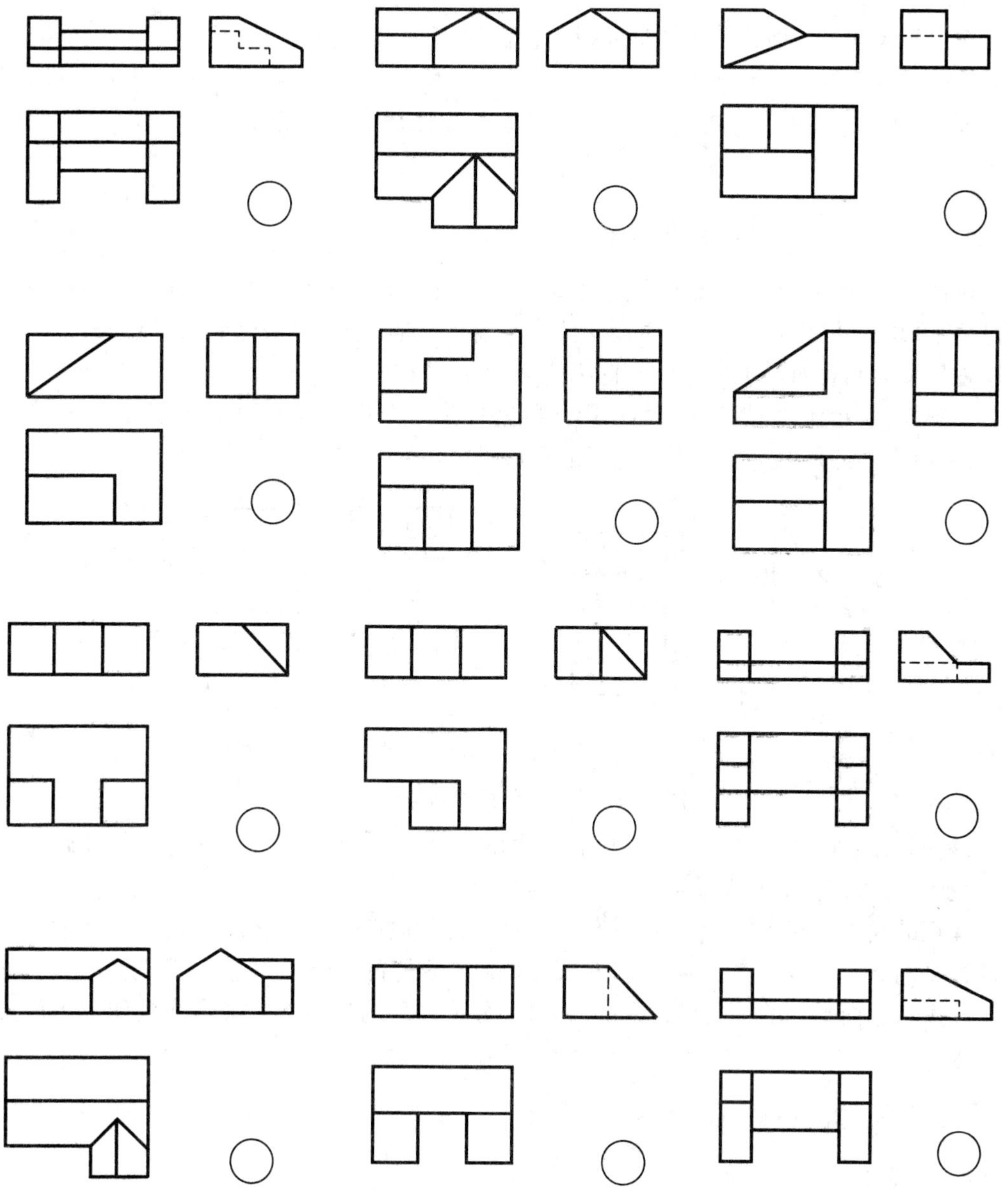

(b)三视图

续图 3-13

第四节　基本几何体的投影及尺寸标注

基本几何体分为平面立体和曲面立体两大类。

表面由平面所围成的几何体称为平面立体。平面立体上相邻表面的交线称为棱线。常见平面立体分为棱柱、棱台和棱锥。

由曲面或曲面与平面所围成的形体称为曲面立体。常见的曲面立体是回转体,如圆柱、圆锥、圆台、圆球。

作出立体各个平面或曲面图形的投影，就可得到平面立体的投影图。投影图能准确反映形体的现状。

尺寸标注的目的是反映形体的大小。基本形体应将长、宽、高三个方向的尺寸标注齐全。

一、平面立体的投影及尺寸标注

棱柱有直棱柱（侧棱与底面垂直）和斜棱柱（侧棱与底面不垂直）。直棱柱的顶面和底面是两个形状相同而且互相平行的多边形，各侧面都是矩形，如果侧面为平行四边形，则为斜棱柱。顶面和底面是正多边形的直棱柱，称为正棱柱。

如图 3-14 所示，直棱柱的三面投影图的特性是一个投影具有积聚性，反映棱柱形状特征；另两个投影都是由实线或虚线组成的矩形线框。

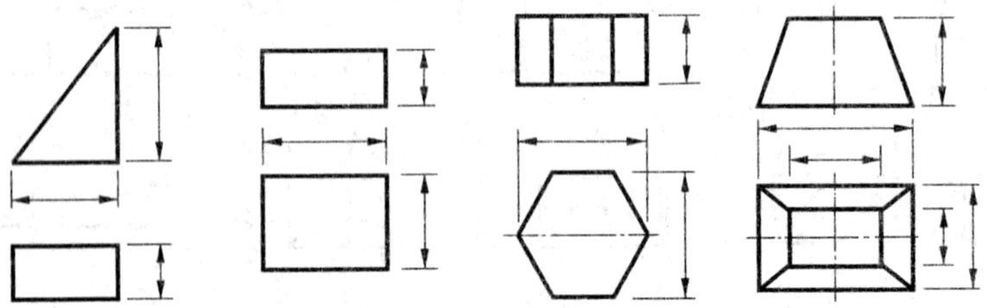

(a)正三棱柱　(b)正四棱柱　(c)正六棱柱　(d)四棱台

图 3-14　平面立体的投影与尺寸标注

棱柱和棱台应注出决定底面形状的尺寸和高度尺寸，底面尺寸一般标注在反映底面实形的视图上，六棱柱的底面通常标注对边的间距。

棱锥的底面为多边形，各侧面是若干个具有公共顶点的三角形，从棱锥顶点到底面的距离叫棱锥的高。当棱锥底面为正多边形，各侧面是全等的等腰三角形时，称为正棱锥。棱锥体被一个与底面平行的平面切去上部，剩余部分形体称为棱台体。棱台应注明上下面尺寸和高度。

二、回转体的投影及尺寸标注

（一）圆柱

如图 3-15（a）所示为一正圆柱的投影图和尺寸标注，当圆柱的轴线垂直于圆柱的底面时，称为正圆柱。当正圆柱的轴线垂直于水平投影面时，其 H 面投影为一圆，反映圆柱顶面和底面的实形，而圆周又是圆柱面的积聚性投影，在圆柱面上任何点或线的投影都是重合在这一圆的圆周上。V、W 面投影均为一个矩形线框。矩形的上、下边线是圆柱上底面和下底面的积聚性投影，矩形左、右边线分别为圆柱面上各轮廓素线的投影。圆柱应注出它的底面直径和高度尺寸。

（二）圆锥

如图 3-15（b）所示为一正圆锥的投影图和尺寸标注，当圆锥的轴线垂直于圆锥的底面时，称为正圆锥。当正圆锥的轴线垂直于水平投影面时，其 H 面投影为一圆，既表示圆锥面的投影，同时也反映圆锥底面的实形，V、W 面投影均为等腰三角形线框，其底边都是圆锥底

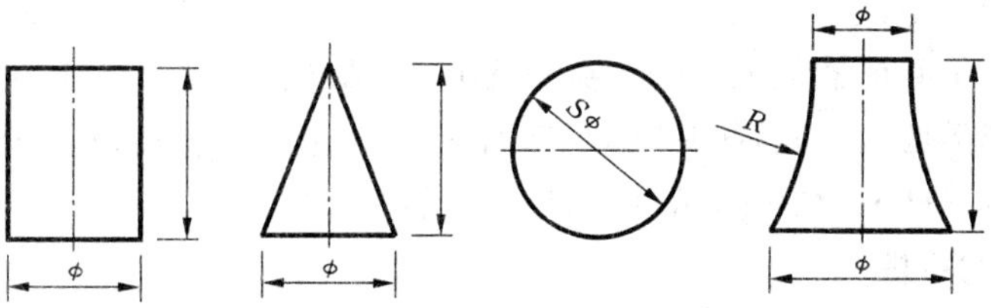

(a)圆柱　(b)圆锥　(c)圆球　(d)回转体

图 3-15　回转体的投影与尺寸标注

面的积聚投影,三角形的腰分别为圆锥面上各轮廓素线的投影。圆锥(及圆台)应注出它的底面直径和高度尺寸。

(三)圆球

如图 3-15(c)所示,为圆球投影图及尺寸标注。圆球从任何方向投影都是与圆球直径相等的圆,因此其三面投影都是等半径的圆,但各个投影面上的圆,不是球面上同一个圆的三个投影,而是三个方向球的轮廓素线圆的投影。

球体只标注它的直径,在直径代号前加注“*S*”字母。球体标注直径后,只需一个视图来表达。

(四)回转体

如图 3-15(d)所示,为回转体的投影图及尺寸标注。

第五节　轴测图

一、轴测图的基础知识

轴测投影图是用平行投影的方法画出来的一种富有立体感的单面投影图,它接近于人的视觉习惯,在生产实践和学习中常用作辅助图样。

(一)轴测图的形成

用一组平行投影线按某一特定方向,将形体连同三个坐标轴一起投射在一个新的投影面上而成的投影图称作轴测图,如图 3-16 所示。有关名词有:

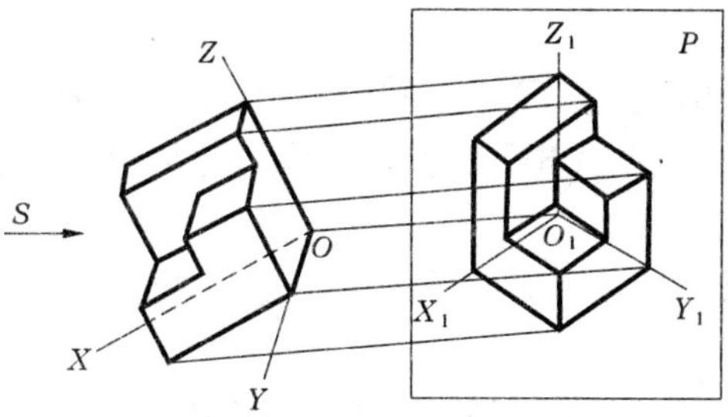

图 3-16　轴测投影的形成

(1)轴测投影面。用字母 P 表示。

(2)投射方向。用 S 表示。

(3)轴测投影轴。空间形体的三个坐标轴 OX、OY、OZ 在投影面 P 上的投影 O_1X_1、

O_1Y_1、O_1Z_1，简称为轴测轴。

(4)轴间角。每两个轴测轴之间的夹角 $X_1O_1Y_1$、$X_1O_1Z_1$、$Z_1O_1Y_1$ 称为轴间角。

(5)轴向变形系数。轴测轴与空间投影轴上的对应线段长度的比值称为变形系数，分别用 p、q、r 表示，$p = O_1X_1/OX$、$q = O_1Y_1/OY$、$r = O_1Z_1/OZ$。

(二)轴测图的特性

(1)空间直角坐标轴投影成为轴测图以后，直角在轴测图中一般已不再是90°了，但是沿轴测轴确定长、宽、高三个坐标方向的性质不变，即仍可沿轴测轴量取长、宽、高三方向的尺寸。

(2)空间相互平行的直线，其轴测投影仍彼此平行，亦即形体上与坐标轴平行的直线(轴向线)在轴测投影中仍与相应的轴测轴平行。

(3)空间相互平行的线段，其长度之比等于其投影长度之比。这就是说，平行两直线的轴测投影长度，分别与各自原来的长度之比是相等的，该比值就是轴向变化率，所以空间各平行线段的轴测投影的变化率相等。因此，在轴测图中，形体上平行于坐标轴的线段其变化率等于相应轴测轴的变化率。

(三)轴测图的种类

轴测投影分为正轴测投影和斜轴测投影两大类。当形体长、宽、高三个方向的坐标轴与投影面相倾斜，投影线与投影面相垂直时，它形成的轴测投影称为正轴测投影；当形体两个方向的坐标轴(即一个面)与投影面平行，投影线与投影面倾斜时，所形成的轴测投影称为斜轴测投影。

以上两类轴测投影按其轴向变化率的不同，每类又可分为三种。

(1)若三个轴的轴向变化率都相等，则称为正(或斜)等测轴测投影，简称为正(或斜)等测。

(2)若有两个轴向变化率相等，则称为正(或斜)二测轴测投影，简称为正(或斜)二测。

(3)若三个轴向变化率都不相等，则称为正(或斜)三测轴测投影，简称为正(或斜)三测。因作图麻烦，较少使用。

为了获得立体感较强且作图简便的轴测图，工程上常采用正等测、正二测和斜二测投影，如表3-2所示。实际应用时，经过修正，轴间角通常选用三角板和丁字尺易于组成的角度，变形系数多采用1、0.3或0.5。

1. 正轴测投影

(1)正等测。三个轴间角、三个变形系数(修正为1)均相等。

(2)正二测。有两个变形系数相等(修正为1)。通常采用如图3-17所示方法画出轴测轴。

正二测图比正等测图更具立体感，但作图要复杂一些。

2. 斜轴测投影

(1)水平斜轴测投影。当空间形体的水平面与投影面平行时，形成的斜轴测投影图叫水平斜轴测图，水平斜等测轴测图更常用。

(2)正面斜二测投影。当空间形体的一个立面与投影面平行时，形成的斜轴测投影图叫正面斜轴测图，正面斜二测轴测图更常用。

表 3-2　常用轴测图类型

		等测	二测
正轴测投影		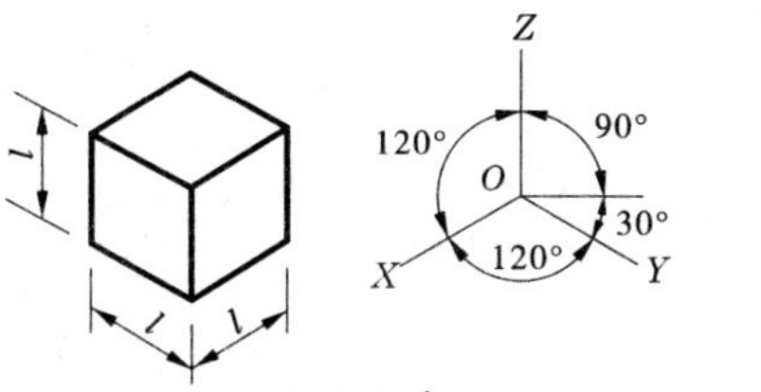 $p=q=r=1$ 正等测	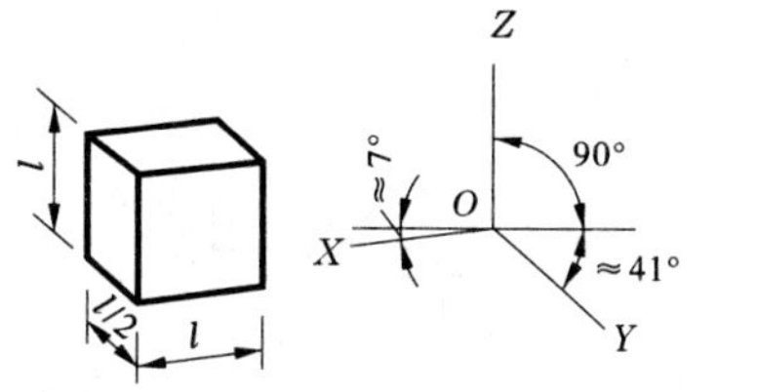 $p=r=1\quad q=1/2$ 正二测
斜轴测投影	水平斜轴测图	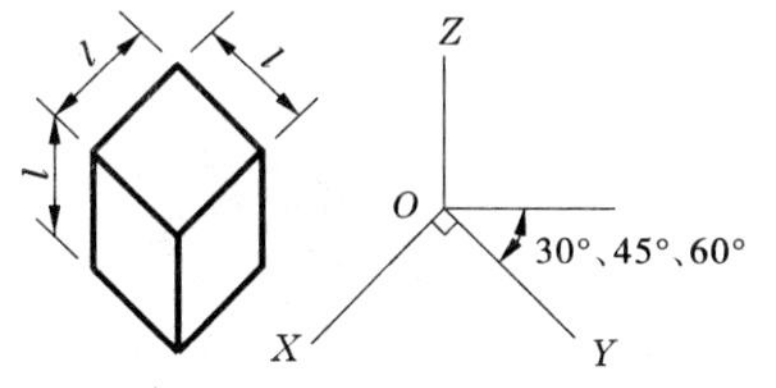 $p=q=r=1$ 水平斜等测	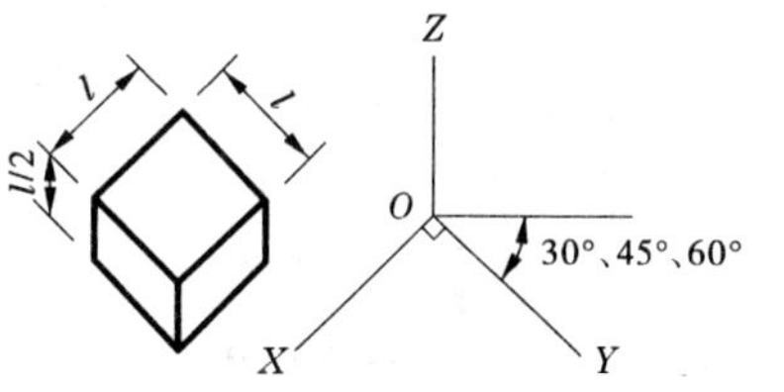 $p=q=1\quad r=1/2$ 水平斜二测
	正面斜轴测图	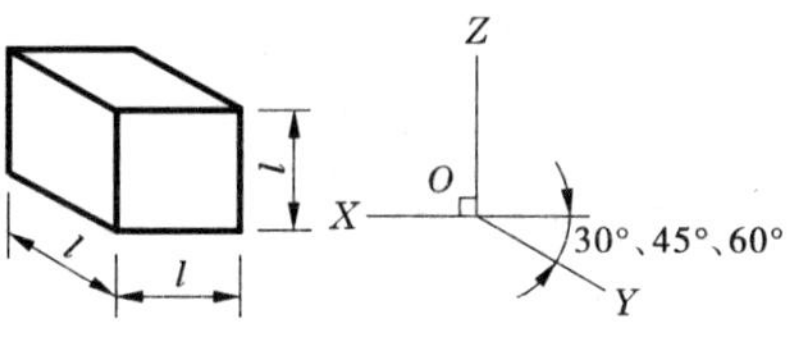 $p=q=r=1$ 正面斜等测	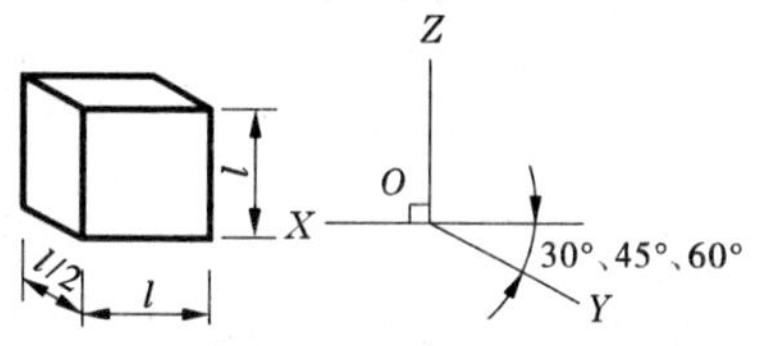 $p=r=1\quad q=1/2$ 正面斜二测

二、几种常用轴测图的画法

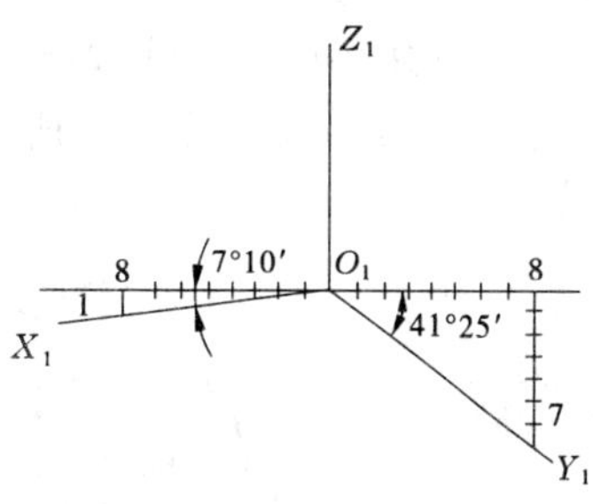

图 3-17　正二测轴测轴画法

画轴测图的方法有坐标法、切割法和叠加法。坐标法是最基本的方法，切割法和叠加法以坐标法为基础。

坐标法是根据物体表面上各点的坐标，画出各点的轴测图，然后依次连接各点，即得该物体的轴测图。

切割法是将切割型的组合体，看作一个完整的、简单的基本形体，作出它的轴测图，然后将多余的部分逐步地切割掉，最后得到组合体的轴测图。

叠加法是将叠加型的组合体，用形体分析的方法，分成几个基本形体，再依次按其相对位置逐个地作出轴测图，最后得到整个组合体的轴测图。

(一)轴测图的画图步骤

轴测图的画图步骤见图 3-18。

(二)画图实例

【例 3-2】　已知如图 3-19 所示正六棱台墩身的二面投影，画其正等测图。

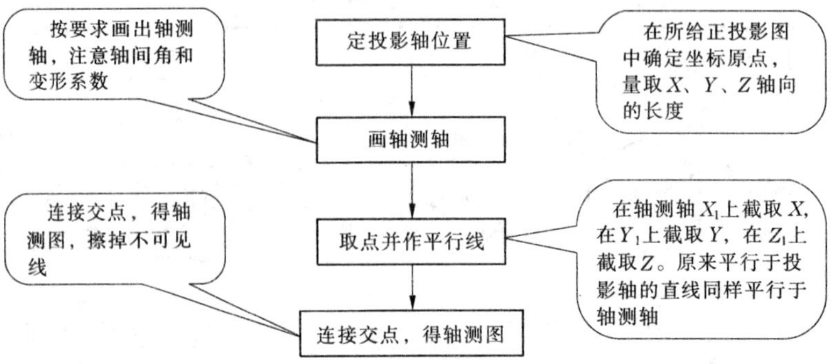

图 3-18　轴测图的画图步骤

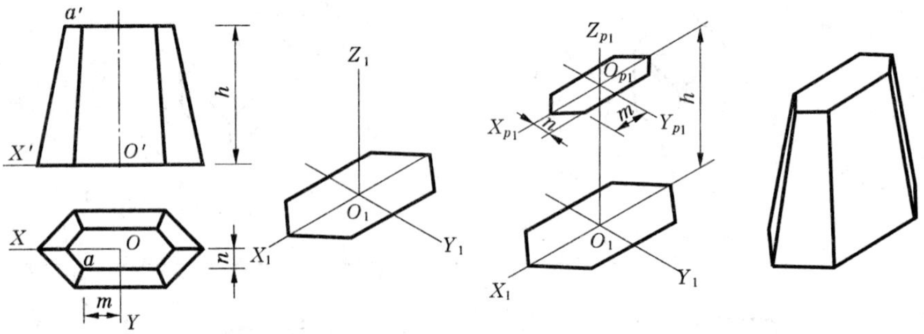

(a)投影图　　(b)作图过程

图 3-19　正等测轴测图的画法

解：(1)坐标原点选在形体底面中心(见图 3-19(a))。

(2)画出轴测轴，作形体底面六边形的轴测图(见图 3-19(b))。

(3)自 O_1 沿 O_1Z_1 量取形体的高度 h，定出上顶面中心 O_{p1} 作 $O_{p1}X_{p1}$ // O_1X_1，$O_{p1}Y_{p1}$ // O_1Y_1，得到移轴后的新坐标系 $O_{p1}X_{p1}Y_{p1}Z_{p1}$，再作出顶面六边形的轴测图，见图 3-19(c)。

(4)连接各棱线得到墩身的正等测图，见图 3-19(d)。

【**例 3-3**】　画出图 3-20 所示涵洞洞口的正面斜二测图。

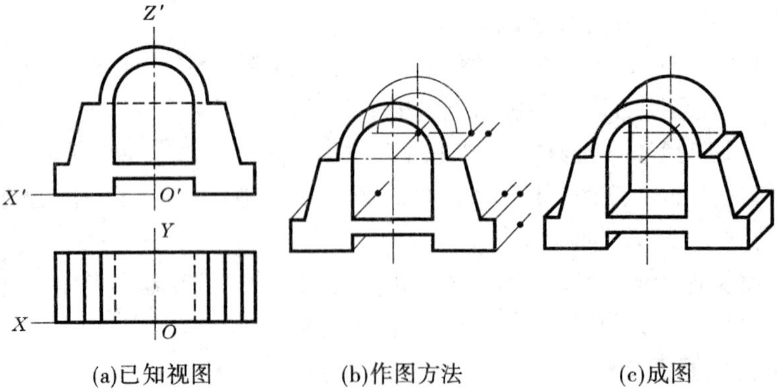

(a)已知视图　　(b)作图方法　　(c)成图

图 3-20　涵洞洞口的正面斜二测图

解：选取涵洞洞口前边的正平面作为坐标面，可先画与立面完全相同的正面形状如图 3-20(b)所示；然后画 45°斜线，再在斜线上量取宽度的一半，定出 Y 轴方向上的各点，并作前后两圆弧的公切线，得到涵洞洞口的正面斜二测图，如图 3-20(c)所示。

三、轴测图类型、方向及位置的选择

在作轴测投影图时，采用哪种方向，哪种轴测图较好，可以根据下面几个要求选择：

(1)图形要完整、清晰，充分显示出该形体的各个主要部分，不要有所遮挡。

(2)图形要富有立体感，避免图线贯通，避免图形重叠。

(3)作图要简便。正等测图可以直接用 30°三角板作图，方法简便，一般情况下应用广泛。正二测图立体感较强，但作图方法较正等测复杂。当形体只在一个主要面上具有曲线或复杂图线时，宜采用斜轴测图，因为斜轴测图中有一个面的投影不发生变形。

【课堂训练】

画出如图 3-21 所示桥台三视图的四种轴测投影图，并比较它们的适宜性。

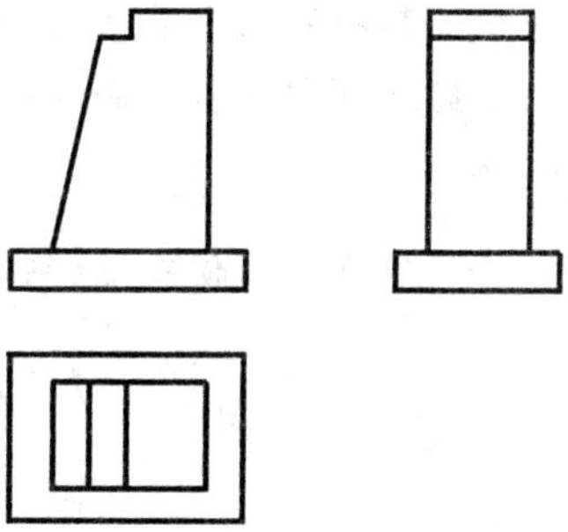

图 3-21　桥台的三视图

小　结

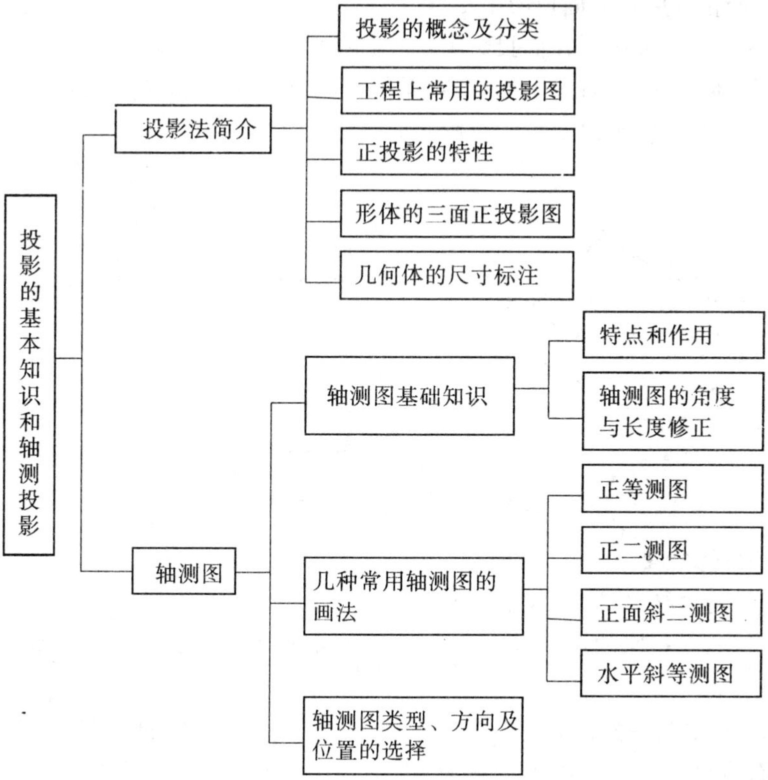

第四章　点、直线和平面的投影

知识目标

- 知道制图的基本要素点、线、面。
- 掌握立体中点、线、面的关系。

能力目标

- 能正确判断立体中点、线、面的位置和投影特性。

第一节　点的投影

一、点的三面投影

（一）投影的标注

为了作图准确，作图时要把所画立体上的点、线、面用符号标注，如图 4-1 所示。习惯上，物体上的点或直线一般用大写字母注写（如 A、B、C），其投影用对应的小写字母注写。例如点 A 的 H 面投影用 a，V 面投影用 a'，W 面投影用 a''。点 B 的 H 面投影用 b，V 面投影用 b'，W 面投影用 b''。平面 P 的 H 面投影用 p，V 面投影用 p'，W 面投影用 p''。依此类推。A、D 在 H 面上出现投影点重合，称为重影点，对后投影的点 D 的投影 d 加括号。A、E 在 V 面上出现投影点重合，对后投影的 E 点的投影 e' 加括号。

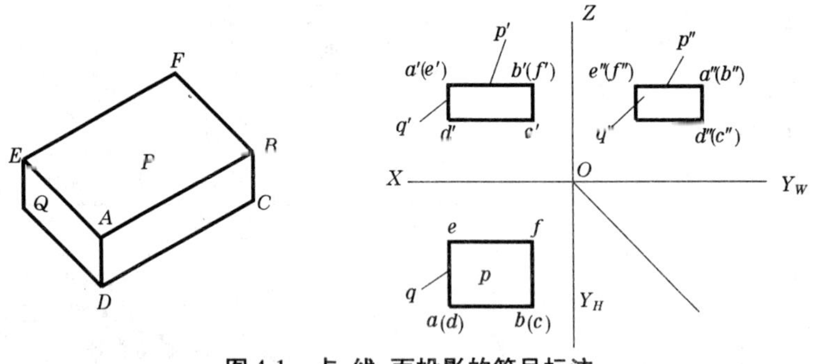

图 4-1　点、线、面投影的符号标注

（二）点的投影规律

观察图 4-1 可总结出点的投影规律：

（1）点的每两面投影的连线，必垂直于该两投影面的交线即相应投影轴，如 $aa' \perp OX$，$a'a'' \perp OZ$。

（2）空间一点到某一投影面的距离，等于另两个投影面上的投影到相应投影轴的距离。如点 A 到 V 面的距离等于 a 到 OX 轴的距离，也等于 a'' 到 OZ 轴的距离。

根据以上投影规律可知：由点的两面投影就可确定点的空间位置，还可由点的两面投影求出第三面投影。

【例 4-1】 已知点 N 的两个投影 n 和 n'，如图 4-2(a)所示，求 W 面投影 n''。

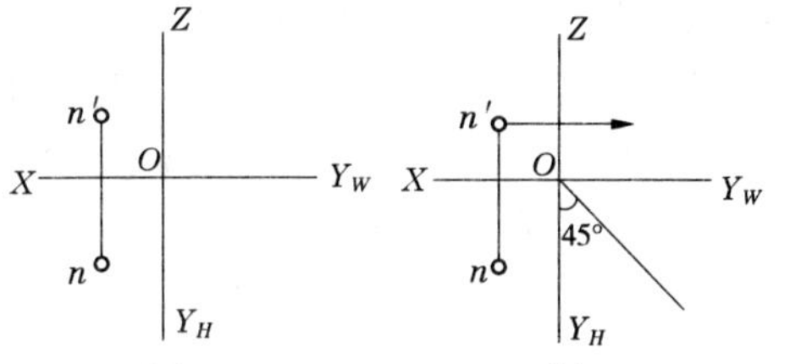

(a) (b) (c)

图 4-2 求点的第三投影

解：(1)过 O 作 45°斜线，过 n' 作水平线，如图 4-2(b)所示。

(2)过 n 作水平线与斜线相交，过交点向上作铅垂线交得 n''，如图 4-2(c)所示。

通常，投影轴可以不画出。

(三)投影面上的点

投影面上的点，一个投影与空间点重合，另两个投影在相应的投影轴上，如图 4-3 所示。

F 点在 V 面上，f' 与 F 重合，f 在 X 轴上，f'' 在 Z 轴上；

M 点在 H 面上，m 与 M 重合，m' 在 X 轴上，m'' 在 Y 轴上；

G 点在 W 面上，g'' 与 G 重合，g 在 Y 轴上，g' 在 Z 轴上。

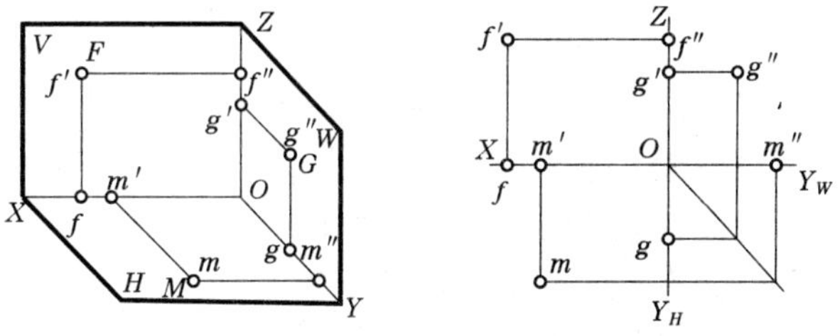

(a)立体图 (b)投影图

图 4-3 投影面上的点

(四)投影轴上的点

投影轴上的点，两个投影与空间点重合，另一个投影在原点上，如图 4-4 所示。

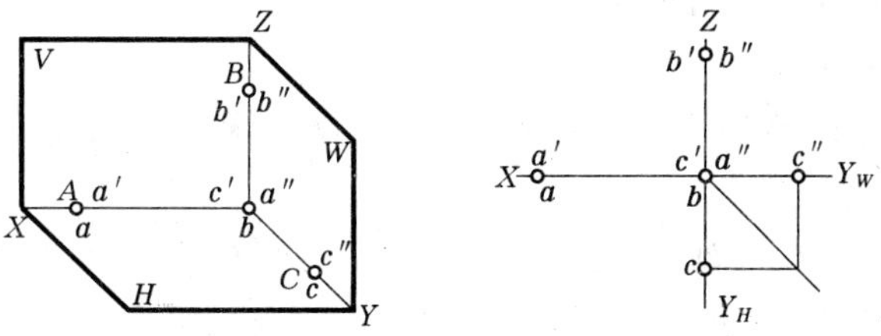

(a)立体图 (b)投影图

图 4-4 投影轴上的点

A 点在 X 轴上，a、a' 与 A 重合，a'' 在原点上；

B 点在 Z 轴上，b'、b'' 与 B 重合，b 在原点上；

C 点在 Y 轴上，c、c'' 与 C 重合，c' 在原点上。

二、点的投影与坐标

如果把三投影面体系看作直角坐标系，则可把三个投影面看作坐标面，投影轴看作坐标轴，则点到三个投影面的距离，就是点的坐标。如图 4-5(a)所示，A 点到 W 面的距离为 X 坐标；A 点到 V 面的距离为 Y 坐标；A 点到 H 面的距离为 Z 坐标。用三个坐标确定点 A，即 $A(X,Y,Z)$，则有：

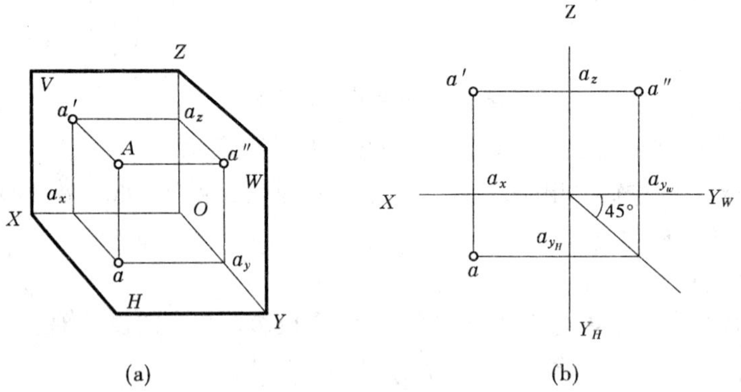

图 4-5　点的三面投影

$$Aa'' = a'a_z = aa_y = X$$

$$Aa' = aa_x = a''a_z = Y$$

$$Aa = a'a_x = a''a_y = Z$$

点的每个投影反映两个坐标，点的三面投影与点的坐标关系如下：

(1)A 点的 H 面投影可反映该点的 X 和 Y 坐标；

(2)A 点的 V 面投影可反映该点的 X 和 Z 坐标；

(3)A 点的 W 面投影可反映该点的 Y 和 Z 坐标。

如果已知一点 A 的三投影 a、a'和 a''，就可从图中量出该点的三个坐标；反之，如果已知 A 点的三个坐标，就能作出该点的三面投影。空间点的任意两个投影都具备了三个坐标，所以给出一个点的两个投影即可求得第三个投影。

【例 4-2】　已知 $B(4,6,5)$，求作 B 点的三面投影。

解：作图步骤如图 4-6 所示。

(1)作出三个投影轴及原点 O，在 OX 轴上自 O 点向左量取 4 个单位，得到 b_X 点，见图 4-6(a)。

(2)过 b_X 点作 OX 轴的垂线，由 b_X 向上量取 $Z=5$ 单位，得 V 面投影 b'，再向下量取 $Y=6$ 单位，得 H 面投影 b，见图 4-6(b)。

(3)过 b'作线平行于 OX 轴并与 OZ 轴相交于 b_Z，量取 $b_Zb''=Y=b_Xb$，得 W 面投影 b''，b、b'和 b''即为所求，见图 4-6(c)。

三、两点的相对位置

空间两点的相对位置是以其中某一点为基准，判别另一点在该点的前后、左右和上下的位置，这可由两点的三个坐标值来确定，或者由两点的坐标差来确定。

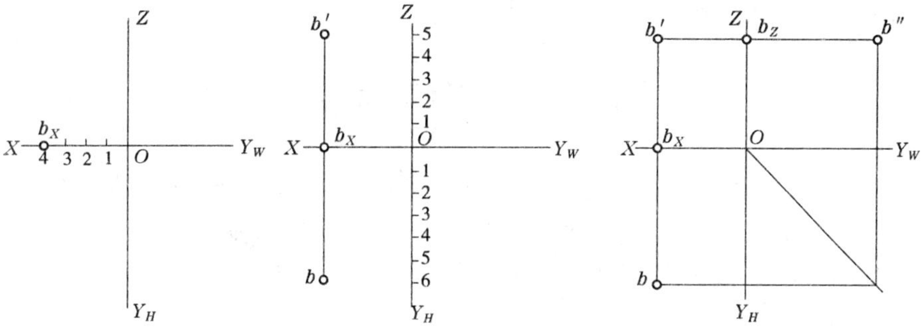

(a)确定X轴坐标　　(b)确定Z、Y轴坐标　　(c)作出投影

图 4-6　已知点的坐标求点的三面投影

如图 4-7 所示，如以 B 点为基准，因为 $X_A < X_B$，$Y_A < Y_B$，$Z_A > Z_B$，所以 A 点在 B 点的右、后、上方。

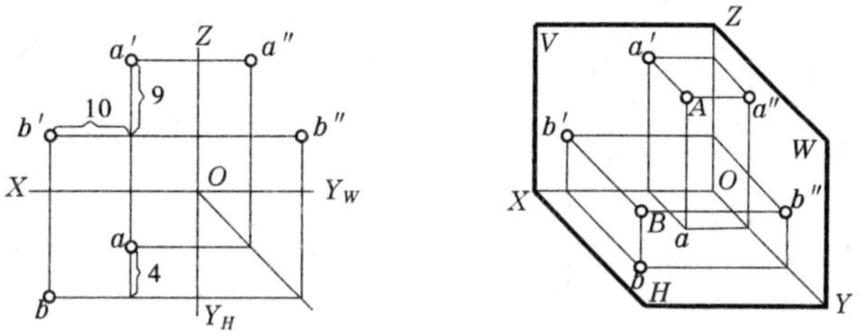

(a)投影图　　(b)立体图

图 4-7　两点的相对位置

四、重影点及其可见性

当空间两点位于某一投影面的同一投射线上时，则此两点在该投影面上的投影重合，此两点称为对该投影面的重影点。

如图 4-8(a)、(b)所示，A、B 两点在同一垂直 H 面的投射线上，A 点在 B 点的正上方；B 点则在 A 点的正下方，a、b 两投影重合，为对 H 面的重影点，但其他两同面投影不重合。至于 a、b 两点的可见性，可从 V 面投影（或 W 面投影）进行判别：因为 a′高于 b′（或 a″高于 b″），即 A 点在 B 点的正上方，所以 a 点可见，b 点不可见。为区别起见，凡不可见的投影其字母写在后面，并加括号表示。

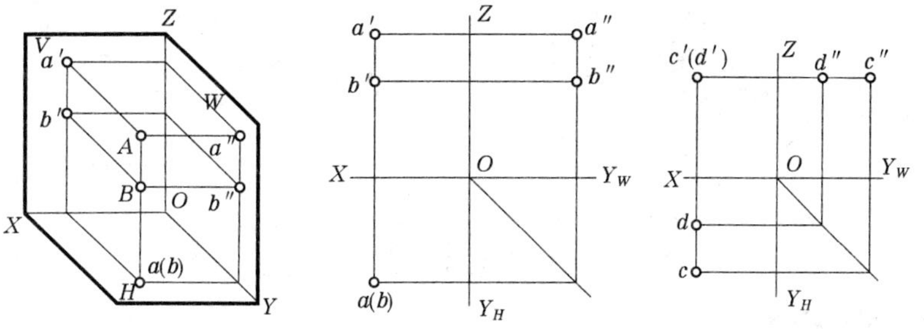

(a)立体图　　(b)a、b点的投影图　　(c)c、d点的投影图

图 4-8　重影点及其可见性的判别

同理，如图 4-8(c)所示，C 点在 D 点的正前方，位于垂直 V 面的同一投射线上，c′、d′两

投影重合，为对 V 面的重影点，c' 可见，d' 不可见。

第二节　直线的投影

通过前面铅笔投影的试验我们知道，直线与投影面的位置不同，则其投影不同。两点确定一条直线，画出直线上任意两点的投影，连接其同面投影，即为直线的投影。直线的投影一般仍为直线，特殊情况下，当直线垂直于投影面时，其投影积聚为一个点。

一、直线的投影

直线和它在某一投影面上的投影间的夹角，称为直线对该投影面的倾角。对 H 面的倾角用 α 表示，对 V 面的倾角用 β 表示，对 W 面的倾角用 γ 表示，如图 4-9 所示。

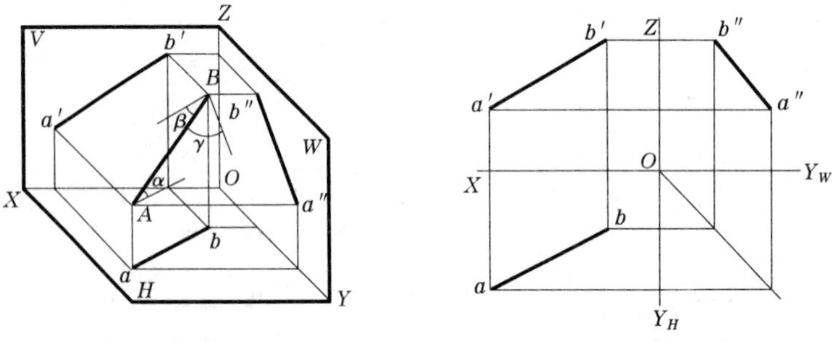

(a)立体图　　(b)投影图

图 4-9　一般位置直线

根据直线与投影面的相对位置，直线可分为一般位置直线、投影面平行线和投影面垂直线三种，后两种统称为特殊位置直线。

（一）一般位置直线

对三个投影面都倾斜的直线称为一般位置直线。一般位置直线的三个投影都是倾斜线段，且小于实长。如图 4-10 所示是一个三棱锥的投影图，其中的棱线 SA 即为一般位置直线。H 面投影 sa、V 面投影 $s'a'$、W 面投影 $s''a''$ 皆倾斜于投影轴。

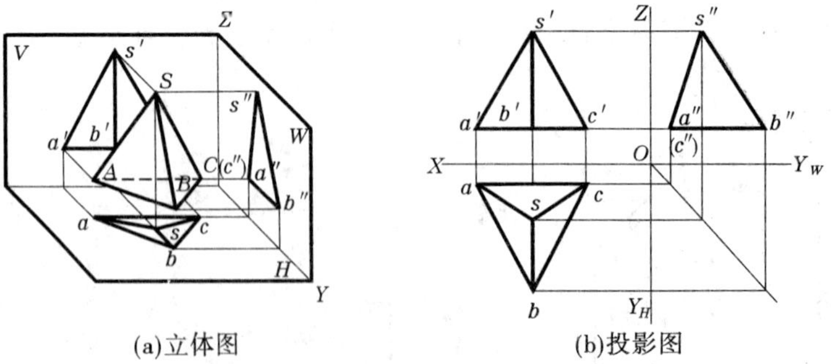

(a)立体图　　(b)投影图

图 4-10　三棱锥投影中的一般位置线

（二）投影面平行线

平行于一个投影面，倾斜于另两个投影面的直线称为投影面平行线。

平行于 H 面的直线称为水平线，如图 4-11 中的 AB；

平行于 V 面的直线称为正平线，如图 4-11 中的 AC；
平行于 W 面的直线称为侧平线，如图 4-11 中的 BC。

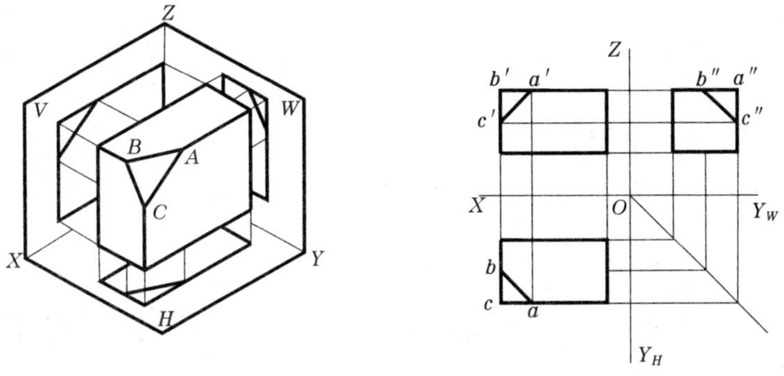

(a)立体图　　(b)投影图

图 4-11　投影面平行线

从投影图中可以看出：

(1)线段 AB 平行于 H 面，H 面投影 ab 反映实长，V 面投影 $a'b'$ 平行于 X 轴，W 面投影 $a''b''$ 平行于 Y 轴。

(2)线段 AC 平行于 V 面，H 面投影 ac 平行于 X 轴 ，V 面投影 $a'c'$ 反映实长，W 面投影 $a''c''$ 平行于 Z 轴。

(3)线段 BC 平行于 W 面，H 面投影 bc 平行于 Y 轴，V 面投影 $b'c'$ 平行于 Z 轴，W 面投影 $b''c''$ 反映实长。

可见投影面平行线的投影规律是：

(1)直线在所平行的投影面上的投影反映实长。

(2)另外两个投影分别平行于相应的投影轴且长度缩短。

(三)投影面垂直线

垂直一个投影面(必定平行另外两个投影面)的直线称为投影面垂直线。

垂直于 H 面的直线称为铅垂线，如图 4-12 中的直线 AC；

垂直于 V 面的直线称为正垂线，如图 4-12 中的直线 AB；

垂直于 W 面的直线称为侧垂线，如图 4-12 中的直线 AD。

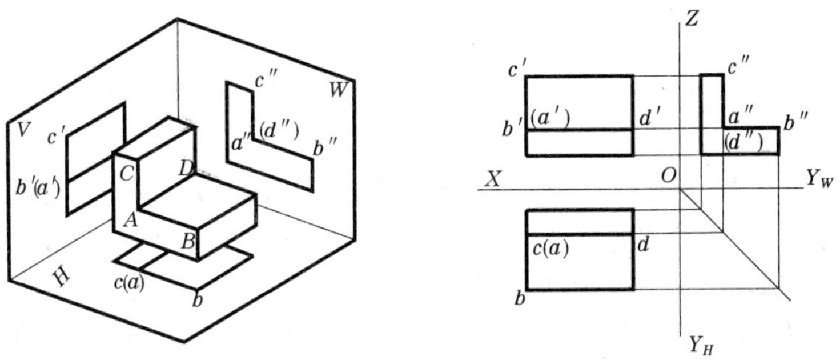

(a)立体图　　(b)投影图

图 4-12　投影面垂直线的投影

从投影图中可以看出：

(1)正垂线 AB，H 面投影 ab 垂直于 X 轴且反映 AB 的实长，W 面投影 $a''b''$ 垂直于 Z 轴也

反映实长，V 面投影 $a'b'$ 积聚为点。

(2)铅垂线 AC，V 面投影 $a'c'$ 垂直于 X 轴且反映 AC 的实长，W 面投影 $a''c''$ 垂直于 Y 轴也反映实长，H 面投影 ac 积聚为点。

(3)侧垂线 AD，H 面投影 ad 垂直于 Y 轴且反映 AD 的实长，V 面投影 $a'd'$ 垂直于 Z 轴也反映实长，W 面投影 $a''d''$ 积聚为点。

可见投影面垂直线的投影规律是：

(1)直线在所垂直的投影面上的投影积聚为一点。

(2)直线的另外两个投影垂直于相应的投影轴，都反映实长。

(四)直线在空间的位置识读

直线在空间的位置就是指它与三个投影面的相对位置。平面在空间位置的识读，主要根据它在三个投影面上的投影来判断。

【例 4-3】 试判断图 4-13 所示的几何体的三面正投影图中的直线 AB、CD、EF 的空间位置。

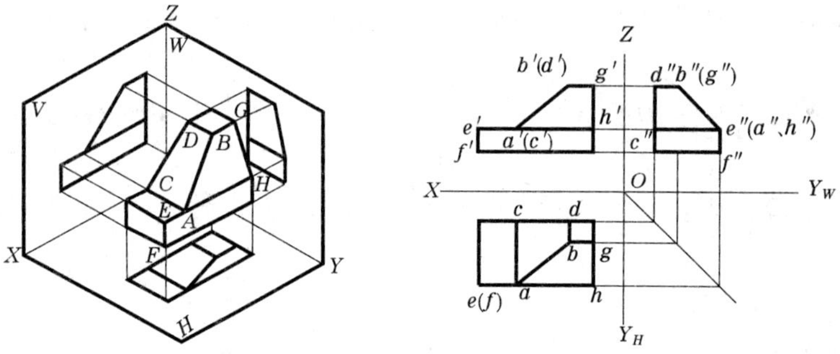

(a)立体图　　(b)投影图

图 4-13　直线空间位置的识读

解：图 4-13 中直线 AB 的三面投影都是斜线，故它是一般位置直线；直线 CD 的正立面投影 $c'd'$ 是斜线，水平面投影 cd 和侧立面投影 $c''d''$ 是直线，且都垂直于 OY 轴，故它为 V 面的平行线(即正平线)；直线 EF 的水平面投影为一点，正立面投影 $e'f'$ 和侧立面投影 $e''f''$ 都是直线，且平行于 OZ 轴，故它为 H 面的垂直线(即铅垂线)。

二、直线的实长与倾角

一般位置直线的三面投影图既不反映其实长，也不反映倾角，要想求得一般直线的实长和倾角，通常用直角三角形法。

如图 4-14 所示，在 $BEeb$ 所构成的投射平面内，延长 BE 和 be 交于点 M，则 $\angle BMb$ 就是 BE 直线对 H 面的倾角 α。过 E 点作 $EB_1 /\!/ eb$，则 $\angle BEB_1 = \alpha$，且 $EB_1 = eb$。所以，只要在投影图上作出直角三角形 BEB_1 的实形，即可求出 BE 直线的实长和倾角。

其中，直角边 $EB_1 = eb$，即已知 BE 的 H 面投影；另一直角边 BB_1 是直线两端点的 Z 坐标差，即 $BB_1 = Z_B - Z_E$，可从 V 面投影图中量得，也是已知的，其斜边 BE 即为实长。

作图步骤为：

(1)过 H 面投影 eb 的端点 b 作直线垂直于 eb；

(2)在所作垂线上截取 $bk = Z_B - Z_E$，得 k 点；

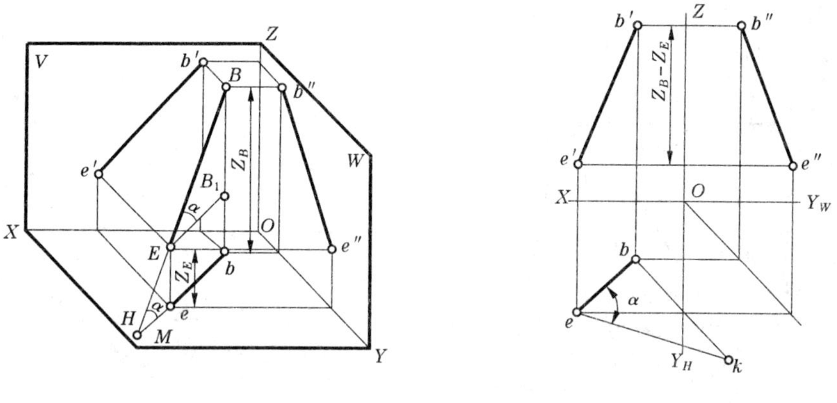

(a)立体图　　　　(b)投影图

图 4-14　求直线的实长和倾角

(3)连直角三角形的斜边 *ek*，即为所求的实长，∠*bek* 即为倾角 α。

如图 4-15 所示，求作 *BE* 直线对 *V* 面的倾角的立体图和投影图。以直线的 *V* 面投影和直线上两端点的 *Y* 坐标差为两条直角边，组成一个直角三角形，就可求出直线的实长和直线对 *V* 面的倾角 β。如果求直线对 *W* 面的倾角，则以直线的 *W* 面投影和直线两端点的 *X* 坐标差为两直角边，组成一个直角三角形。

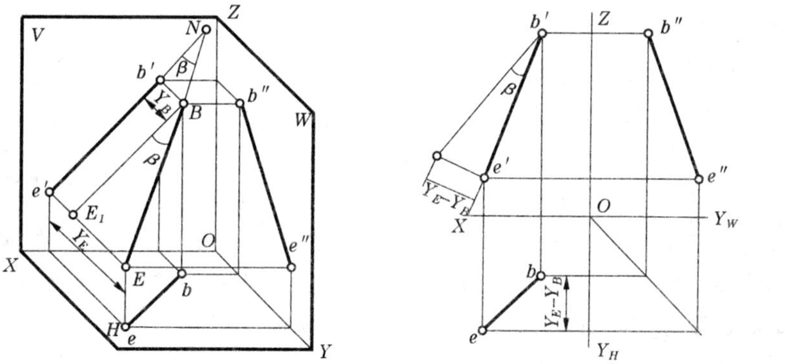

(a)立体图　　　　(b)投影图

图 4-15　求直线的实长和倾角 β

这种利用直角三角形求一般位置直线的实长及倾角的方法称为直角三角形法，其要点是以线段的一个投影为直角边，以线段两端点相对于该投影面的坐标差为另一直角边，所构成的直角三角形的斜边即为线段实长，斜边与线段投影之间的夹角即为直线对该投影面的倾角。

三、两直线的相对位置

空间两直线的相对位置分为三种情况：平行、相交和交叉，其中交叉位置的两直线称为异面直线。

(一) 平行两直线

若空间两直线互相平行，则其同面投影互相平行，反之，若两直线的同面投影互相平行，则此空间两直线一定互相平行。

如图 4-16 所示，如果 $AB /\!/ CD$，则 $ab /\!/ cd$，$a'b' /\!/ c'd'$，$a''b'' /\!/ c''d''$；$AB:CD = ab:cd = a'b':c'd' = a''b'':c''d''$。

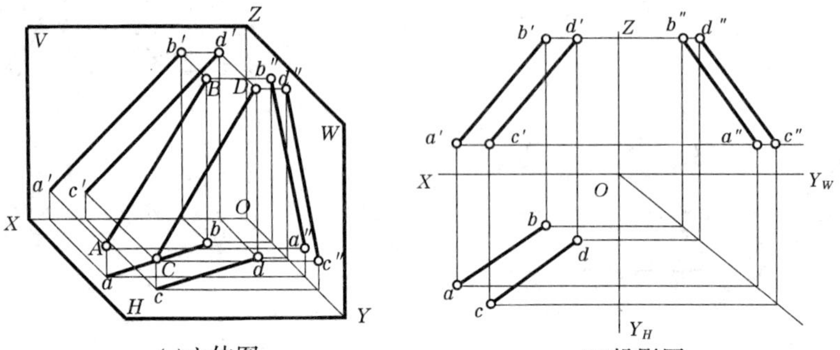

(a)立体图　　(b)投影图

图 4-16　平行两直线的投影

在一般情况下，只要直线的任意两同面投影互相平行，就可判定两直线是平行的，但对于与投影面平行的两直线来说，有时不能肯定。例如，图 4-17 给出了两条侧平线 CD 和 EF，它们的 V、H 面投影平行，但是还不能确定它们是否平行，必须求出它们的侧面投影或通过判断比值是否相等才能最后确定。如图 4-17 所示，作出其侧面投影 $c''d''$ 和 $e''f''$ 不平行，则 CD 和 EF 两直线不平行。

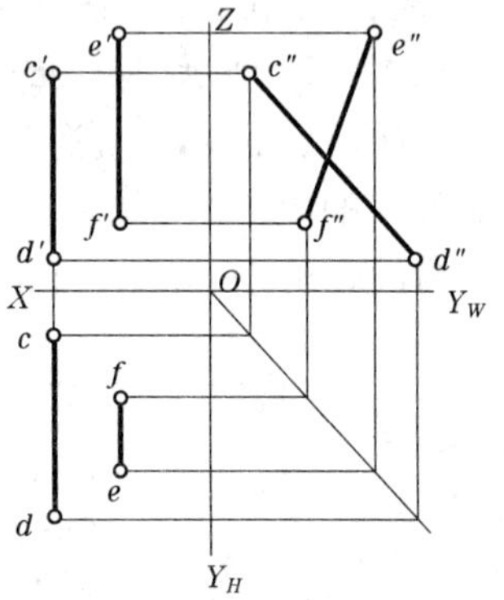

图 4-17　判断两直线的相对位置

（二）相交两直线

相交两直线，其同面投影必相交，交点符合点的投影规律，各投影交点的连线必垂直于相应的投影轴。

如图 4-18 所示，AB 和 CD 为相交两直线，其交点 K 为两直线的共有点，它既是 AB 上的一点，又是 CD 上的一点。由于线上一点的投影必在该直线的同面投影上，因此 K 点的 H 面投影 k 既在 ab 上，又应在 cd 上。这样 k 必然是 ab 和 cd 的交点；同理 k' 必然是 $a'b'$ 和 $c'd'$ 的交点；k'' 必然是 $a''b''$ 和 $c''d''$ 的交点。

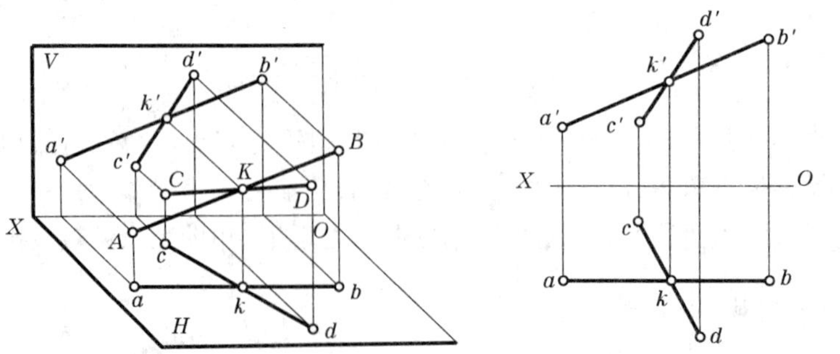

(a)立体图　　(b)投影图

图 4-18　两相交直线的投影

判定两直线是否相交，对于一般位置直线，根据任意两组同面投影即可判断，但当两直线之一为投影面平行线时，则要看该直线在所平行的那个投影面上的投影情况。如图 4-19

所示，两直线 AB 和 CD，因为 $a''b''$ 和 $c''d''$ 的交点与 $a'b'$ 和 $c'd'$ 的交点不符合点的投影规律，所以可以判定 AB 和 CD 不相交。

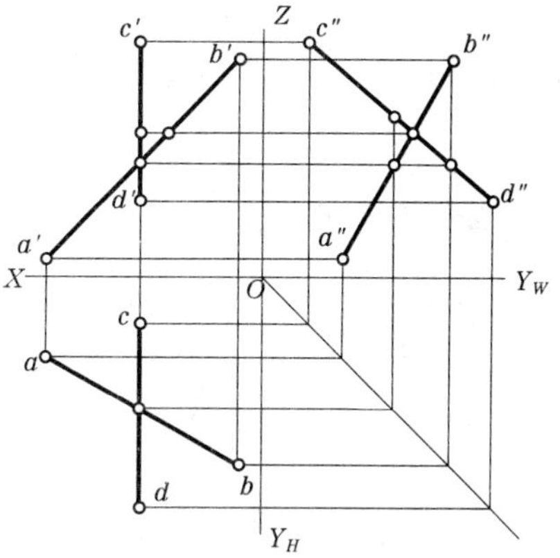

图 4-19　判断两直线的相对位置

（三）交叉两直线

交叉两直线既不平行也不相交。其各面投影既不符合平行两直线的投影特性，也不符合相交两直线的投影特性。若两直线的同面投影不同时平行，或同面投影虽相交但交点连线不垂直于投影轴，则该两直线必交叉。它们的投影可能有一对或两对同面投影互相平行，但不可能三对同面投影都互相平行。交叉两直线也可表现为一对、两对或三对同面投影相交，但其交点的连线不可能符合点的投影规律。

如图 4-20 所示，AB 和 CD 是两条交叉直线，其三面投影都相交，但其交点不符合点的投影规律，即 ab 和 cd 的交点不是一个点的投影，而是 AB 上的 M 点和 CD 上的 N 点在 H 面上的重影点，M 点在上，m 为可见，N 点在下，n 为不可见。同样，$a'b'$ 和 $c'd'$ 的交点是 CD 上的 E 点和 AB 上的 F 点在 V 面上的重影点，E 点在前，e' 为可见，F 点在后，f' 为不可见。W 面投影 $a''b''$ 和 $c''d''$ 的交点也是重影点。

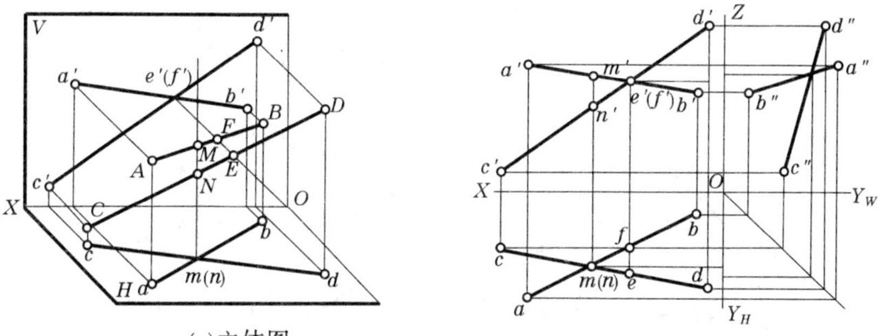

(a)立体图　　(b)投影图

图 4-20　交叉两直线的投影

第三节　平面的投影

一、平面的表示法

（一）几何元素表示法

不在同一直线上的三点可以确定一个平面。因此，在投影图上能用下列任一组几何元素的投影表示平面，如图 4-21 所示。

（1）不在同一直线上的三点，如图 4-21（a）所示；

（2）一条直线和直线外一点，如图 4-21（b）所示；

（3）相交两直线，如图 4-21（c）所示；

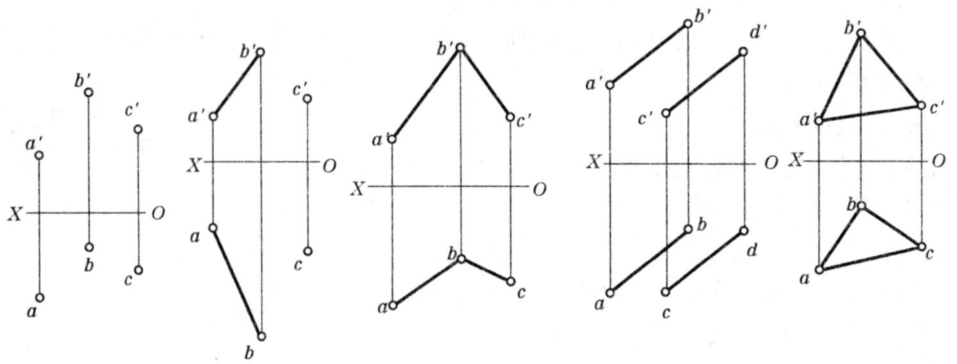

(a) (b) (c) (d) (e)

图 4-21　平面的几何元素表示法

(4)平行两直线,如图 4-21(d)所示;

(5)任意平面图形,如图 4-21(e)所示,即平面的有限部分,如三角形、圆形及其他封闭平面图形。

(二)迹线表示法

迹线就是平面与投影面的交线。如图 4-22 中的 Q 平面,就是用迹线表示的一般位置平面,它与 H 面的交线称为水平迹线,用 Q_H 表示;与 V 面的交线称为正面迹线,用 Q_V 表示;与 W 面的交线称为侧面迹线,用 Q_W 表示。迹线与投影轴的交点称集合点,分别以 Q_X、Q_Y 和 Q_Z 表示。

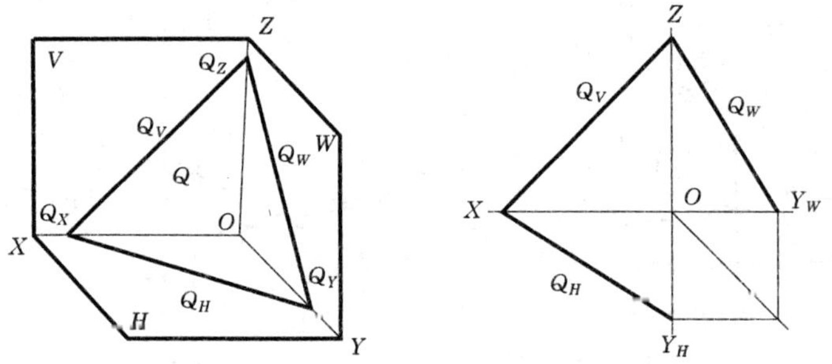

(a)立体图　　(b)投影图

图 4-22　迹线平面

二、不同位置平面的投影特性

平面在投影体系中的相对位置,可分为投影面平行面、投影面垂直面和一般位置平面。前两种称为特殊位置平面。

(一)投影面平行面

平行于一个投影面(必定垂直于另外两个投影面)的平面称为投影面平行面。

平行于 H 面的平面称为水平面,平行于 V 面的平面称为正平面,平行于 W 面的平面称为侧平面。

投影面平行面的投影特性如表 4-1 所示。请同学们自己总结投影面平行面的投影规律。

表 4-1　投影面平行面的投影特性

	立体上的面	投影图	投影特性
水平面	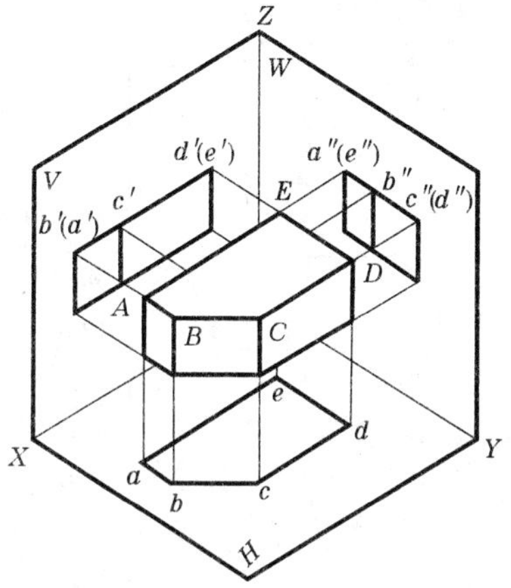	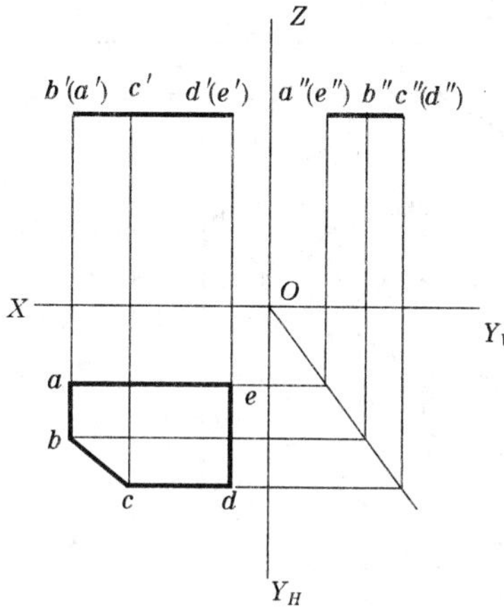	1. 水平投影 abcde 反映实形； 2. 正面积聚投影 a′b′c′d′e′ 和侧面积聚投影 a″b″c″d″e″同时垂直于 OZ 轴
正平面	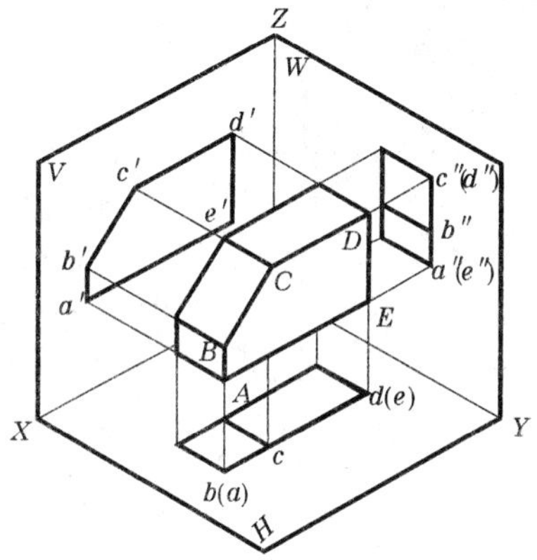	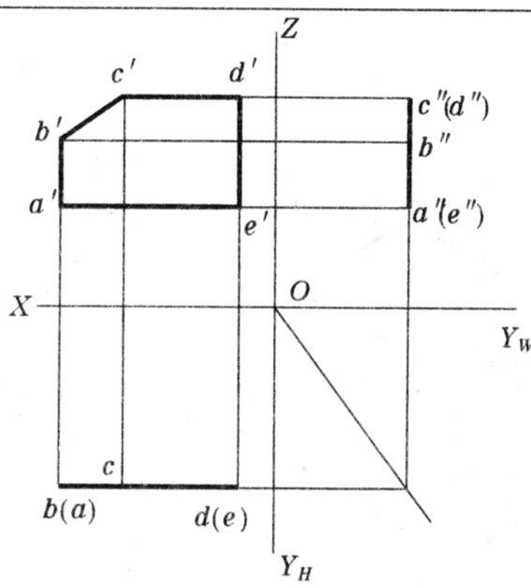	1. 正面投影 a′b′c′d′e′反映实形； 2. 水平积聚投影 abcde 和侧面积聚投影 a″b″c″d″e″同时垂直于 OY 轴
侧平面	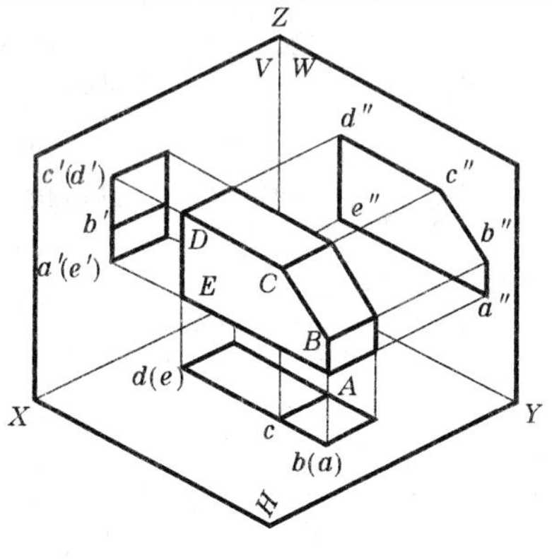	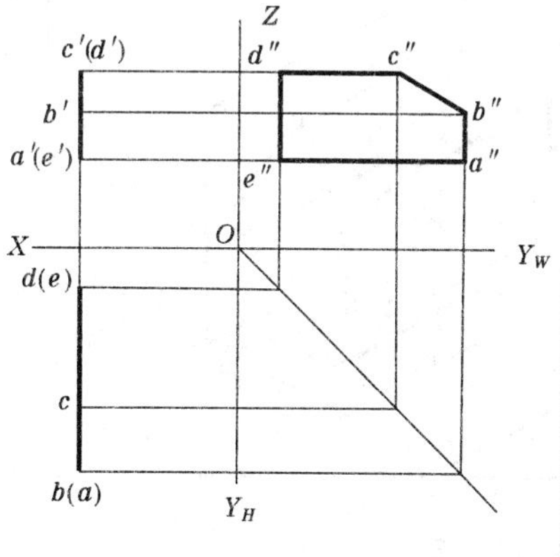	1. 侧面投影 a″b″c″d″e″反映实形； 2. 正面积聚投影 a′b′c′d′e′ 和水平积聚投影 abcde 同时垂直于 OX 轴

(二) 投影面垂直面

垂直于一个投影面，而与另外两个投影面倾斜的平面称为投影面垂直面。

垂直于 *H* 面的平面称为铅垂面，垂直于 *V* 面的平面称为正垂面，垂直于 *W* 面的平面称为侧垂面。

投影面垂直面的投影特性见表4-2。请同学们总结投影面垂直面的投影规律。

表 4-2 投影面垂直面的投影特性

	立体上的面	投影图	投影特性
铅垂面	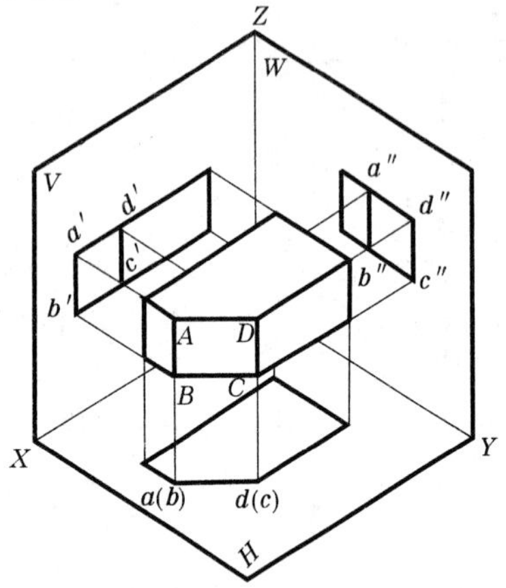	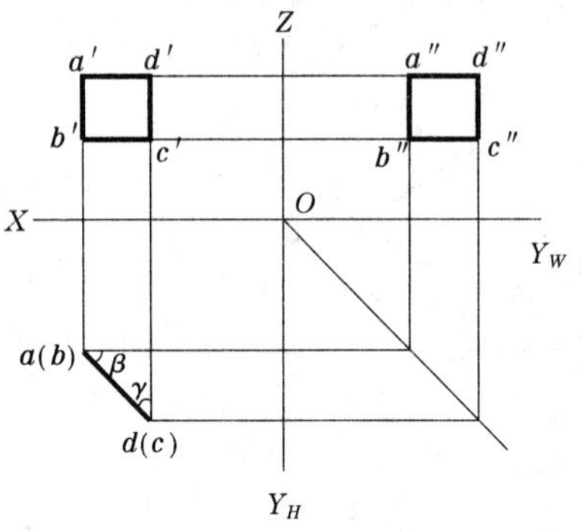	1. 水平投影 *abcd* 积聚为一斜线且反映倾角 β、γ； 2. 正面投影 $a'b'c'd'$ 和侧面投影 $a''b''c''d''$ 图形类似实形
正垂面	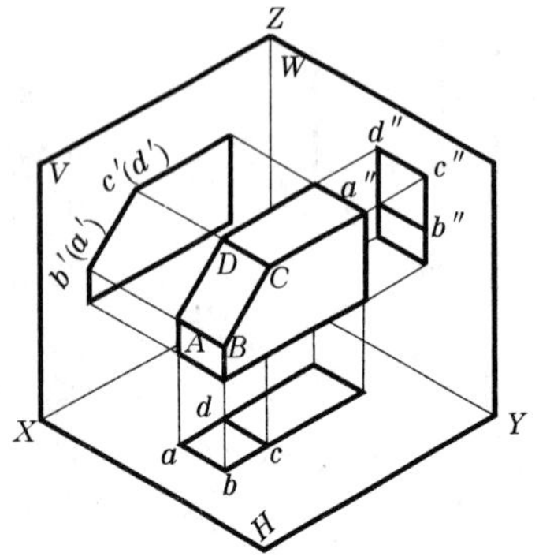	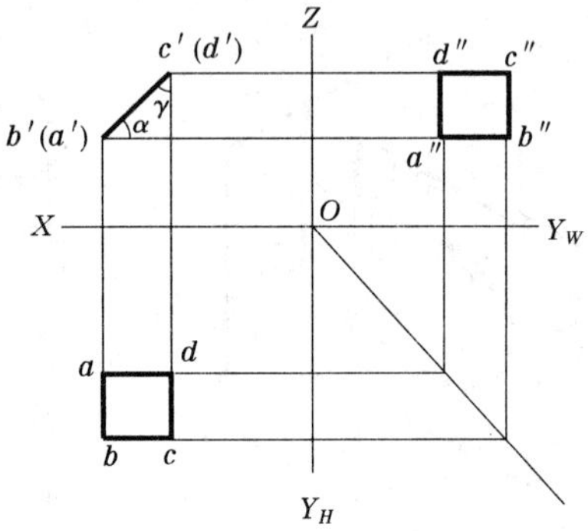	1. 正面投影 $a'b'c'd'$ 积聚为一斜线且反映倾角 α、γ； 2. 水平投影 *abcd* 和侧面投影 $a''b''c''d''$ 图形类似实形
侧垂面	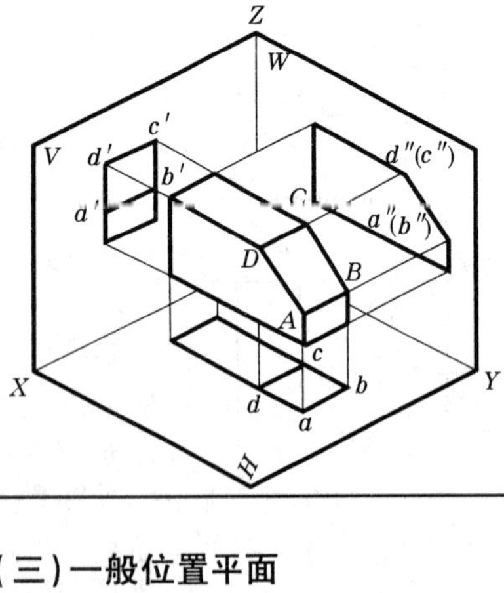	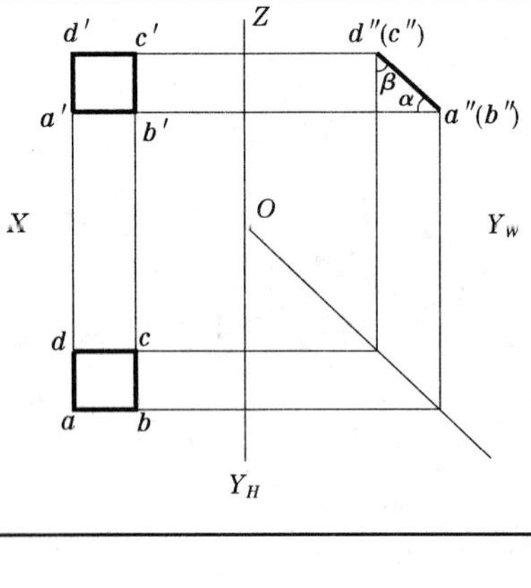	1. 侧面投影 $a''b''c''d''$ 积聚为一斜线且反映倾角 α、β； 2. 正面投影 $a'b'c'd'$ 和水平投影 *abcd* 图形类似实形

（三）一般位置平面

三个投影面都倾斜的平面称为一般位置平面。一般位置平面的投影，既不反映实形，也无积聚性，均为缩小了的类似形。如图 4-23 所示，可以看出平面 *ABC* 和三个投影面都倾斜，在三个投影面上的投影是三个缩小的类似形。

（四）平面空间位置的识读

平面在空间的位置就是指它与三个投影面的相对位置。平面在空间位置的识读，主要

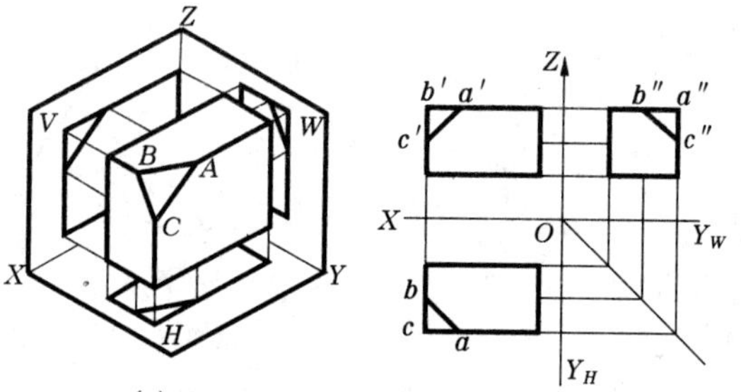

(a) (b)

图 4-23　一般位置平面

根据它在三个投影面上的投影来判断。

【例 4-4】 试判断图 4-24 所示的几何形体的三面正投影图中的平面 *ABGF*、*ABCDE*、*MNP* 的空间位置。

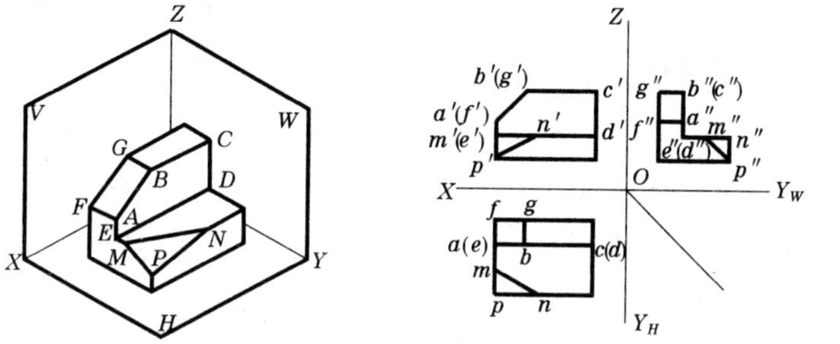

(a) (b)

图 4-24　平面空间位置的识读

解：图 4-24 中 *ABGF* 在正立面的投影为一斜线，在水平面和侧立面上的投影为该平面的类似形，故它为正垂面；平面 *ABCDE* 在正立面的投影为该平面的实形，在水平面和侧立面的投影为一直线，且同时垂直于 *OY* 轴，故它是正平面；平面 *MNP* 在三个投影面上的投影都为该平面的类似形，故它为一般位置平面。

第四节　平面上的点和直线

一、直线在平面上的必备条件

直线在平面上必须具备下列两个条件之一：

（1）直线通过平面上的两点。

如图 4-25 所示，在平面 *P* 上的两条直线 *AB* 和 *BC* 上各取一点 *D* 和 *E*，则过该两点的直线 *DE* 必在 *P* 面上。

（2）直线通过平面上的一点，且平行于该平面上的一直线。

如图 4-25 所示，过 *P* 面上的 *C* 点，作 *CF*∥*AB*，*AB* 是平面 *P* 内的一条直线，则直线 *CF* 必在 *P* 面上。如图 4-26 所示，要在△*ABC* 上任作一条直线 *MN*，则可在此平面上的两条直线 *AB* 和 *CD* 上各取点 *M*(*m*,*m*′,*m*″)和 *N*(*n*,*n*′,*n*″)，连接 *M* 和 *N* 的同面投影，则直线 *MN* 就是△*ABC* 上的一条直线。

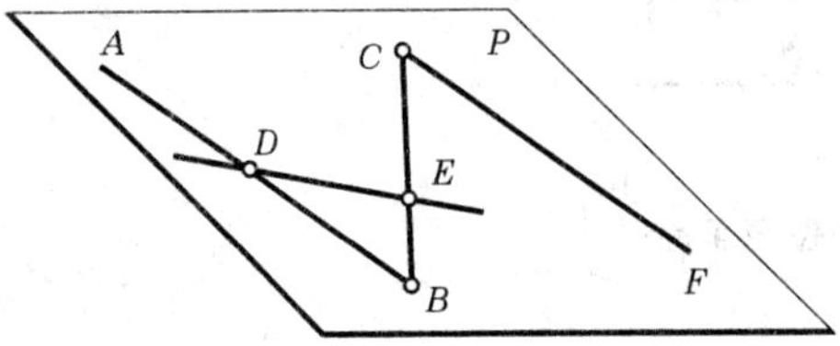

图 4-25　平面上的直线

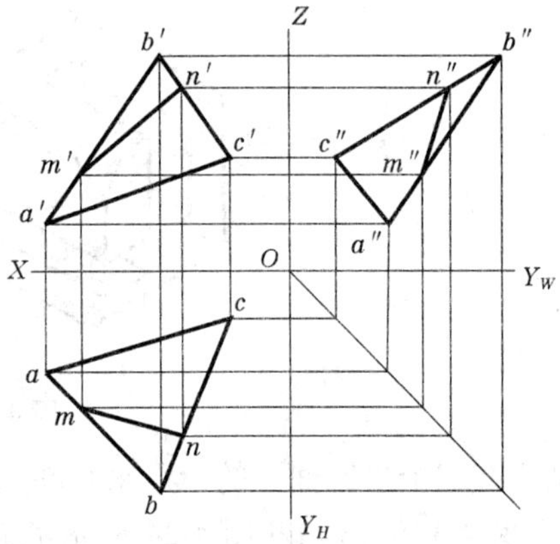

图 4-26　在平面上作直线

二、平面上的投影面平行线

平面上平行于投影面的直线称为平面上的投影面平行线。平面上的投影面平行线有三种：平面上平行于 H 面的直线称为平面上的水平线，平行于 V 面的直线称为平面上的正平线，平行于 W 面的直线称为平面上的侧平线。如图 4-27 所示，是用迹线表示的 P 平面上的水平线 AB 和正平线 CD。

平面上的投影面平行线，既在平面上，又具有投影面平行线的一切投影特性。在 P 平面可作出无数条水平线、正平线和侧平线。它们的投影分别与平面的相应迹线平行。

【例 4-5】　已知△ABC，过 A 点作平面上的水平线（见图 4-28）。

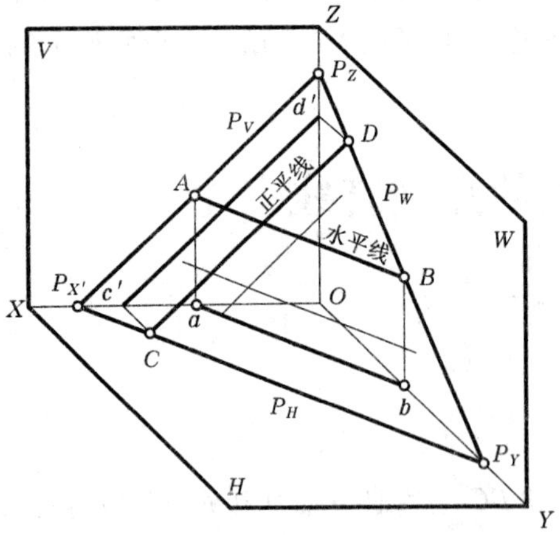

图 4-27　平面上的投影面平行线

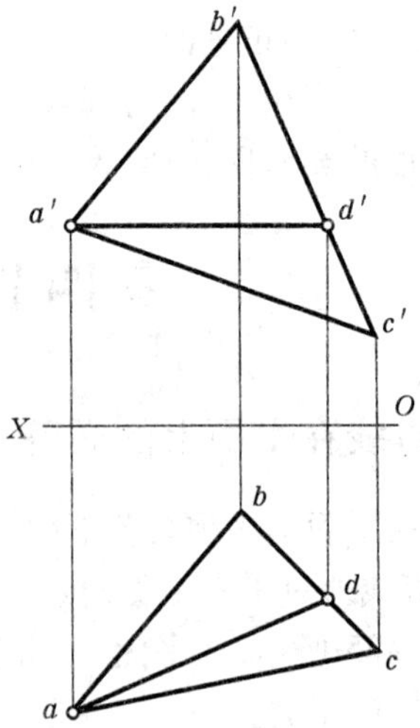

图 4-28　平面上的水平线

解：（1）过 a' 作 $a'd' /\!/ OX$，交 $b'c'$ 于 d'，求出 d。

（2）连接 ad，则 $AD(a'd',ad)$ 即为平面上的水平线。

三、平面上的最大坡度线

平面上对投影面倾角最大的直线称为平面上对投影面的最大坡度线，它必垂直于该平面上的同面平行线及迹线。

最大坡度线有三种：

垂直于水平线的称为对 H 面的最大坡度线；

垂直于正平线的称为对 V 面的最大坡度线；

垂直于侧平线的称为对 W 面的最大坡度线。

如图 4-29 所示的 $\triangle ABC$，扩展成平面 P 后，它与 H 面的交线为 P_H，在 ABC 上作水平线 BG，则 $P_H // BG$。过 A 点作 $AD \perp P_H$，则 AD 对 H 面的倾角 α 为最大，证明如下：

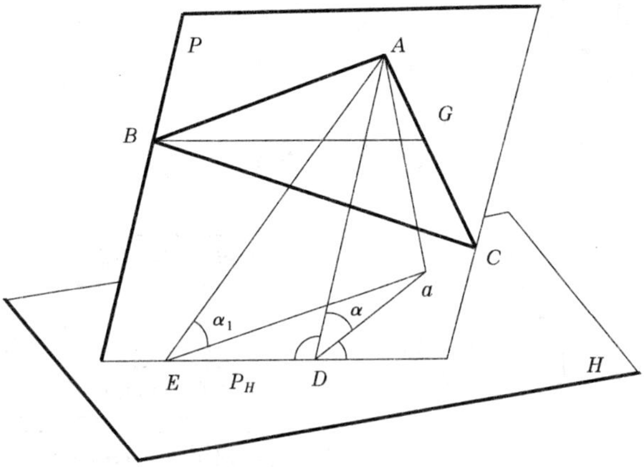

图 4-29　平面上的最大坡度线

(1) 过 A 点任作一直线 AE，它对 H 面的倾角为 α_1；

(2) 在直角 $\triangle ADa$ 中，$\sin\alpha = Aa/AD$；

在直角 $\triangle AEa$ 中，$\sin\alpha_1 = Aa/AE$。

又因为 $\triangle ADE$ 为直角三角形，$AD < AE$，所以 $\alpha > \alpha_1$。

所以，垂直于 P_H（或垂直于水平线 BG）的直线 AD 对 H 面的倾角为最大，因此称其为最大坡度线。从物理意义上讲，在坡面上，小球或雨滴必然会沿对 H 面的最大坡度线方向滚落。同理，平面上对 V、W 面的最大坡度线也分别垂直于平面上的正平线和侧平线。由于 $AD \perp PH$，$aD \perp PH$，则 $\angle ADa = \alpha$，它是 P、H 面所成的二面角，所以平面 P 对 H 面的倾角就是最大坡度线 AD 对 H 面的倾角。

综上所述，最大坡度线的投影特性是：平面内对 H 面的最大坡度线的水平投影垂直于面内水平线的水平投影，其倾角 α 代表了平面对 H 面的倾角；平面内对 V 面的最大坡度线其正面投影垂直于面内正平线的正平投影，其倾角 β 代表了平面对 V 面的倾角；平面内对 W 面的最大坡度线的侧面投影垂直于面内侧平线的侧平投影，其倾角 γ 代表了平面对 W 面的倾角。

四、平面上取点

如果点在平面内的任一直线上，则此点一定在该平面上。

因此，在平面上取点，必须先在平面上取辅助线，再在辅助线上取点。在平面上可作出无数条线，一般选取作图方便的辅助线为宜。

【例 4-6】 已知△ABC 的两面投影，及其上一点 K 的 V 面投影 k'，求 K 点的 H 面投影 k（见图 4-30）。

解：过 k'在平面上作辅助线 BE 的 V 面投影 $b'e'$，据此再作出 H 面投影 be。因 K 点在直线 BE 上，则 K 必在线 BE 上，从而求得 k。

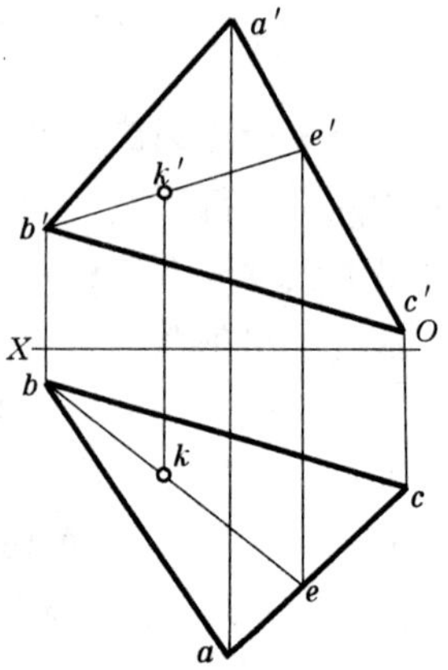

图 4-30 平面上取点

小 结

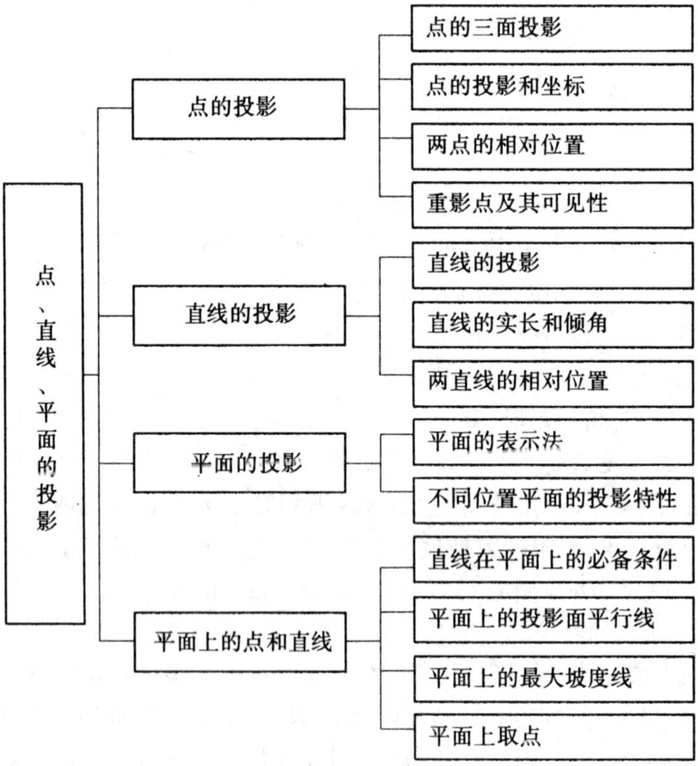

第五章　立体的投影

知识目标

- 掌握平面立体的三面投影特点及其画法。
- 了解回转体的三面投影特点及其画法。
- 掌握在立体表面上求点的投影的绘制方法。
- 掌握平面立体表面上点和线的可见性判别方法。

能力目标

- 能根据给定的立体画出其三面投影图，或者根据立体的两面投影画出其第三面投影。
- 能利用柱体投影的积聚性在柱体表面取点，并能正确判断其可见性。

第一节　平面立体的投影

由平面围成的几何体称为平面立体。平面立体上相邻的表面交线称为棱线。常见的平面立体有棱柱体、棱锥体。

平面立体的投影就是组成平面立体的各平面的投影。而平面立体上的点和线，就是组成平面立体的各平面上的点和线。因此，绘制平面立体的投影必须掌握平面及平面上点和线的投影。在平面立体中，可见线用实线表示，不可见线用虚线表示。

一、棱柱体

（一）立体的投影

1. 平面分析

以图 5-1 所示的正五棱柱为例。该五棱柱的顶面和底面为水平面，平行于 *H* 面，其投影在 *H* 面上反映实形，在 *V* 面和 *W* 面有积聚性，积聚为直线。其余五个棱面中有四个铅垂面和一个正平面，五个棱面在 *H* 面的投影有积聚性，积聚为线，并和顶面与底面在水平面投影图的边重合。其中的正平面在 *V* 面的投影反映实形。

2. 线条分析

顶面和底面都是五边形，五边形中四条边都是水平线，平行于 *H* 面，在 *H* 面的投影反映实形，一条是侧垂线，其投影在 *H* 面、*V* 面反映实形，在 *W* 面积聚为点。棱面与棱面的交线就是棱线，五条棱线均为铅垂线，其投影在 *V* 面、*W* 面反映实形，在 *H* 面上积聚为点。

（二）平面立体表面点和直线的投影

在平面立体表面求点和直线的投影，是求立体表面交线的基础。

平面立体的表面是由平面围成的，所以求平面立体表面点和直线的投影，就是平面上取点和取线作图的应用。由于组成平面立体的各个平面之间的位置关系，会出现面与面投影重合的现象，因此面上的点和线也可能会重合，所以还要考虑平面立体表面点和直线投影的

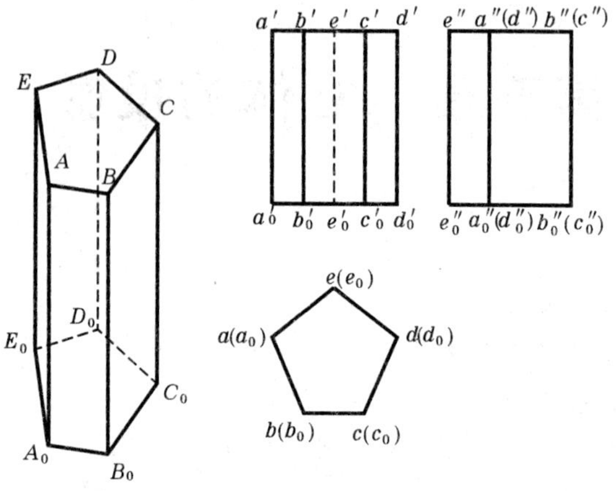

(a)立体图　　(b)投影图

图 5-1　正五棱柱的投影

可见性。判断可见性的依据主要是立体表面的可见性。如果点和线所在表面投影可见,则点和线的同面投影也可见,用实线表示;反之则不可见,用虚线表示。

1. 点的投影

在立体表面求点的投影,一般是在已知点的一面投影的情况下求另外两面投影。这类问题在求解时不能直接在面上找点,而要通过点的从属性和线、面投影的积聚性,找点所在线和面的投影来辅助求解。

如图 5-2 所示,点 *M* 和 *N* 所在平面的投影都有积聚性,积聚为直线,因此 *M* 点在 *H* 面的投影和 *N* 点在 *V* 面的投影都在积聚的直线上,根据点的从属性,就可在直线上确定点投影的具体位置。*M* 的 *V* 面投影在括号内,说明其不可见,应在后面的平面内。

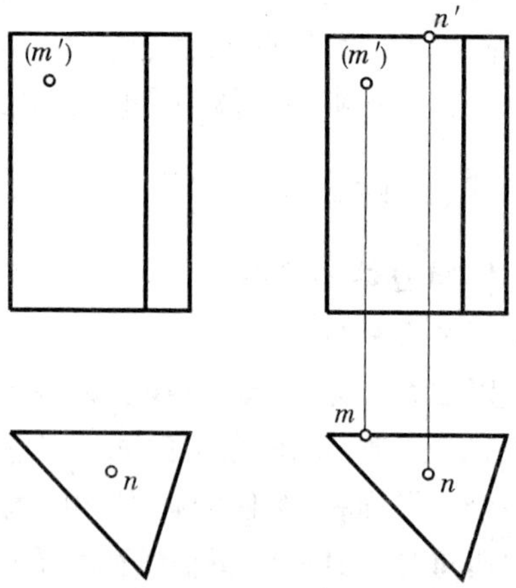

图 5-2　三棱柱表面点的投影

2. 直线的投影

棱柱体棱面上的所有直线在 *H* 面上的投影都与多边形的边重合。顶面和底面上的直线在 *H* 面上反映实形,在 *V* 面投影中和顶面、底面的积聚投影重合。

二、棱锥体

(一)立体的投影

1. 平面分析

如图 5-3 所示的三棱锥。由图 5-3 可知,底面三角形为水平面,平行于 *H* 面,其 *H* 面投影反映实形,在 *V* 面和 *W* 面投影有积聚性,积聚为直线。棱面 *SAC* 是侧垂面,在 *W* 面的投影有积聚性,积聚为直线。其他两个棱面都为一般位置平面,三面投影均小于实形,棱面 *SAB* 和 *SCB* 在 *W* 面的投影重合。

2. 线条分析

底面上的三条直线都平行于 *H* 面,在 *H* 面上的投影反映实形,其中的 *AC* 为侧垂线,在

W 面的投影有积聚性，积聚为一点，棱线 SA 和 SC 在 W 面的投影重合。

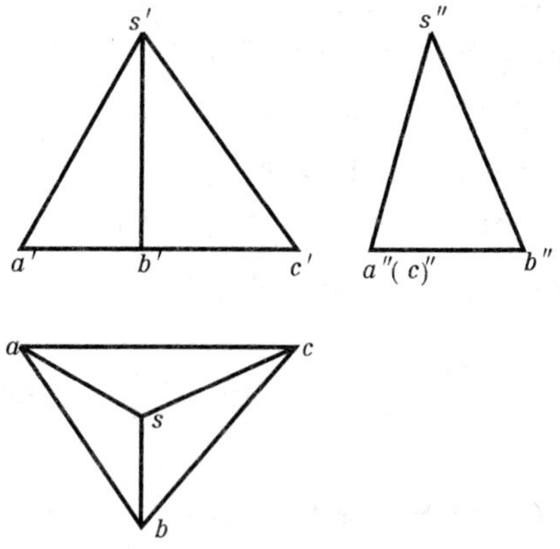

图 5-3　三棱锥投影图

（二）平面立体表面点和直线的投影

1. 点的投影

如图 5-4 所示，点 D 所在平面为一般位置平面，不具有积聚性，这时候可以借助辅助线，先找到点所在辅助线的三面投影，再根据点的从属性在线上找点。辅助线的作法有两种：一种是通过锥顶和底边相交的直线，如直线 S3；另一种是作底边的平行线，如直线 12。

以图 5-4 为例，已知三棱锥表面的 D 点、E 点在 V 面的投影，求另外两面投影。

要求点 D，先作辅助线。连接点 d′和锥顶点 s′，并延长与底边 a′b′相交于点 3′，s′3′就是 D 点所在辅助线在 V 面的投影。通过点的从属性，在 H 面的底边 ab 上找到点 3，连接点 3 和点 s，s3 就是辅助线在 H 面的投影。根据点的从属性可知，点 D 的 H 面投影在该直线上，求出 d 点。已知点的两面投影，根据三面投影定律，可求出 d 点在 W 面的投影。

点 E 所在平面在 W 面的投影有积聚性，积聚为直线 s″a″，所以点 E 的 W 面投影在该直线上，再根据“高平齐”，可求出点 e″，已知点的两面投影，根据三面投影定律，可求出 E 点在 H 面的投影。

2. 直线的投影

可先用求点投影的方法求直线端点的投影，连接端点得到直线的投影，也可通过辅助线求直线的投影。

如图 5-5 所示，在三棱锥表面上有一直线 EF，已知该直线在 V 面的投影，现要求出该直线在其他投影面的投影。

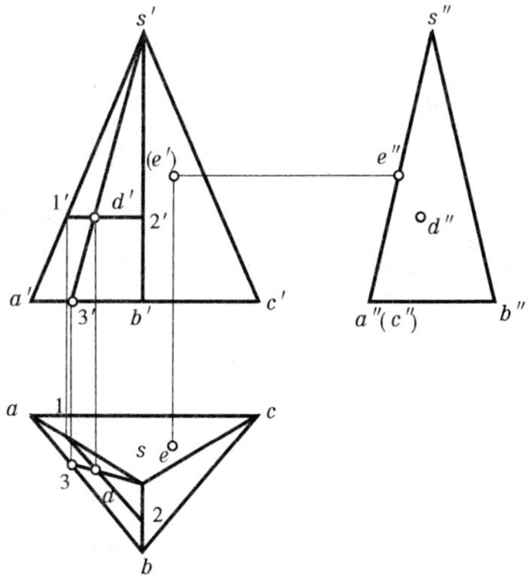

图 5-4　三棱锥表面点的投影

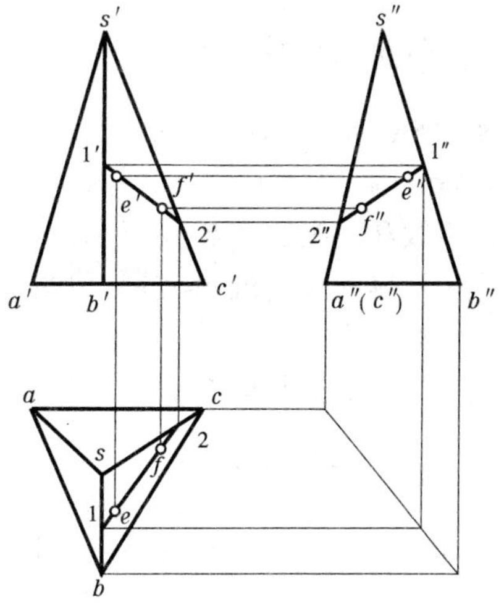

图 5-5　三棱锥表面线的投影

直线 EF 的 V 面投影为可见直线，直线应在平面 SBC 内，为一般位置直线。过 e′f′作辅助线 1′2′，辅助线的端点都在棱线上，为特殊位置点。2 点在棱线 *sc* 上，可直接引垂线与 *SC* 的 *H* 面投影相交得到，2″点可直接引水平线与棱线在 *W* 面的投影相交得到。1 在棱线 *sb* 上，直接引垂线不能产生交点，因此应先求该点在 *W* 面的投影，过 1′点引水平线与 *SB* 的 *W* 面投影相交得到 1″点，两面投影都已知，可求出 Ⅰ 点在 *H* 面的投影。连接 Ⅰ 点和 Ⅱ 点在各投影面的投影，则可得到辅助线的三面投影。根据点的从属性，在这些辅助线上确定点 *E* 和点 *F* 的位置，最后得到直线 *EF* 的三面投影。

第二节　平面与平面立体相交

组合体和建筑形体表面经常出现一些交线，其中有些是平面和平面立体相交产生的，有些是立体和立体相贯产生的。本节主要研究平面与平面立体相交的情况。

首先我们先来学习几个概念：

平面截割平面立体：平面与平面立体相交。

截平面：与平面立体相交的平面。

截交线：截平面与平面立体表面的交线。截交线是截平面与立体表面的共有线，应该是封闭的平面图形。

断面：截交线围成的图形。

切割体：平面切割后的立体。

其次，我们来学习一下截交线的求解方法和步骤。

(1)找截交点。

截交点就是截平面和立体表面的交点。截交点有两类：一类是平面立体棱线和截平面相交的交点，另一类是截平面和截平面交线的两个端点。

(2)连截交线。

只有同棱面的点才能连线，可见线用实线表示，不可见线用虚线表示。

一、平面与棱柱相交

如图 5-6 所示，直四棱柱与平面 *P* 相交，求其截交线。

由投影图可知平面 *P* 为正垂面，在 *V* 面上积聚为一直线，所以第一类交点的 *V* 面投影就是该直线和棱线的交点，由于平面和立体是全交，所以四根棱线一共产生四个截交点。再根据点的从属性找到四个点在其他两个投影面的投影，连接同棱面的点，形成的封闭线框就是要求的截交线。

由于平面 *P* 和棱面都是平面，所以截交线都应该是直线。

二、平面与棱锥相交

如图 5-7 所示，三棱锥与平面 *P* 相交，求其截交线。

由投影图可知平面 *P* 为正垂面，在 *V* 面上积聚为一直线，所以第一类交点的 *V* 面投影就是该直线和棱线的交点，由于平面和立体是全交，所以三根棱线一共产生三个截交点。再根据点的从属性找到三个点在其他两个投影面的投影，点 *M* 和点 *L* 的公共面是侧垂面，所以它们在 *W* 面的投影可直接在积聚投影上确定。

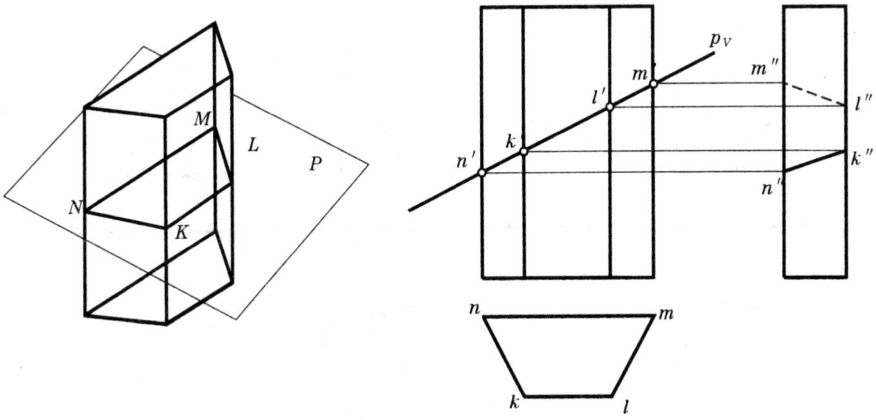

(a)立体图　　(b)投影图

图 5-6　平面与四棱柱相交

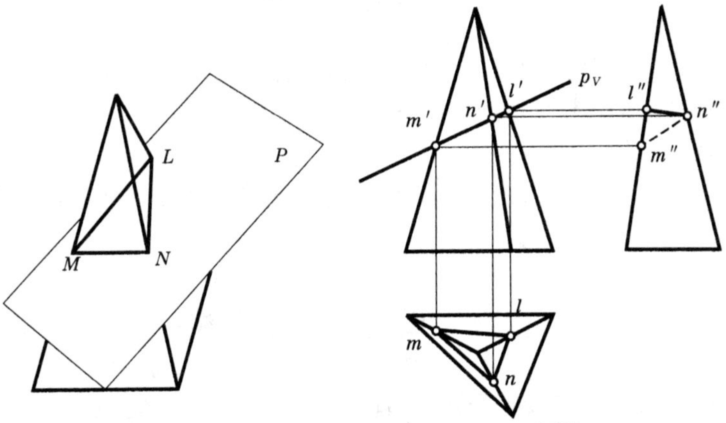

(a)立体图　　(b)投影图

图 5-7　平面与三棱锥相交

连接同棱面的点,形成的封闭线框就是要求的截交线。

由于平面 *P* 和棱面都是平面,所以截交线都应该是直线。

【例 5-1】　如图 5-8 所示,已知正四棱锥及其上缺口的 *V* 面投影,求 *H* 面和 *W* 面投影。

解:(1)分析。

从 *V* 面投影可知,四棱锥的切口是由平面 *P* 和平面 *Q* 两个平面共同截割得到的。平面 *P* 是水平面,平面 *Q* 是正垂面。求 *H* 面和 *W* 面的投影就是确定平面和立体表面截交线的投影。

首先平面 *P* 和立体截交产生截交线 *ABCDE*,平面 *Q* 和立体截交产生截交线 *CDFGH*,其中 *CD* 是两个平面的交线。

(2)找截交点。

找截交线先找截交点。在图 5-8 中,平面 *P* 和立体相交,截割了 1、2、3 棱线,所以产生了第一类截交点 *A*、*B*、*E*,平面 *Q* 和立体相交,也截割了 1、2、3 棱线,产生第一类截交点 *F*、

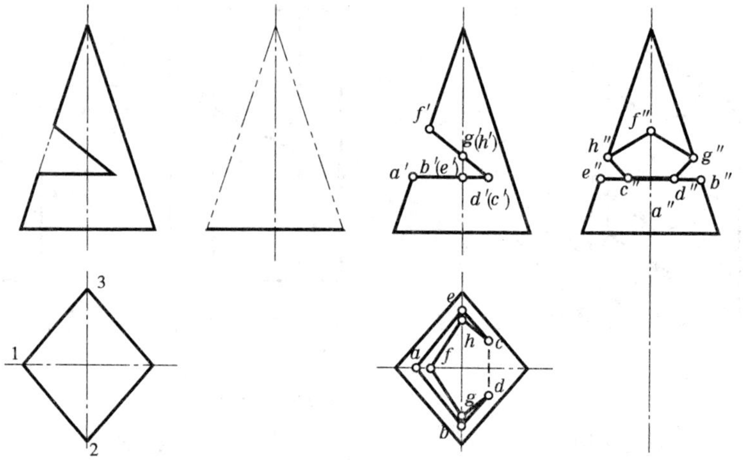

(a)已知条件　　　　(b)作图结果

图 5-8　四棱锥和平面相交

G、H,两平面的交线在平面的端点 C、D 是第二类截交点,所以共找到 8 个截交点。根据立体表面取点的方法,得到 8 个截交点的三面投影。

(3)连截交线。

同平面的截交点才能相连,由于是平面立体表面和平面相交产生的截交线,所以用直线连接截交点。

第三节　两平面立体相交

当两个或两个以上立体相交时,称为立体相贯。立体相贯时在表面产生的交线称为相贯线,相贯线是相贯立体的表面公共线。相贯线上的折点称为贯穿点,是相贯立体的表面公共点,同时也是形体表面的分界点。一般情况下,相贯线是空间闭合的线框。

两平面立体的相贯线,一般为闭合的空间折线,每段折线是两个平面立体上面的交线,折点是一个立体上轮廓线和另一个立体的交点。

求两平面立体的相贯线,其实就是求两个平面立体相交棱面的交线,把所有的棱面交线连接成封闭的空间折线就是立体的相贯线,而折点就是一个立体棱线和另一个立体棱面的交点。所以,总结起来,求平面立体表面的相贯线就是求棱面的交线和棱线与棱面的交点。

在连接相贯线时应该注意:

只有位于一个立体同一棱面同时又位于另一立体同一棱面的两点才能连接(比如 A、B 两点同时位于 P 棱面,这两点还同时在 Q 平面上,就可以连接出相贯线 AB)。

只有当相贯线所在的两个立面的投影都可见时,该相贯线的投影才可见。

由于立体是实心的,所以每个立体参加相贯的棱线只要画到与另一立体的贯穿点即可。

【例 5-2】　如图 5-9(a)所示,求棱锥与棱柱的相贯线投影。

解:(1)分析。

从已知投影图分析知,是求一个三棱锥和一个三棱柱的相贯线。三棱柱在 V 面的投影

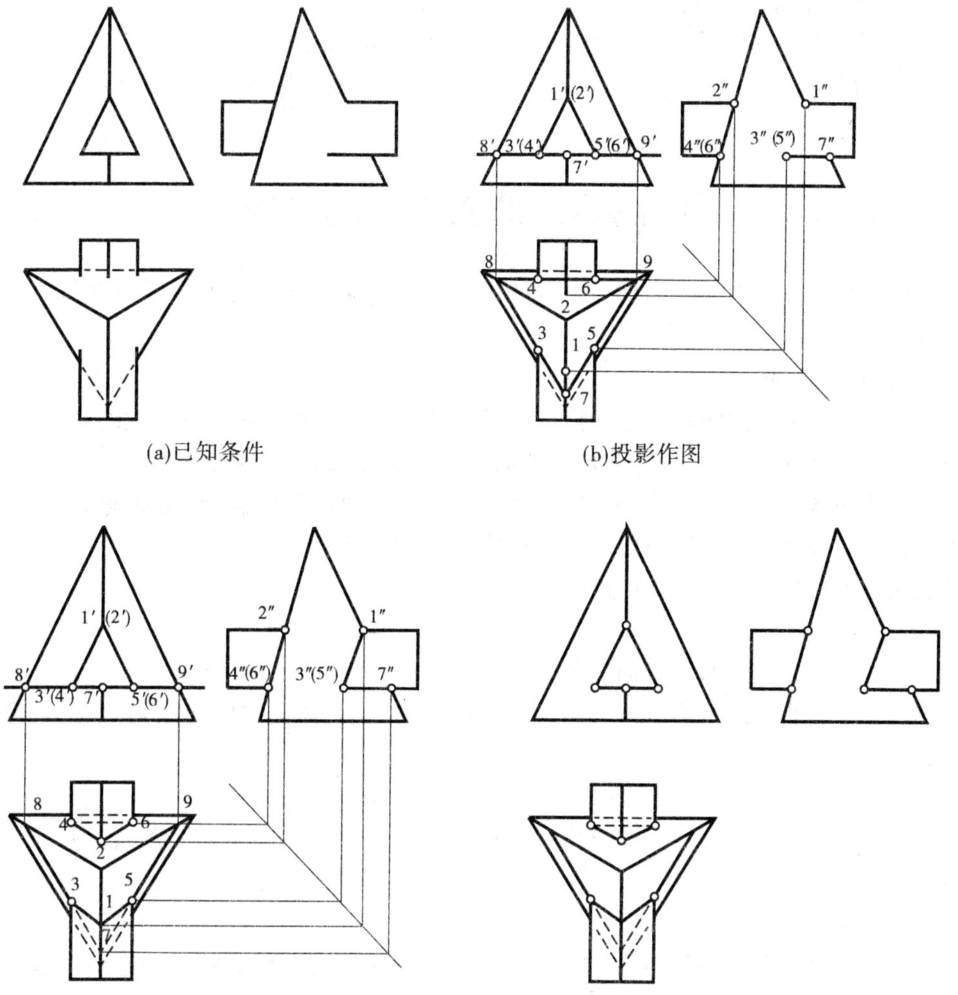

(a)已知条件　(b)投影作图

(c)投影作图　(d)投影作图

图 5-9　棱柱与棱锥的相贯线

具有积聚性，所以在 *V* 面投影中可以先找到各贯穿点的投影。三棱柱的三根棱线分别和棱面相交产生贯穿点 2、3、4、5、6 点，三棱锥的一根棱线和棱面相交产生贯穿点 7，1 点是两棱线的交点。

(2)求贯穿点(如图 5-9(b)所示)。

①利用积聚性：1 点所在的棱线一条是侧平线，一条是正垂线，在 *W* 面上都反映实形，所以 1 点在 *W* 面的投影可以先确定。2、4、6 点所在平面为侧平面，在 *W* 面上积聚为一条直线，所以可以根据积聚性在 *W* 面上先确定它们的投影。

②利用辅助平面：由于 3、5、7 点在同一棱面内，所以可以过该棱面作一水平面，该水平面与三棱锥的棱线交于 7、8、9 点，由于该水平面与三棱锥底面平行，所以该水平面与三棱锥表面产生的交线应该平行于三棱锥的底面各边。以此为依据，过 8、9 点在 *H* 面的投影作底边的平行线得到 7 点并与棱柱的棱线交于 3、5 点。

(3)连相贯线(如图 5-9(c)所示)。

2、4 点同时在棱柱的同一个棱面上，还同时在棱锥的同一个棱面上，所以可以相连。两个面在 H 面的投影都可见，因此用实线连接。2、6 点同理用实线连接。4、6 点可连，但是其中的棱柱的棱面不可见，所以用虚线连接。其他点按照以上原则连接。最后得到的结果如图 5-9(d)所示。

第四节　曲面立体的投影

完全由曲面或者由曲面和平面围成的立体称为曲面立体。常见的曲面立体有圆柱体、圆锥体、球体和圆环。

(1)曲面的形成。

曲面是由直线或曲线在一定约束条件下运动形成的。由直线运动而成的曲面可称为直线曲面，如圆柱曲面。由曲线运动形成的曲面称为曲线曲面，如球面。

圆柱曲面就是由一条直线绕一圆运动而成的直线曲面，直线绕圆运动就是形成圆柱的约束条件。这根运动的直线或曲线称为母线，把约束母线运动的直线或曲线称为导线，母线运动到曲面上的任一位置称为曲面的素线。

(2)曲面类型。

曲面包括回转面和非回转面两种。

回转面是由直母线或曲母线绕轴线旋转而成的曲面，常见的回转面有圆柱面、圆锥面、球面和环面。

①圆柱面。

圆柱面是由一条直母线绕与该母线平行的轴线旋转而形成的。母线上的每一点的运动轨迹都是一个圆，称为曲面的纬圆，圆柱面表面是一系列直径相同的纬面。

②圆锥面。

圆锥面是由一条直母线绕与其相交于一点的轴线旋转而形成的。圆锥表面也有纬圆，但每个纬圆的直径都不同，从底面到锥顶直径逐渐减小。

③球面。

球面是由圆母线绕它本身的一根直径旋转而形成的。球面表面的纬圆直径从球心往两端对称逐渐减小。

非回转面是由母线根据其他约束条件运动形成的。

一、圆柱体

(一)形体分析

圆柱体是由回转面圆柱面和上、下底平面围成的曲面立体。

(二)投影分析

如图 5-10 所示，当圆柱体的轴线垂直于 H 面放置时，上、下底面圆都是水平面，因此在 H 面上的投影反映实形，在 V 面和 W 面的投影积聚为一直线。圆柱面垂直于 H 面，因此在 H 面上积聚为线，就是图中的圆周，在 V 面和 W 面的投影为矩形，矩形线框由圆柱面的轮廓素线和上下底面的投影组成，V 面中的轮廓素线为圆柱面中最左和最右的两根素线，W 面中的轮廓素线为圆柱面中最前和最后的两根素线。

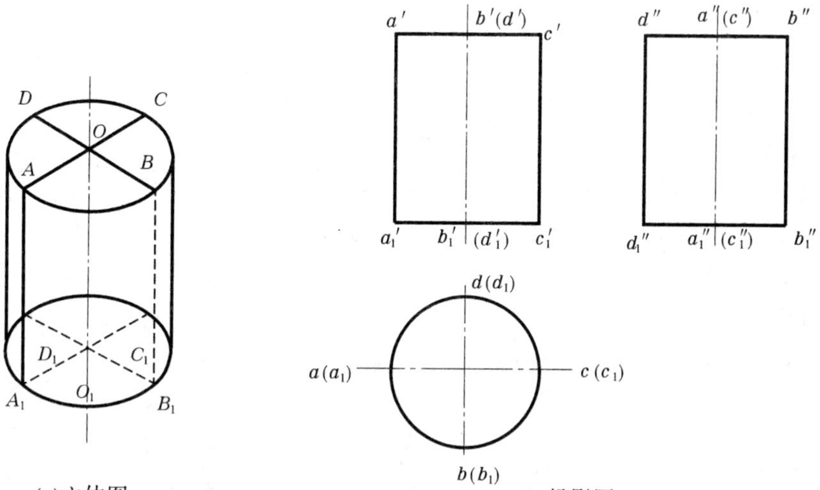

(a)立体图　　(b)投影图

图 5-10　圆柱面

(三)表面取点

圆柱面上的点必定在圆柱面的某条素线上或某个纬圆上,取点时可利用圆柱面的积聚性来求解。如图 5-11 所示,已知圆柱面上的点 M、N 的正面投影,求另两面投影。

读图可知,M 点的正面投影可见,而且在轴线的右边,由此判断 M 点在圆柱面的右前位置,该点在 W 面的投影不可见。N 点的正面投影不可见,而且在轴线的左边,由此判断 N 点在圆柱面的左后位置,该点在 W 面的投影可见。由于整个圆柱面在 H 面的投影都积聚为圆周,因此 M 点和 N 点的 H 面投影都在圆周上。

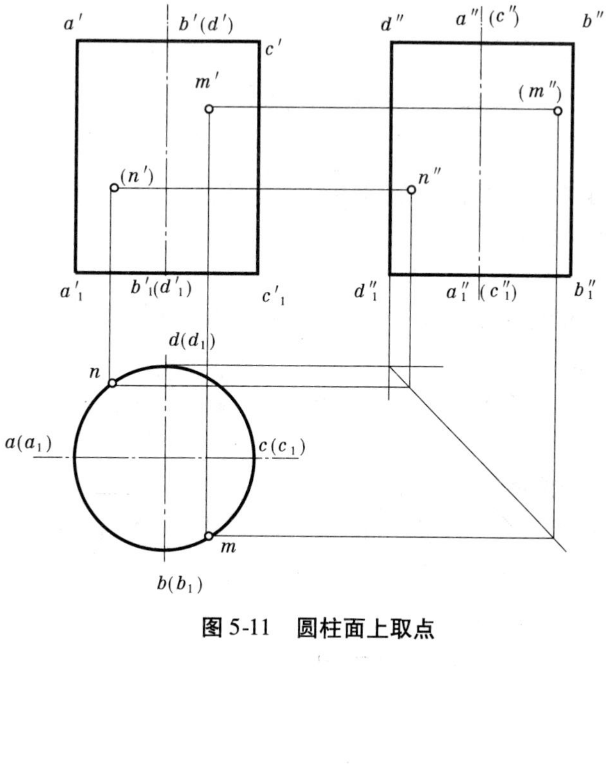

图 5-11　圆柱面上取点

二、圆锥体

（一）形体分析

圆锥体是由圆锥面和底平面组成的曲面立体。

（二）投影分析

如图 5-12 所示，当圆锥体的轴线垂直于 H 面放置时，下底面圆为水平面，在 H 面的投影反映实形，在 V 面和 W 面的投影积聚为直线。圆锥面在 H 面的投影不具有积聚性，投影与底面圆的同面投影重合，在 V 面和 W 面的投影为两个等腰三角形，虽然这两个三角形大小相同，但是其中的轮廓线代表的是不同的素线。V 面投影中的两根轮廓线是最左和最右两根素线的投影，W 面投影中的两根轮廓线是最前和最后两根素线的投影。

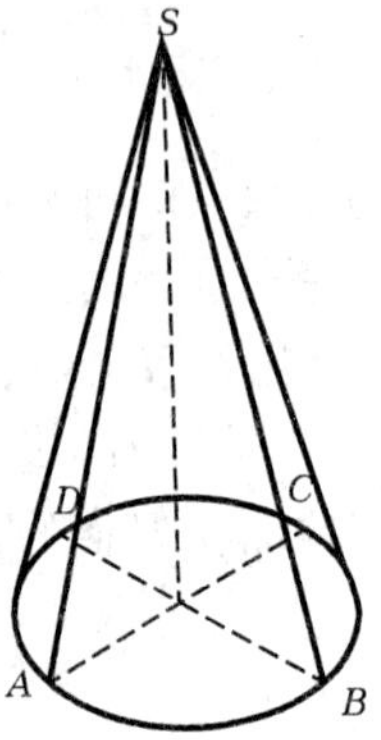

(a)立体图

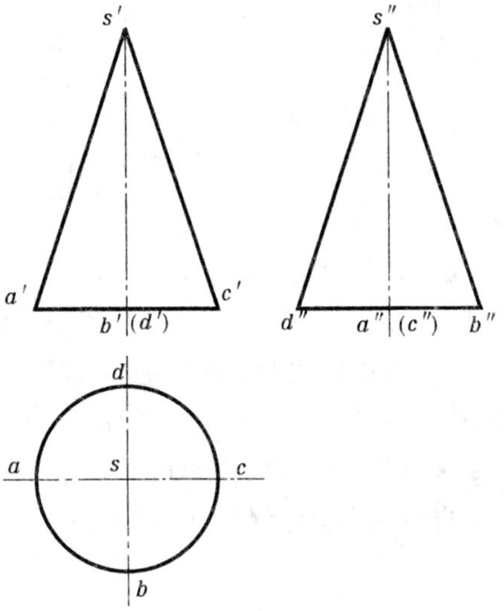

(b)投影图

图 5-12　圆锥体

（三）表面取点

圆锥面上的点必定在圆锥面的某条素线或某个纬圆上，可以用素线和纬圆作为辅助线取点，以下介绍素线取点法和纬圆取点法。

1. 素线取点法

如图 5-13 所示，已知点 M 的 V 面投影，求其他两面投影。

（1）确定点所在素线。

连接顶点 s' 和 m'，其延长线交底面圆周于点 $1'$，直线 $s'1'$ 就是点 M 所在素线的 V 面投影。

（2）确定素线在其他两面的投影。

先根据投影三等关系确定点 1 在 H 面和 W 面的投影，然后分别和 S 点的同面投影相连。

（3）确定点的位置。

根据点的从属性，在素线 $1S$ 上确定点所在位置。

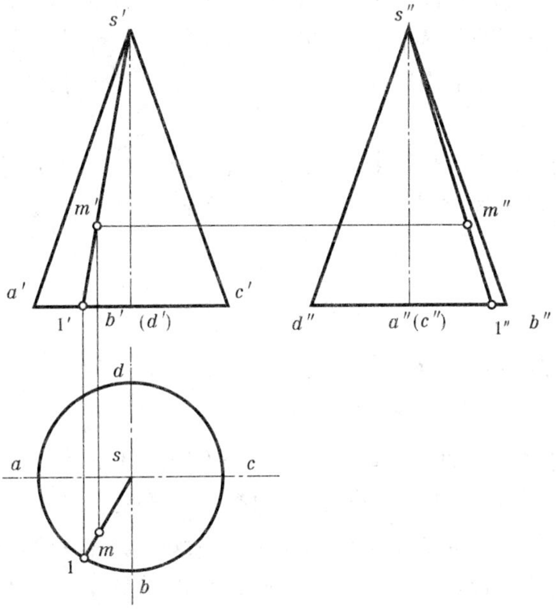

图 5-13　素线取点法

2. 纬圆取点法

如图 5-14 所示，已知点 M 的 V 面投影，求其他两面投影。

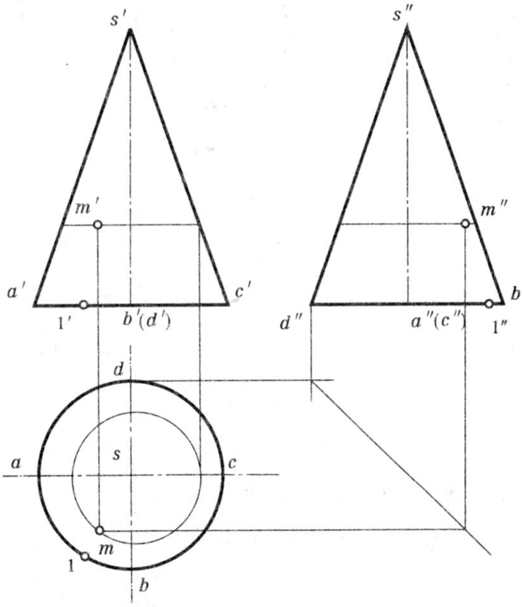

图 5-14　纬圆取点法

(1)确定点所在的纬圆。

纬圆是平行于圆锥底面的，因此在 V 面的投影具有积聚性，确定点所在的纬圆即在 V 面上过点 m' 作一平行于底边的直线。

(2)确定纬圆在其他两面的投影。

过点 m' 所作平行于底边的直线长度就是点所在纬圆的直径。纬圆在 H 面的投影是和底面圆同心的圆,因此以直线长为直径、底面圆心为圆心作的圆就是 m' 所在的纬圆。纬圆在 W 面的投影同 V 面投影都是积聚为平行于底边的直线,直线长度反映圆的直径。

(3)确定点的位置。

根据点的从属性和可见性判断,在纬圆上确定点所在位置。点 M 在 V 面的投影可见,而且在轴线左边,可知点 M 在圆锥体的左前位置,因此在 W 面的投影可见。

三、球体

(一)形体分析

球体指由球面围成的曲面立体。

(二)投影分析

如图 5-15 所示,球体的三面投影均为大小相等的圆,但圆周表示的是不同的轮廓素线。H 面投影上的圆周是赤道圆 $BEDF$ 的投影,V 面投影是平行于正立面的子午线圆 $ABCD$ 的投影,W 面投影是平行于侧立面的子午线圆 $AECF$ 的投影,这些轮廓素线在其他面的投影都积聚为直线,与圆的直径重合。这三个轮廓圆周分别把球面分为上下、前后和左右半球。投影在 H 面为上可见下不可见,在 V 面为前可见后不可见,在 W 面为左可见右不可见。

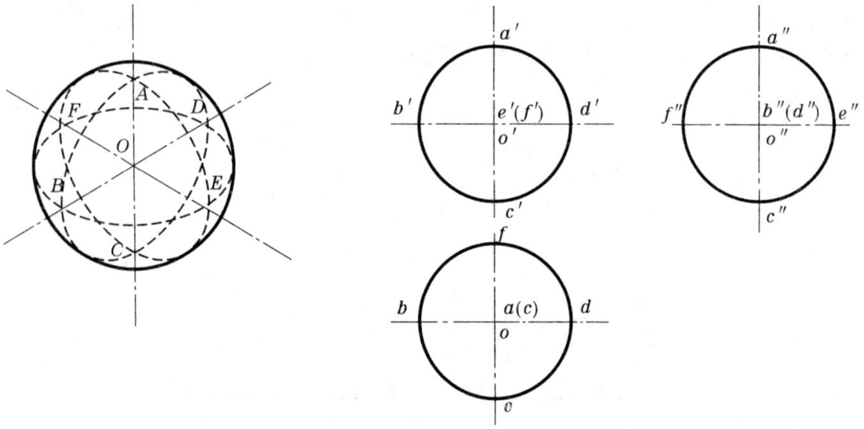

(a)立体图　　(b)投影图

图 5-15　球体

(三)表面取点

球体表面取点可以用纬圆作为辅助线,用纬圆取点法。

如图 5-16 所示,已知点 M 在 V 面的投影,求其他两面投影。

(1)确定点所在纬圆。

过点 M 的纬圆在球面有无穷多条,而平行于 H 面的纬圆投影具有特殊性,所以以该纬圆为辅助圆。该纬圆在 V 面的投影积聚为直线,该直线平行于 H 面和 V 面间的投影轴。因此,过点 m' 作水平线,该水平线的长度就是纬圆的直径。

(2)确定纬圆在其他两面的投影。

纬圆在 H 面的投影是和赤道圆同心的圆,在 W 面的投影和 V 面相同积聚为水平线。

(3)确定点的位置。

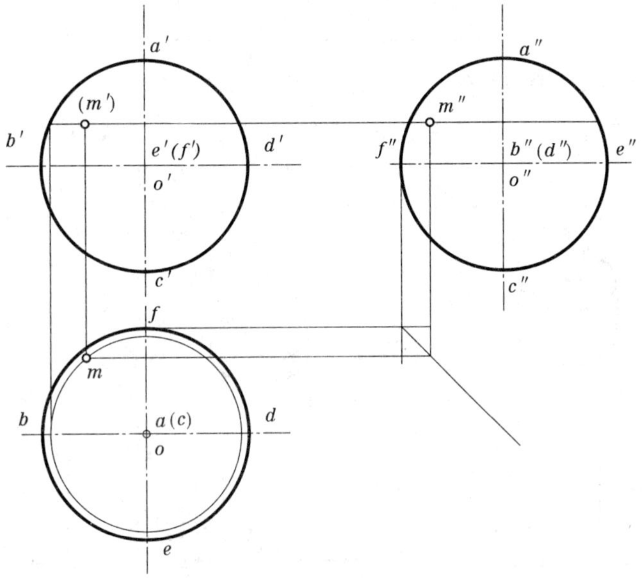

图 5-16　球面取点

根据点的从属性和可见性判断，在纬圆上确定点所在位置。点 M 在 V 面的投影不可见，而且在轴线左边和上边，可知点 M 在圆球体上半球的左后位置，因此在 H 面和 W 面的投影可见。

第五节　平面与曲面立体相交

截平面截割曲面立体会在立体表面形成截交线。

截交线求解方法和步骤：

截交线上的每一点都是截平面和立体表面的公共点，求出足够多的公共点，依次连接起来就可以求得截交线。

通常都找一些特殊位置的公共点，比如截交线上的最高、最低、最前、最后、最左、最右位置点，以及立体轮廓线和截平面的交点，最后在特殊点之间找一些一般点。点越多，描出的截交线越准确。

找到截交点后，根据曲面立体取点的方法，得到截交点的三面投影，用相应的曲线按顺序连接得到截交线的三面投影。

一、平面与圆柱相交

截平面和圆柱相交产生的截交线，根据截平面和圆柱相对位置的变化而有所不同，如表 5-1所示。

(1) 当截平面垂直于圆柱轴线时，截交线为圆。

(2) 当截平面倾斜于圆柱轴线时，截交线为椭圆。

(3) 当截平面经过或平行于圆柱轴线时，截交线为两条素线。

【例 5-3】　如图 5-17 所示，已知圆柱和截平面 P 的投影，求截交线的投影。

表 5-1　圆柱面上的截交线和圆柱的断面

截平面 P的位置	截平面垂直于圆柱轴线	截平面倾斜于圆柱轴线	截平面平行于圆柱轴线
	圆	椭圆	两条平行直线
截交线空间形状	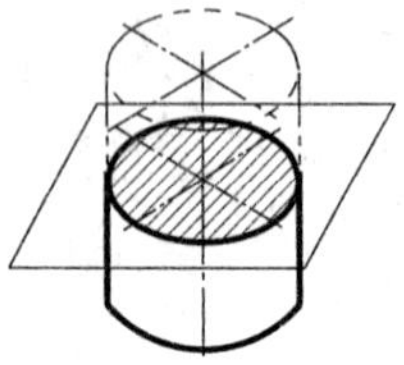	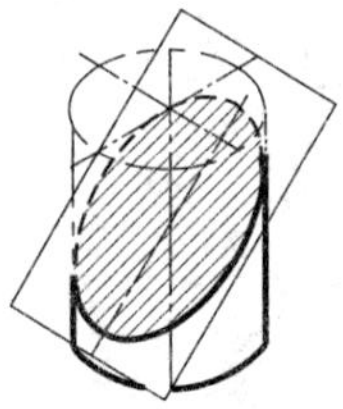	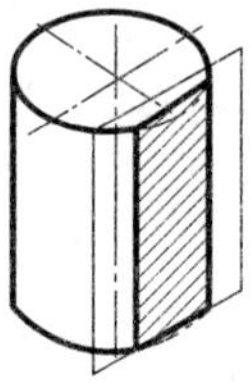
投影图	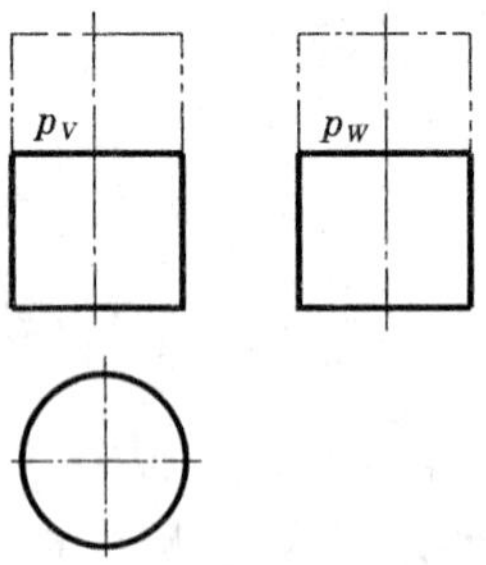	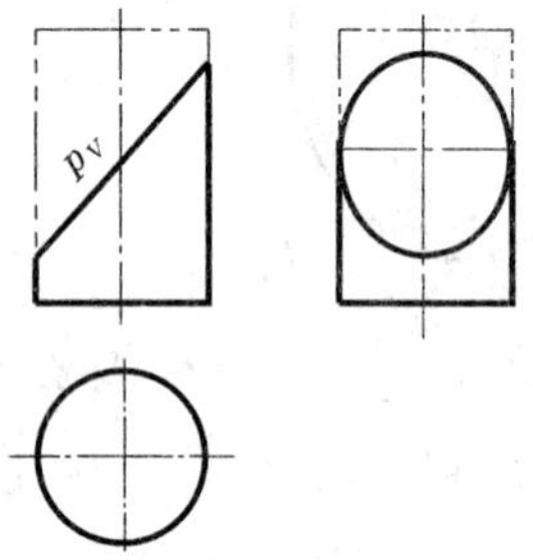	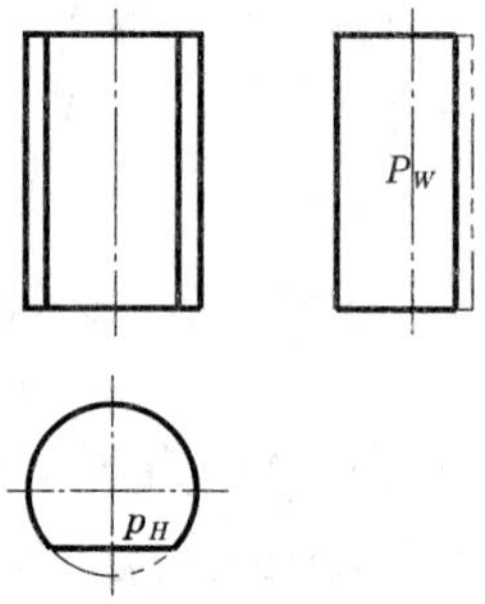

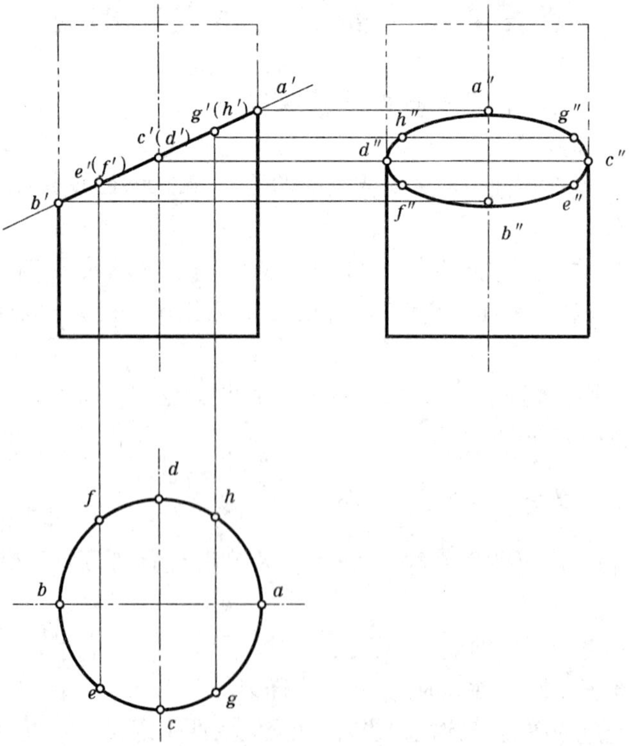

图 5-17　圆柱体与平面相交

解:(1)分析。

从投影分析可知,平面 P 为正垂面,在 V 面的投影具有积聚性。平面 P 倾斜于圆柱的轴线截割,由表 5-1 可知,截交线为椭圆,椭圆在平面 P 内,所以椭圆在 V 面的投影也有积聚性,积聚为直线,椭圆同时也在圆柱曲面内,所以椭圆在 H 面的投影和底面圆周重合。

(2)找截交点。

先找轮廓线和截平面产生的交点 A、B,同时也是最高点、最低点。

找特殊位置点。最前位置点 C,最后位置点 D。

在特殊点中间求一般位置点 E、F、G、H。

根据圆柱曲面取点的方法,得到截交点的三面投影。

(3)连截交线。

根据表 5-1 的截交线形状,按顺序连接截交点得到截交线。侧面投影均可见,用实线表示。

二、平面与圆锥相交

截平面和圆锥相交产生的截交线,根据截平面和圆锥相对位置的变化有所不同,如表 5-2所示。

表 5-2　圆锥面上的截交线和圆锥的断面

截平面 P位置	截平面垂直于圆锥轴线	截平面与锥面上所有素线相交	截平面平行于圆锥面上一条素线	截平面平行于圆锥面上两条素线	截平面通过锥顶
截交线空间形状	圆	椭圆	抛物线	双曲线	两条素线
	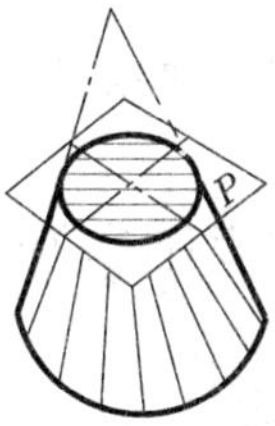	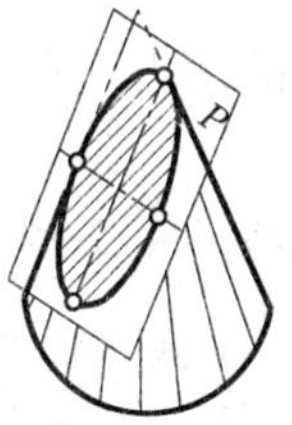	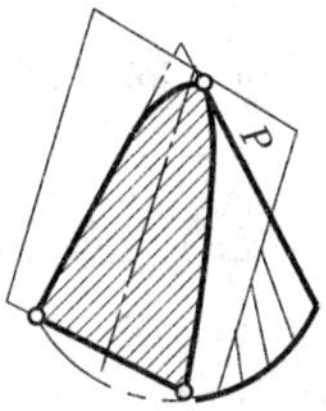	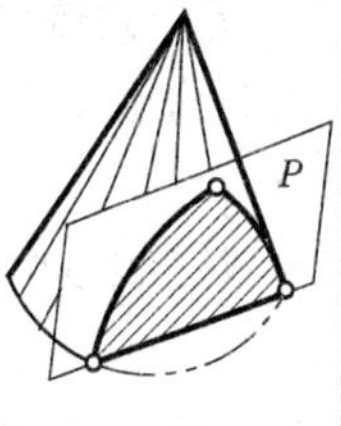	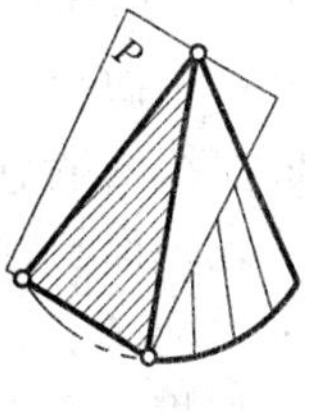
投影图	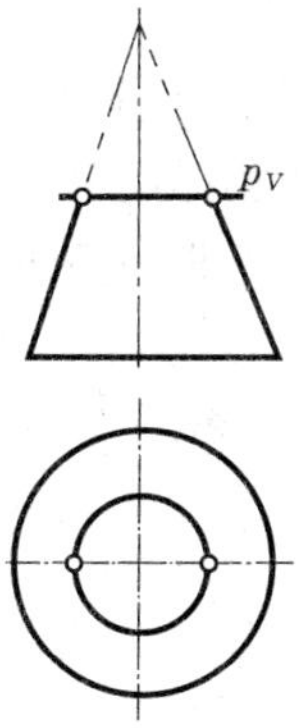	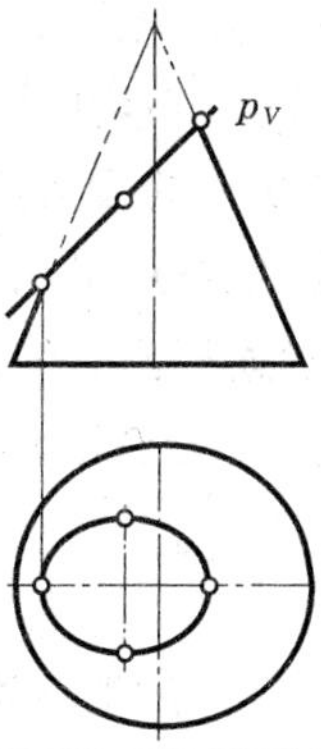	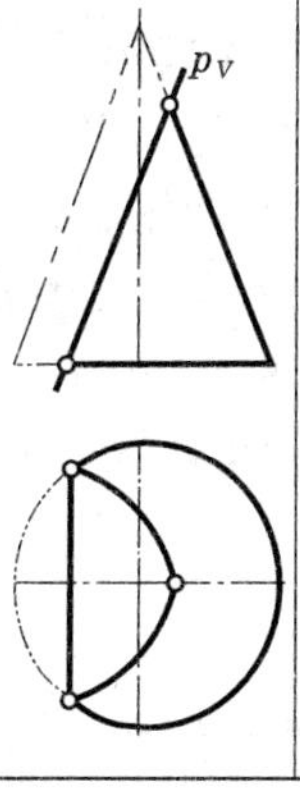	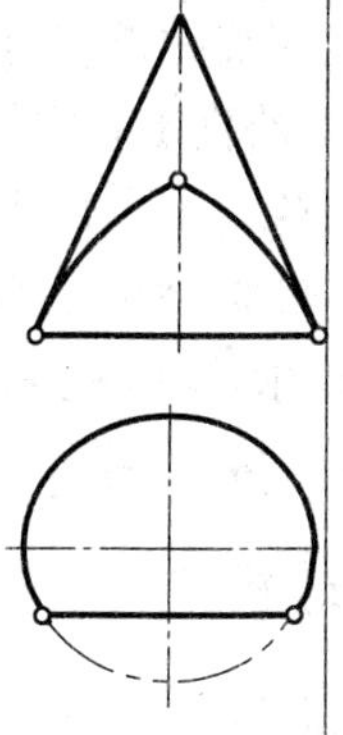	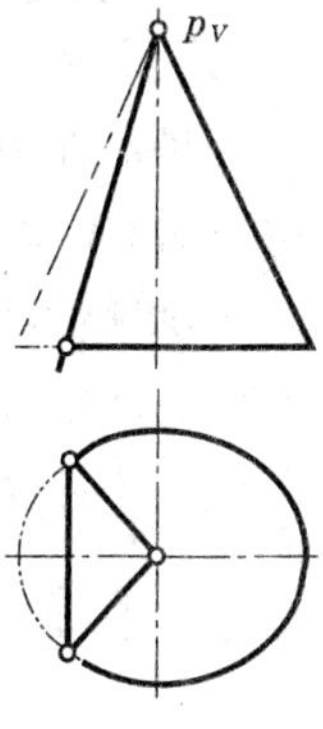

(1)当截平面垂直于圆锥轴线时，截交线为与底面圆同心的圆。

(2)当截平面倾斜于圆锥轴线并与素线相交时，截交线为椭圆。

(3)当截平面平行于圆锥面上一条素线时，截交线为抛物线。

(4)当截平面平行于圆锥面上两条素线时，截交线为双曲线。

(5)当截平面通过锥顶时，截交线为两条素线。

注意，截交线最后在投影面的投影并不是直接套用表格中的各种结果，还要考虑平面、立体和投影面的相对位置。

【例 5-4】 如图 5-18 所示，已知圆锥和多个截平面的投影，求截交线的投影。

解：(1)分析。

圆锥被三个平面截割，一个水平面、一个侧平面、一个正垂面。平面与圆锥的相对位置是表 5-2 中的第 1 种、第 4 种和第 5 种情况，所以截交线是圆、双曲线和两条素线。但是水平面和正垂面在截割的时候并没有贯通圆锥，因此截交线不完整，只是圆和素线的一部分。而三个平面在 V 面的投影都有积聚性，因此可以利用积聚性找出截交点的 V 面投影。

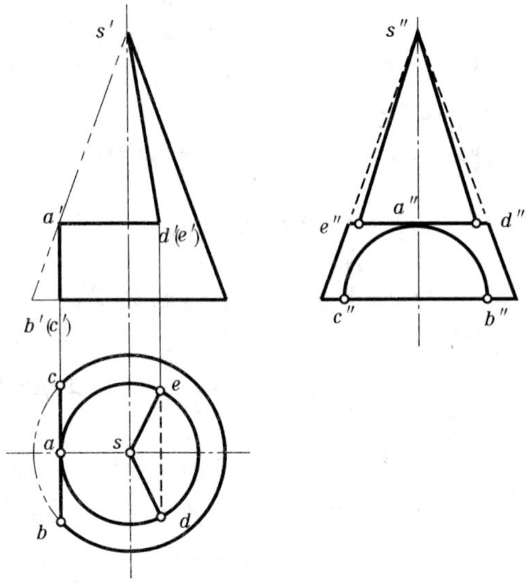

图 5-18 圆锥体与多个平面相交

(2)找截交点。

侧平面与圆锥的轮廓素线相交得到截交点 A，与底面圆周相交得到截交点 B、C。

水平面与圆锥相交的截交线为圆的一部分，圆弧的端点为点 E、D，这两点是水平面和正垂面交线的端点。

正垂面与圆锥的截交线是两根素线的一部分，素线的一个端点为锥顶 S，另一个端点为点 E 和点 D。

根据圆锥表面取点的步骤和方法，得到点 A、B、C、D、E 的三面投影。

(3)连截交线。

根据表 5-2 的截交线形状，按顺序连接截交点得到截交线。

侧平面在 H 面的投影有积聚性，所以由点 A、B、C 三点连接出直线，在 W 面的投影反映实形，所以由点 A、B、C 三点连接出双曲线；水平面在 H 面的投影反映实形，因此由点 A、D、E 连接出圆弧曲线，在 W 面的投影有积聚性，因此由点 A、D、E 连接出直线；正垂面的 H 面和 W 面投影类似反映形体，因此由点 S、D 和点 S、E 分别连接出直线。

在所有线条中，DE 直线从上往下投射时为不可见，因此在 H 面投影中用虚线表示。

三、平面与球相交

无论截平面和球面的相对位置怎样变化，所得截交线的形状都是圆。

第六节　平面立体与曲面立体相交

平面立体与曲面立体的相贯线是平面立体上参与相交的棱面与曲面立体表面的交线总和,平面立体的棱线与曲面的交点就是贯穿点,也是折点。相贯线一般为空间闭合线框。

求平面立体与曲面立体的相贯线,可以先求贯穿点,再根据求曲面上截交线的方法,求出每段交线,连接成相贯线。

如图 5-19 所示,是求柱头上的相贯线。柱头下部是圆柱和四棱柱相贯。A、B、E、F 点是四棱柱的棱线与圆柱面相交得到的贯穿点,而点 M 是圆柱面轮廓线和棱柱体棱面的交点。找到点后,再根据求曲面体上截交线的方法,求出每段曲线和直线,连接贯穿点得到相贯线。

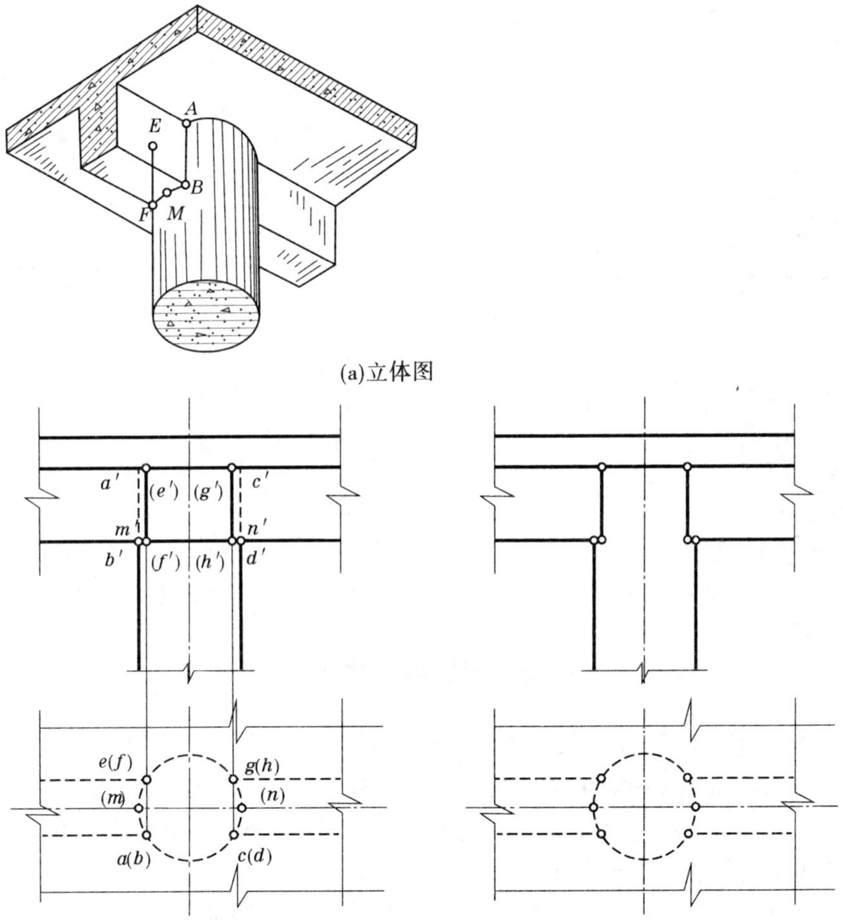

(a)立体图

(b)投影图　　　　(c)投影图

图 5-19　柱头

【例 5-5】　如图 5-20 所示,求圆锥和棱柱的相贯线投影。

解:(1)分析。

根据三棱柱各棱面和圆锥的相对位置,确定相贯线的空间形状。三棱柱其中两个棱面

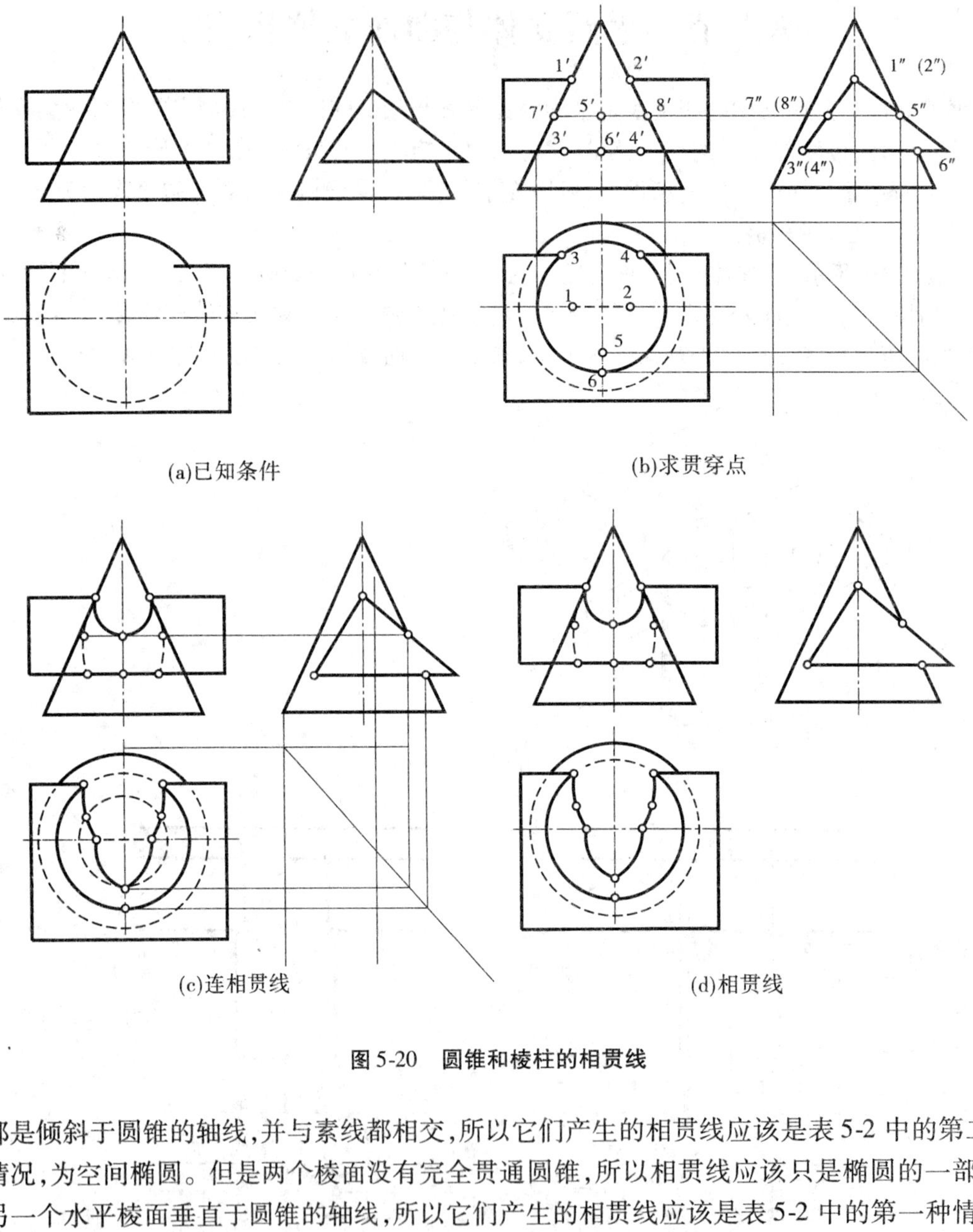

(a)已知条件　　(b)求贯穿点

(c)连相贯线　　(d)相贯线

图 5-20　圆锥和棱柱的相贯线

都是倾斜于圆锥的轴线，并与素线都相交，所以它们产生的相贯线应该是表 5-2 中的第二种情况，为空间椭圆。但是两个棱面没有完全贯通圆锥，所以相贯线应该只是椭圆的一部分。另一个水平棱面垂直于圆锥的轴线，所以它们产生的相贯线应该是表 5-2 中的第一种情况，但是该棱面也没有贯通整个圆锥，所以相贯线应该只是圆的一部分。

根据棱柱、圆锥和投影面的相对位置确定相贯线在各投影面的投影。由于其中两个棱面是侧垂面，所以在 *W* 面的投影有积聚性，在其他两个面的投影近似反映相贯线形状。另一棱面是水平面，所以其相贯线在 *H* 面反映实形，在 *V* 面和 *W* 面投影积聚为直线。

(2)求贯穿点。

如图 5-20(b)所示，三棱柱棱线与圆锥相贯，产生贯穿点 1、2、3、4，圆锥的轮廓线贯穿三棱柱的一个棱面，产生贯穿点 5、6，根据积聚性可以先在 *W* 面投影中找到这些点的投影。为了更准确地绘制出点 1、2、3、4 构成的椭圆弧，在点 1、3 间取一般点 7，在点 2、4 间取点 8。

最后根据圆锥表面取点的方法找到这些点在其他投影面的投影。

(3)连相贯线。

如图5-20(c)所示,根据前面分析的结果,用曲线将求出的贯穿点相连,同一棱面上的点才能连接, 结果如图5-20(d)所示。同时,注意相贯线可见性的判断,只有所在的两个表面都可见时,相贯线才可见。

第七节 曲面立体与曲面立体相交

两曲面立体相交产生的相贯线,一般是光滑、封闭的空间曲线,特殊情况下可能是直线或平面曲线。

求两曲面立体的相贯线,只要找到足够多的曲面公共点,依次用光滑的曲线连接即可。求公共交点时,为了作图更加简单,一般先找特殊位置点,如相贯线上的最高、最低、最左、最右、最前、最后点和可见不可见的分界点等。为了使绘制的相贯线更准确,一般在特殊位置点之间,还要找一些一般位置点。在求点的投影时,一般是利用点所在曲面的积聚性。

【例5-6】 如图5-21所示,求两圆柱相贯线的投影。

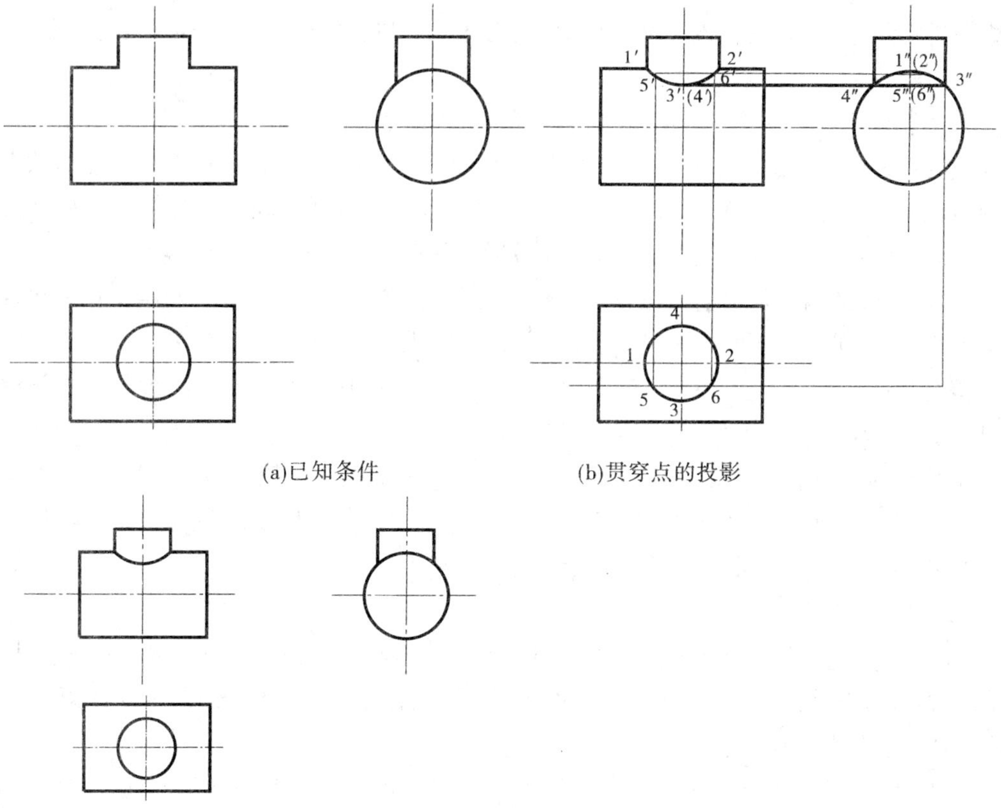

(a)已知条件

(b)贯穿点的投影

(c)相贯线

图5-21 两圆柱相贯

解:(1)分析。

其中的小圆柱轴线垂直于 H 面,所以小圆柱的表面在 H 面投影积聚。大圆柱轴线垂直于 W 面,大圆柱的投影在 W 面上积聚。因为相贯线在立体表面,所以两圆柱的相贯线在 H 面和 W 面上与圆柱表面的积聚投影完全重合,只需要求相贯线在 V 面的投影。

(2)求贯穿点。

先找特殊位置点,由 V 面投影可知,$1'$点和 $2'$点是相贯线上最高点,也是最左、最右点,由 W 面投影可知 $3''$、$4''$点是相贯线上最低点,也是最前、最后点。再在特殊位置点中间取两个一般位置点 5、6。利用曲面取点法,找出六个点的三面投影。

(3)连相贯线。

用光滑的曲线连接各点,由于该相贯线以两圆柱的轴线对称,所以在 V 面投影中,前后部分完全重合,在 V 面中,前面位置为可见位置,所以用实线绘制该相贯线。

【例 5-7】 如图 5-22 所示,求圆柱和圆锥相贯线的投影。

解:(1)分析。

由图 5-22(a)可知是圆柱和圆锥相贯。圆锥穿过圆柱顶面,所以会有两组相贯线。一组是圆柱的上顶面截割圆锥得到的,由于该顶面是水平面,与圆锥轴线垂直,所以相交产生的相贯线是圆。另一组相贯线应该在圆锥面和圆柱面上,通过贯穿点来确定该相贯线的投影。

(2)求贯穿点。

①由于圆柱在 H 面上有积聚性,所以先在 H 面找贯穿点。

先找相贯线上的最高点和最低点。最低点和圆锥顶点连线应该是所有贯穿点与顶点连线中最长的,而最高点应该是最短的。所以,连接圆锥和圆柱的圆心,延长交圆柱积聚投影于点 1、6。其中点 1 为最高位置点,点 6 为最低位置点。

再找最前、最后点。最前、最后点应该在圆柱最前、最后两根素线上,直接根据积聚性得到点 5、9。其中点 5 是最前位置点,点 9 是最后位置点。

接着找最左、最右点。最左、最右点应该在圆柱最左、最右两根素线上,直接根据积聚性得到点 3、7。其中点 7 是最左位置点,点 3 是最右位置点。

最后是圆锥轮廓线和圆柱面的交点。点 2、4、8、10 就是圆锥轮廓线上的贯穿点。

②利用素线取点法,确定点 1、3、5、6、7、9 的 V 面投影。2、4、8、10 这些圆锥轮廓线上的点根据点的从属性先在 W 面上确定,再投影到 V 面上。

(3)连相贯线。

第一组相贯线,直接在 V 面投影中根据积聚性找到该圆的直径,在 V 面投影中以圆锥顶的投影为圆心,绘制该圆的相贯线。由于该圆在圆柱顶面和圆锥表面,所以在 H 面上的投影可见,用实线绘制。

第二组相贯线,按照顺序用光滑的线条依次连接各点。在 V 面投影中,圆柱轴线前方贯穿点连接的相贯线可见,用实线绘制,后方的不可见,用虚线绘制。在 W 面投影中,圆柱轴线右方贯穿点连接的相贯线可见,用实线绘制,左方的不可见,用虚线绘制。

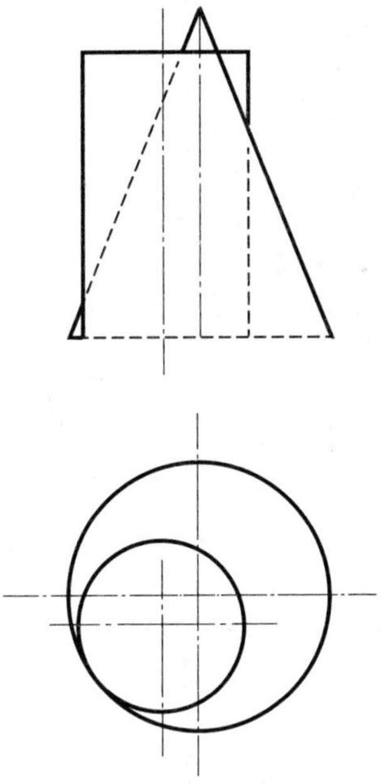

(a)已知条件

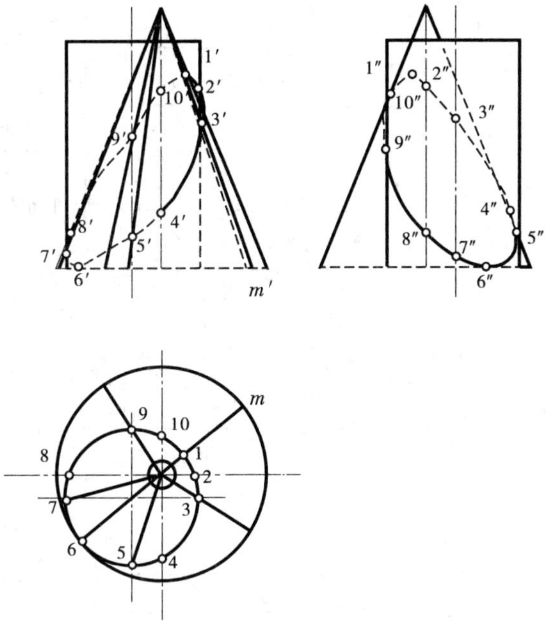

(b)贯穿点的投影

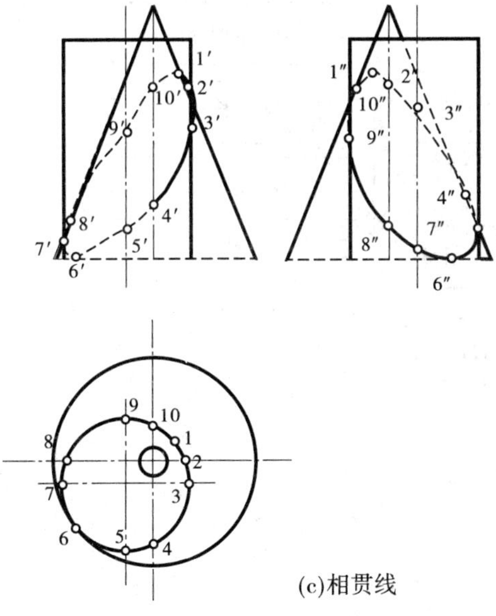

(c)相贯线

图 5-22　圆柱和圆锥相贯

小 结

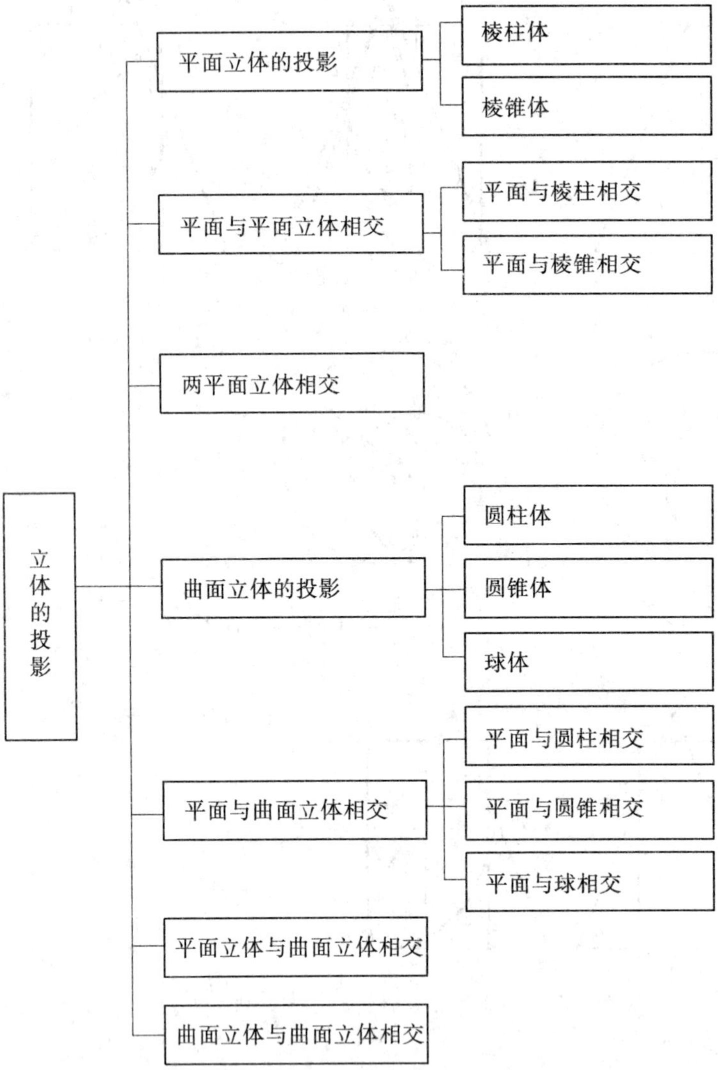
立体的投影
平面立体的投影
棱柱体
棱锥体
平面与平面立体相交
平面与棱柱相交
平面与棱锥相交
两平面立体相交
曲面立体的投影
圆柱体
圆锥体
球体
平面与曲面立体相交
平面与圆柱相交
平面与圆锥相交
平面与球相交
平面立体与曲面立体相交
曲面立体与曲面立体相交

第六章　组合体的投影及尺寸标注

知识目标

- 掌握叠加、切割、相切、相交等几种组合体的作图方法和注意事项。
- 理解投影图中各种线的含义。
- 掌握读图法及其适用范围。
- 掌握组合体的三类尺寸。

能力目标

- 能在相邻的投影图中找对应关系。
- 熟记并掌握尺寸基准的确定方法。

第一节　组合体的投影

一、组合体的组成

由各种类型的基本几何体按照不同的形式组合而成的形体称为组合体。

基本几何体包括平面立体和曲面立体。平面立体有棱柱、棱锥等，曲面立体有圆柱、圆锥、球、环等。而组合体的组合形式有四种：叠加式、切割式、相贯式和综合式。

叠加式组合体是由若干个基本几何体按照一定顺序叠加而成的，如图 6-1(a)所示。切割式组合体是由基本几何体被若干个面切割而成的，如图 6-1(b)所示。相贯式组合体是由若干个基本体相交而成的，如图 6-1(c)所示。综合式组合体是前面三种形式的综合，既有叠加又有切割或相交的组合体，如图 6-1(d)所示。

二、组合体的投影

学习组合体投影的目的是把组合体的实体或轴测图用三面正投影反映出来。

求组合体投影图的基本方法是形体分析法。

这种方法的思考思路就是先分解再组合。由于组合体是由基本几何体按照一定的方式组合而成的，因此在分析时我们可以将组合体分解成几个基本几何体，然后分析出它们的内、外形状和相互的位置关系，最后将基本几何体的投影图按其相对位置关系进行组合就可以得到组合体的投影图。

现以图 6-2 所示的涵洞口一字墙为例，说明组合体投影图的一般作图步骤。

(一)形体分析

先将复杂的组合体进行分析分解，分解为四棱柱基础、梯形、棱柱、墙身、五棱柱缘石和圆柱形洞口四个部分，见图 6-2(b)。组合形式为综合式，既有叠加也有切割。

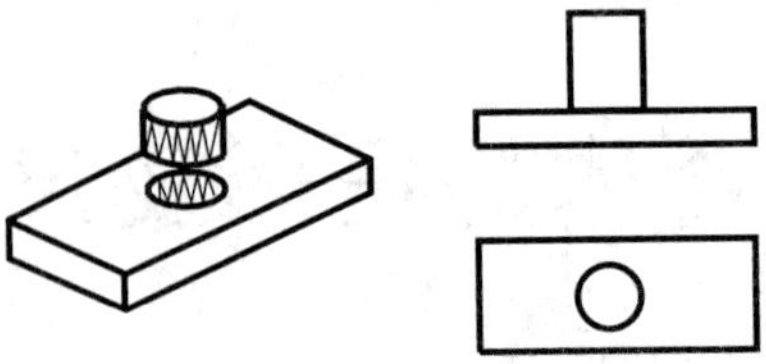

(a)叠加式组合体

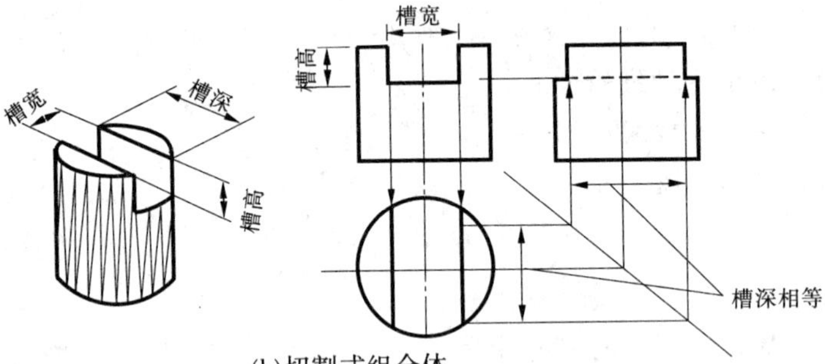

(b)切割式组合体

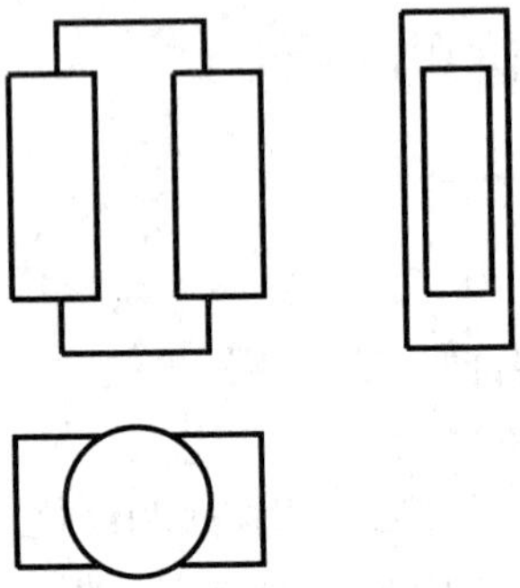

(c)相贯式组合体

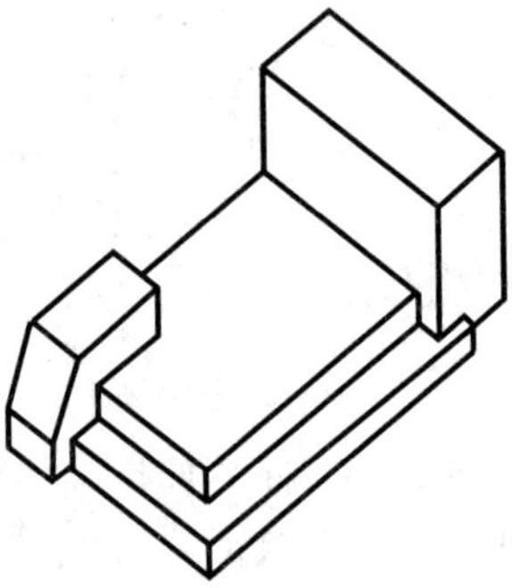

(d)综合式组合体

图 6-1　组合体组合形式

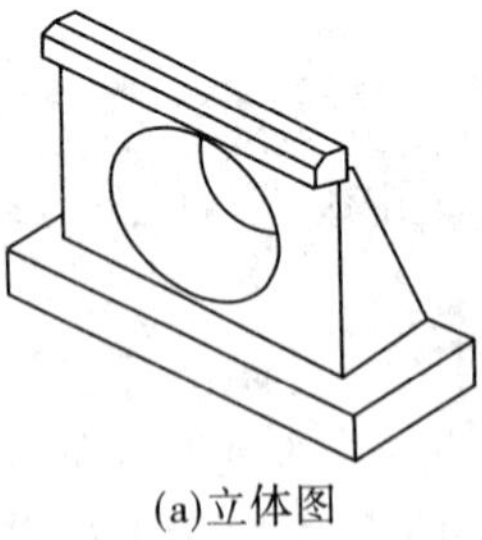

(a)立体图

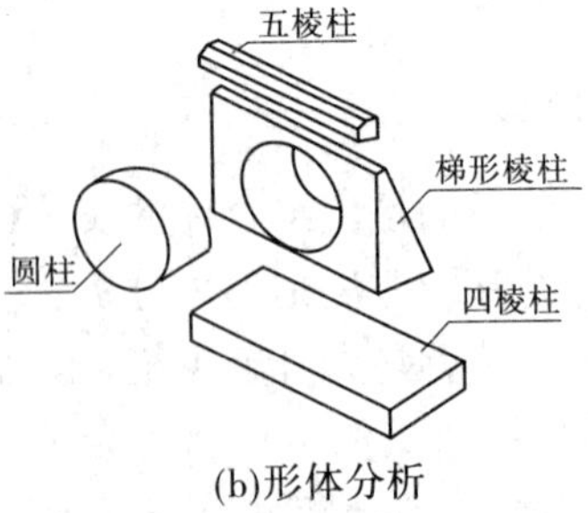

(b)形体分析

图 6-2　一字墙的形体分析

(二)线面分析

1. 面的分析

形体左右对称,圆柱孔与后墙面的交线是椭圆。除墙面有一个斜面、缘石有两个斜面外,其余均为投影面平行面。

2. 线的分析

线条中除洞口与斜面的交线为一般位置线外，其他线条都是平面投影面平行线。

（三）画图步骤

（1）选取画图比例，确定图幅。

选定比例后，根据组合体的长、宽、高计算出各个视图所占的面积。注意，一定不要忘记在各个视图间预留标注尺寸和注字的位置以及适当的间距。依次选用合适的标准图幅。

（2）布置投影图。

先固定图纸在图板上，画出图框和标题栏。然后根据视图的数量和标注尺寸、注字所需的位置，把各视图均匀地布置在图幅内，要保证整个图幅内布图平衡、匀称、协调。对于一般形体，要先根据组合体总的长、宽、高尺寸画出各视图在图幅上所占范围（用矩形框表示），如图 6-3（a）所示。如果组合体是对称的，应先画出各投影图的基准线、对称线。

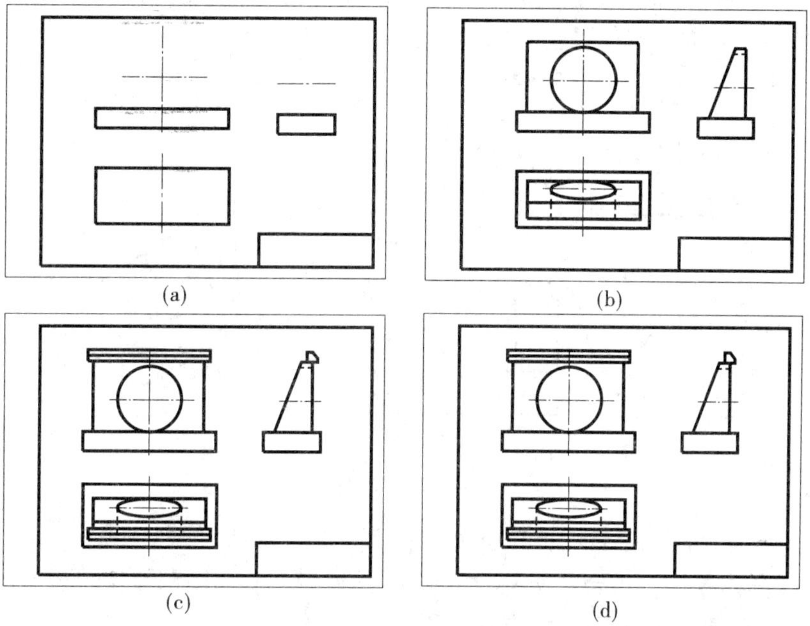

图 6-3　涵洞口的画图步骤

（3）绘制底图。

用硬度为 H 以上的铅笔制图，手法要轻要淡。画底图时力求准确，先在稿纸上确定各投影图再开始绘制到图纸上，以减少图纸因修改引起的图面不整洁。在画图时注意以下几点：

①画图的顺序：一般先画可见轮廓线，后画不可见轮廓线；先画大形体，后画小形体；先画整体形状，后画细节形状，如图 6-3（b）、（c）、（d）所示。

②画每个形体时，要三个视图结合起来作图。先从反映形体特征的视图画起，再根据投影关系，对照相应的线和面的位置画出其他视图。

（4）检查和描深。

用形体分析法逐个检查各组成部分的投影以及它们的相互位置关系。最好把每根线和每个面按照投影关系进行检查。线条的可见性也应该是检查的一个重点内容。检查无误后，可按《道路工程制图标准》（GB 50162—92）规定的线型进行加深。

(5)尺寸标注、书写文字说明、填写标题栏。

(四)投影图的选择

在工程图中,常采用立面图作为主要图样(建筑图纸以平面图为主)。通过对立面图的阅读,对建筑物的形状会有初步的认识。在确定了立面图后,还要选择其他几个必要的投影图,辅助立面图把建筑物表现得更完整、清晰。

1. 立面图的选择

立面图是表达形体的一组视图里最主要的视图,所以在视图选择时要重点考虑。其选择原则如下:

(1)正立面图要尽量反映组合体各组成部分的形状及其相对位置。

如图6-4(a)所示,它反映了该组合体的特征轮廓以及各基本体的相对位置。

(2)选择立面图时,还应考虑尽量减少其他投影图中的虚线数量。

如图6-4(b)所示,虽然立面图的形状和图6-4(a)相同,只是放置方向不同,但侧面图有较多的虚线,说明立面图选择较差。

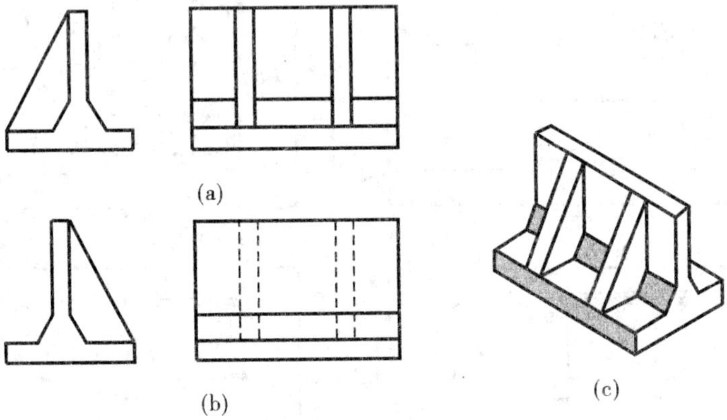

图6-4 挡土墙

(3)选择立面图时要尽量保证较合理地利用图纸的幅面。

如图6-5所示是同一桥台的两种布置情况,虽然两个立面图都能反映桥台的形状特征,但图6-5(b)占用过多的幅面,如没有其他原因,不宜采用。

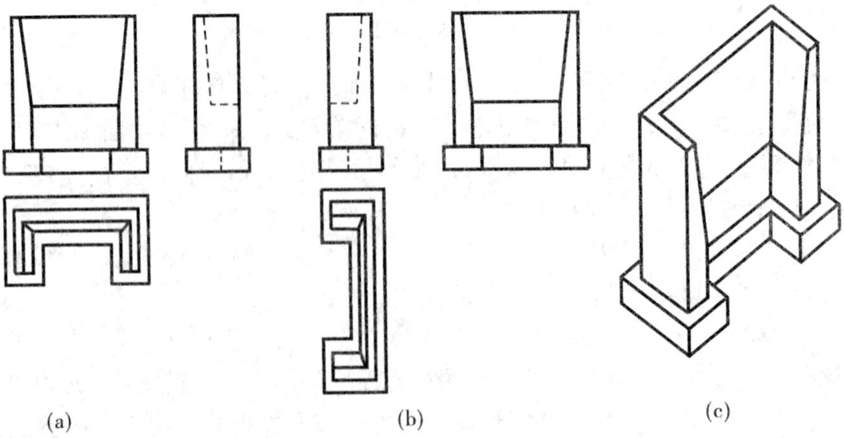

图6-5 桥台

2. 投影图数量的选择

当正面投影选定以后，组合体的形状和相对位置还不能完全清楚地表达出来，需要增加其他投影进行补充。增加的数目应视组合体的复杂程度和习惯画法而定。原则是既要能清晰、完整地表达组合体的形状和相对位置，又要使所选用投影图的数目为最少。

确定投影图数量的方法：通过对组合体的形体分析，确定各组成部分的基本体所需的视图数量，再减掉标注尺寸后可以省去的视图数目，就是最后所需的视图数量。如图 6-6 所示的圆锥，习惯上只需要两个投影图，侧面投影，即图 6-6(b)是多余的。

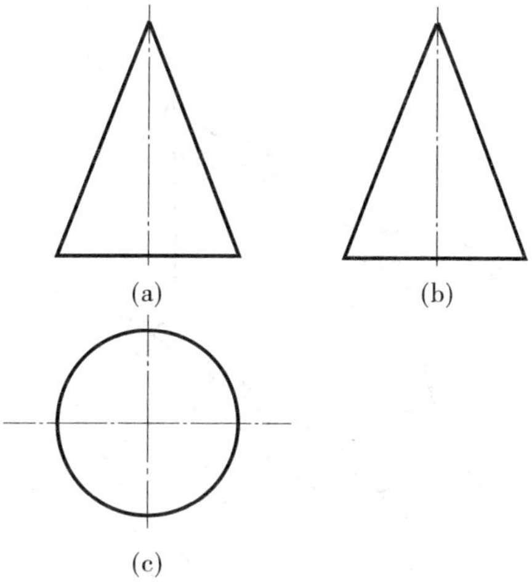

图 6-6　投影图数量的选择

第二节　组合体的尺寸标注

投影图只能反映组合体的形状，要准确反映组合体的大小和各部分的相对尺寸，满足施工的需要，还必须在投影图上标注足够的尺寸。

一、尺寸的种类

要完整地确定一个组合体的大小，需要按顺序完整地标出三种尺寸。

(一)定形尺寸

定形尺寸是确定组合体各组成部分形状大小的尺寸。

如图 6-7(b)中的尺寸 340、310、225、160、125、45、20 等都是定形尺寸，涵洞口各个组成部分的大小由它们确定。

(二)定位尺寸

定位尺寸是确定各个组成部分之间相对位置的尺寸。

如图 6-7(b)所示，墙身在水平方向的位置是通过 H 面投影中墙身旁边的 25 这个定位尺寸确定的，表示墙身的水平位置相对于基础最右边缘左移 25。墙身前后在 W 投影中的 20 和 15 是确定其前后方向位置的定位尺寸。

注意，在某个方向上用定位尺寸表示各组成部分的相对位置时，均需先确定尺寸基准。尺寸基准就是进行标注的起点。长度方向一般选择左侧面或右侧面为尺寸基准，宽度方向一般选择前侧面或后侧面为尺寸基准，高度方向一般选择底面或顶面为尺寸基准。若是对称图形，还可选择对称线为长度和宽度方向的尺寸基准。如图 6-7(a)所示。

(三)总体尺寸

总体尺寸是确定组合体外形的总长、总宽、总高的尺寸。

如图 6-7(b)所示，图中的 340 是总长，125 是总宽，290 是总高。

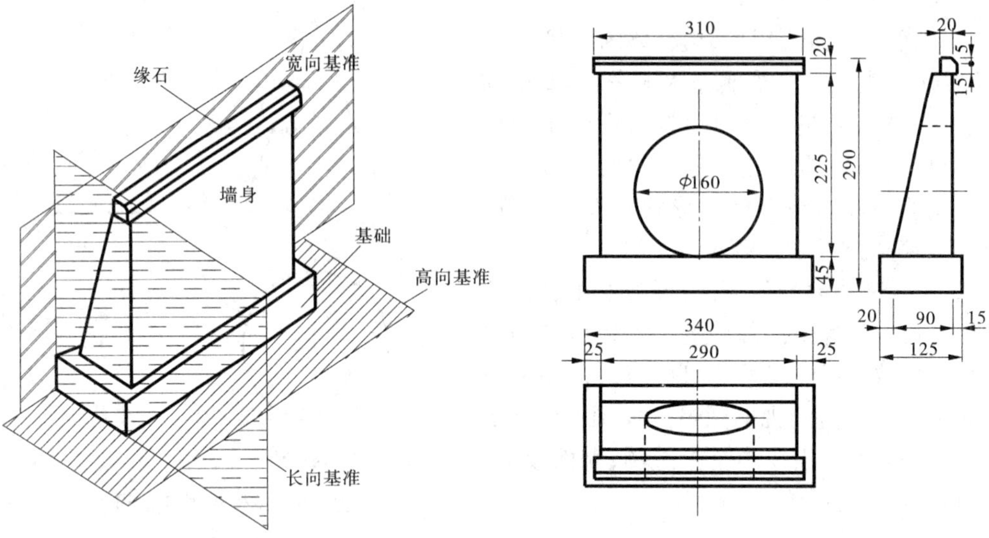

(a)尺寸基准　　(b)组合体尺寸标注

图 6-7　涵洞口尺寸标注

二、组合体的尺寸的标注

组合体尺寸标注要求能够正确、完整、清晰、合理。

要符合国家最新的制图标准。所注尺寸能完全准确直接地反映组合体的形状和大小，尺寸布置要整齐、清晰，方便阅读。标注的尺寸要满足设计要求，并满足施工、测量、检验等各项要求。

标注的顺序：先标注定形尺寸，然后是定位尺寸，最后是总体尺寸。

标注要点：

(1)尺寸一般最好注写在较好反映形体特征和位置特征的投影图上，标注不要太分散，以方便阅读。

(2)尺寸尽可能标注在图形轮廓线以外，不宜与图线、文字和符号相交。但有时候为了防止尺寸界线被引得过长而与其他图线相交，影响视图的清晰性，某些细部尺寸允许标注在图形内。

(3)尺寸线排列要整齐。同方向的尺寸线排成几道，小尺寸线离被标注的轮廓线近些，大尺寸线离轮廓线远些。尺寸线间的间距要相等，平行距离 5 ~ 8 mm。

(4)尽量避免在虚线上标注尺寸。

(5)标注的尺寸要保证读图时能直接读出各个部分的尺寸，避免到施工现场还要计算和度量。

下面以窨井的尺寸标注为例。

从图 6-8 中可以看出，圆孔尺寸的标注只需要出现一次即可表示清楚。对于正方形和长方形的长、宽可以简化标注为长乘以宽，如 *H* 面图中的 140 × 140 等。尺寸尽量标注在视图轮廓线之外，但对于某些内部，如果标注在轮廓线外则尺寸界线将引得很长，经常还会和其他图线交叉，使视图不够清晰。所以，此时把标注放在轮廓线内更合理，如 *H* 图中的 45 ×

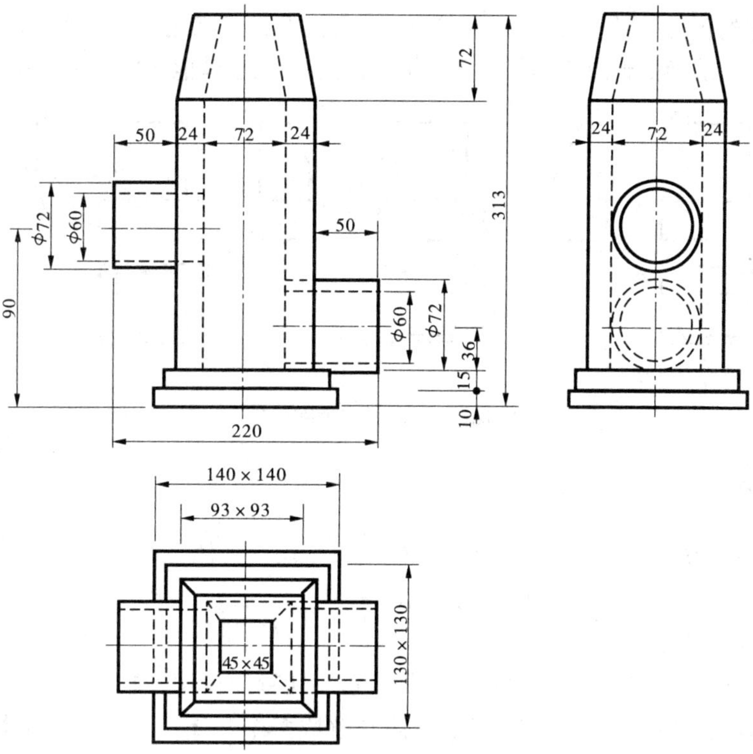

图 6-8 窨井的尺寸标注

45 和 *W* 图中的 24、72。定形尺寸、定位尺寸标注位置靠近轮廓线，总体尺寸在最外层。

第三节 组合体投影图的阅读

通过前面的学习，已经初步掌握了如何把组合体用投影图表达出来，是一个由物到图的过程。接下来要学习的投影图的阅读是根据组合体的投影图，运用投影规律和特点，想象出组合体的空间形状，是一个由图到物的过程，可以很好地训练空间想象力。要能正确、迅速地读懂视图，必须掌握读图的基本知识和正确的方法。

一、读图的基本知识

(1)熟练掌握各种位置直线、平面或曲面、基本几何体、较简单组合体的形状特征和投影特征。

(2)明确投影图中封闭线框和图线的含义。

投影图中一线条有以下可能：①表示一条直线；②表示一个有积聚性的面；③表示两个平面的交线；④表示曲面的转向轮廓线。

投影图中一个线框有以下可能：①表示一个面的投影；②表示一个在某一投影面上有积聚性的基本体。

(3)从反映形体形状特征和位置特征最多的特征视图着手，可以提高读图的速度。

(4)必须将反映组合体的几个投影图联系起来看，才能准确地确定组合体的空间形状。

因为会出现不同的组合体在投影的时候出现有一到两个投影图相同的情况。如图 6-9 所示,这三个组合体的正面投影相同,图 6-9(a)和(b)有两个投影都相同,也就是说,光凭一个或两个投影图是无法准确得到组合体的空间形状的,还必须联系其他面投影一起分析,才能确定。

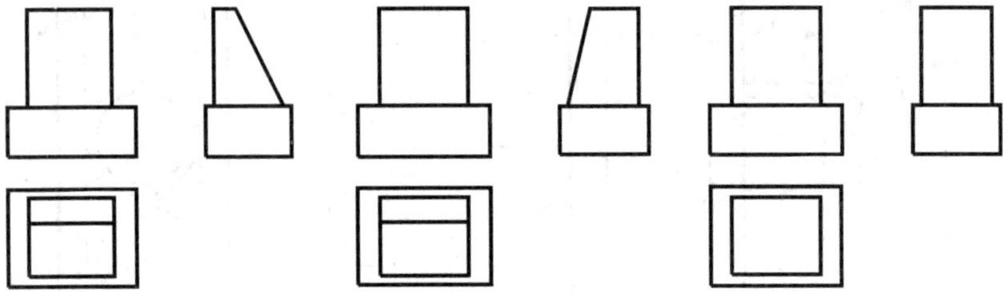

(a)　　(b)　　(c)

图 6-9　通过三视图读图

二、读图的基本方法

读图的基本方法主要有形体分析法和线面分析法。形体分析法和线面分析法是有联系的,不能完全分开。一般都是把两种方法结合使用。

(一)形体分析法

形体分析法,首先是通过对比各个投影图先找到特征视图,以它为主,根据每个线框代表一个基本体或平面的投影原理,把组合体分解成多个封闭线框。其次根据“高平齐”的“三等”关系,在其他视图中找出每个线框对应的其他投影。最后根据这些相关的投影图想象出每个线框所表示的几何体空间形状。把分析出来的几何体空间形状按原来的位置关系组合起来,去掉重复的部分,综合想象得到组合体的空间形状。这种方法适用于叠加型的组合体。

如图 6-10 所示,根据组合体的三面投影,阅读组合体的空间形状。

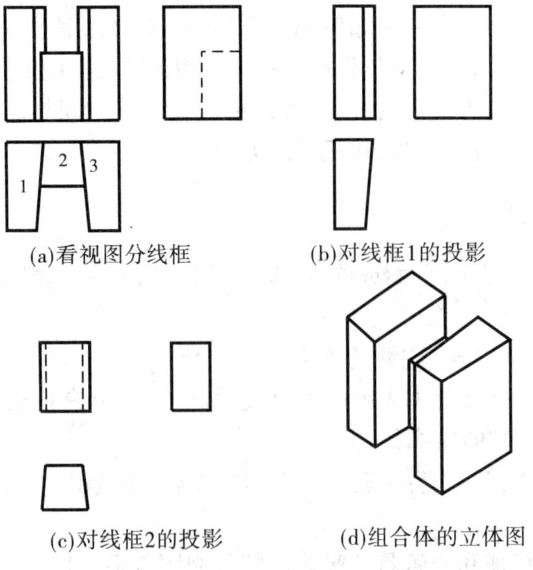

(a)看视图分线框　(b)对线框1的投影

(c)对线框2的投影　(d)组合体的立体图

图 6-10　形体分析法读图

(1)看视图分线框:根据组合体已知的三面投影图可知 H 投影中的线框比较明显。将 H 投影划分为三个线框。其中 1 和 3 线框根据投影图分析表示的是相同的几何体。根据"高平齐"的"三等"关系,在其他视图中找出每个线框对应的其他投影,如图 6-10(b)、(c)所示。

(2)对投影、定形体:根据各线框的多个投影,结合前面掌握的基本体投影情况读出线框代表的几何体空间形状。

(3)综合起来想整体:根据各线框在投影图中的相对位置,综合想象得到组合体的空间形状。

形体分析和线面分析是有联系的,不能截然分开,一般是以形体分析为主结合线面分析,综合想象得出组合体的全貌。

【例 6-1】 补画图 6-11 所示物体的平面图。

解:

(1)进行形体分析:这个物体是由一块长方形底板上面放一个四棱台,再挖切掉一个梯形棱柱缺口而形成的。

(2)进行线面分析:缺口的两侧是正垂面,底面是水平面,它们的交线是四段正垂线。棱台的前、后棱面是侧垂面,它与缺口下底面的交线是两段侧垂线,与缺口两侧面的交线是四段一般位置线。

(3)画图:先画底板和四棱台,再画缺口的各条交线,见图 6-11。

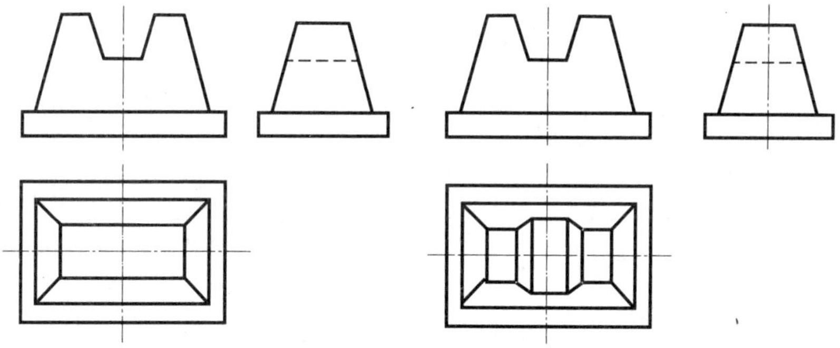

图 6-11 补画三视图

(二)线面分析法

线面分析法,就是以线和面的投影规律作为读图的基础,把立体的平面分解为线、面等几何元素,分析它们的形状和相互位置,最后想象出它们围成的组合体的空间整体形状。

小　结

- 组合体的投影及尺寸标注
  - 组合体的投影
    - 组合体的组成
    - 组合体的投影
  - 组合体的尺寸标注
    - 尺寸的种类
    - 组合体的尺寸标注
  - 组合体投影图的阅读
    - 读图的基本知识
    - 读图的基本方法

第七章　剖面图和断面图

知识目标

- 理解剖面图和断面图的概念。
- 了解常用的材料图例。
- 掌握各种剖面图的画法及其适用范围。
- 掌握断面图的画法。

能力目标

- 能画出指定位置的剖面图。
- 能绘制出三种断面图。

第一节　剖面图

一、剖面图的形成和种类

在绘制形体的投影图时，可见的轮廓线用实线表示，不可见轮廓线用虚线表示。结构形状越复杂，虚线就越多。虚实相交，混杂不清，影响图样的清晰，非常不利于绘图、识图和标注。于是，工程上出现了剖面图和断面图来解决这个问题。

（一）剖面图的形成

用假想的剖切平面在需要的位置对形体进行剖切，然后移走观察者和剖切平面间的部分，再把剩余的部分投影到与剖切平面平行的投影面上，绘出其投影图。注意，在剖切到的实体部分，也就是和剖切平面相切的部分，画上相应的剖面材料图例线或剖面线，最后得到的就是形体的剖面图。常用材料断面图例见表 7-1。

如图 7-1 所示为一钢筋混凝土杯形基础的三面投影图，不难发现，内部杯形部分为不可见部分，都是用虚线表示的。为了更清楚地观察内部构造，作如图 7-2 所示的处理，用与 V 面平行的剖切平面 P 沿形体前后对称面将其剖开。与原未被剖切的投影图 7-1 相比，由于将形体假想剖开，使内部的杯口显露出来，原来投影图中不可见的虚线，在剖面图上已变成可见轮廓线，用实线表示。剖切后去掉的轮廓线不再画出。

需要注意的是，由于剖切是假想的，当形体向某个方向的视图表达为剖面图时，其他视图仍按完整的形体投影绘制。作剖面图时，尽量使剖切平面平行于基本投影面，从而保证剖切投影反映实形。同时，使剖切平面尽量通过形体上的孔、槽、洞等隐蔽形体的中心线，将形体表示清楚。

（二）剖面图的种类

常用的剖面图有全剖面图、半剖面图、局部剖面图、阶梯剖面图、旋转剖面图和展开剖面图。

表 7-1　常用材料断面图例图

序号	名称	图例	说明	画法提示
1	自然土壤		包括各种自然土壤	图中的“黑三角”是徒手画横画重叠而成
2	夯实土壤			
3	砂、灰土	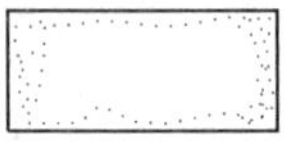		靠近轮廓线的点较密。画点时不必太密，太多，而且不能带“毛”
4	石膏板	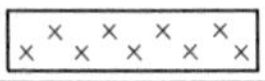		
5	砂砾石、碎砖三合一	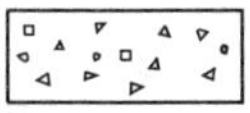		图中三角形、方形不必画得太多、太密，也不必画得很有规律
6	石材	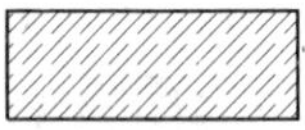	斜线间距大小随图形的比例和复杂程度而不同	斜线的角度为 45°，图例线间互相平行、间距相等
7	毛石	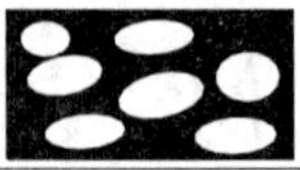		
8	普通砖	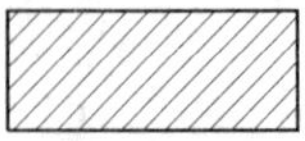	包括砌体、砌块	断面较窄、不易画出图例线时，可涂红
9	耐火砖		包括耐酸砖	
10	空心砖	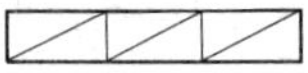	包括多种多孔砖	
11	饰面砖	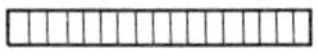	包括铺地砖、马赛克、陶瓷锦砖、人造大理石	
12	混凝土	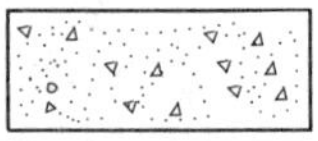	图例仅适用于能承重的混凝土及钢筋混凝土；包括各种强度等级、骨料、添加剂的混凝土	在剖面图上画出钢筋时，不画图例线；当断面较窄，不易画出图例线时，可涂黑
13	钢筋混凝土	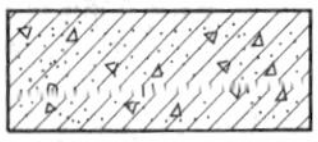		
14	焦渣、矿渣	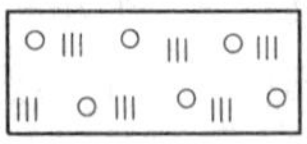		
15	多孔材料	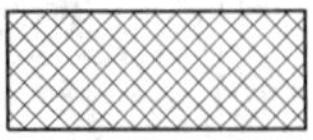	包括水泥珍珠岩、沥青珍珠岩、泡沫混凝土、非承重加气混凝土、泡沫塑料、软木等	
16	纤维材料		包括麻丝、玻璃棉、矿渣棉、木丝板、纤维板	
17	松散材料	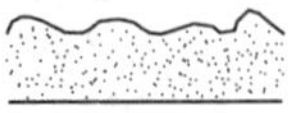	包括木屑、石灰木屑、稻壳等	

续表 7-1

序号	名称	图例	说明	画法提示
18	木材	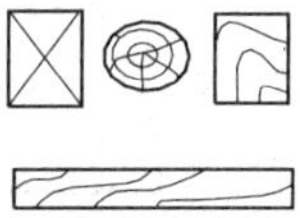	上图为横断面，左上图为垫木、木砖、木龙骨；下图为纵断面	横断面的木纹是间距向外逐渐加大的徒手画“同心圆”，不必画得太多、太密，不应曲折太多
19	胶合板		应注明×层胶合板	
20	粉刷	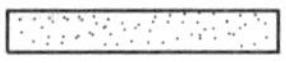		
21	金属	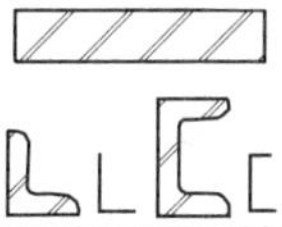	包括各种金属	图形小时，可涂黑
22	网状材料		包括金属、塑料等网状材料，要注明材料	
23	液体	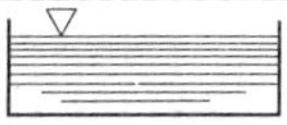	注明液体名称	
24	玻璃	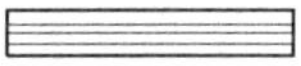	包括平板玻璃、磨砂玻璃、夹丝玻璃、钢化玻璃	
25	橡胶			
26	塑料		包括各种软、硬塑料及有机玻璃等	
27	防水材料	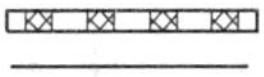	结构层次多或比例较大时，采用上面图例	

注：1，2，6，8，9，10，13，15，21，25，26 图例中的斜线、短斜线、交叉斜线等一律为 45°。

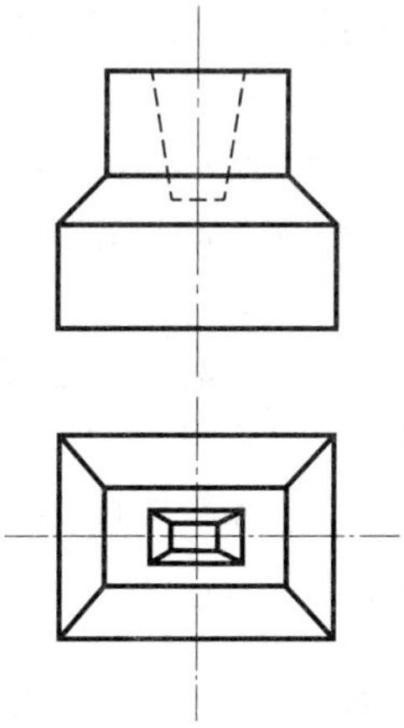

图 7-1　杯形基础三面投影图

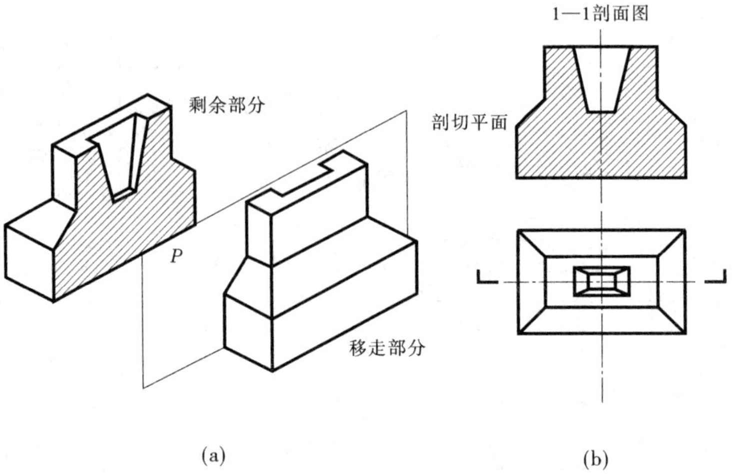

图 7-2　杯形基础剖面图的形成

1. 全剖面图

1）适用范围

不对称形体，或虽然对称但外形比较简单、内部比较复杂的形体，或在另一个投影中已经将其外形表达清楚时，可以采用全剖面图表示。

2）形成

假想用一个剖切平面将形体全部剖开，然后画出形体的剖面图，如上述钢筋混凝土杯形基础的剖面图（见图 7-2）。

2. 半剖面图

1）适用范围

对称形体，形体的内部结构和外部形状都需要完整、清晰表达的形体，可以采用全剖面图表示。

2）形成

当图形对称时，以对称中心线为界，整个投影图的一半为外形投影图，反映外部形状，一半为剖面图，反映内部结构。

如图 7-3 所示，如果用投影图表示，内部结构将无法表示清楚，如果用全剖面图表示，则上部和前方的长方形孔都没有表达清楚。将投影图和全剖面图各取一半合成半剖面图，则形体内、外结构形态都能表达清楚。

在半剖面图中，剖面图和投影图之间，用形体的对称中心线为界，分界线用点画线绘制。若分界线与轮廓线重合，则避免采用半剖面图。当对称中心线为竖直时，半剖面图画在投影图的右半边；当对称中心线为水平时，半剖面图画在投影图的下半边。

3. 局部剖面图

1）适用范围

当外形比较复杂，需要保留投影图的大部分形态，才能表示清楚其外形时，或不宜采用全剖面图和半剖面图时，常用于表示路面结构的各结构层，如图 7-4 所示。

2）形成

保留原投影图的大部分，而将局部地方画成剖面图。投影图和局部剖面图之间，用徒手

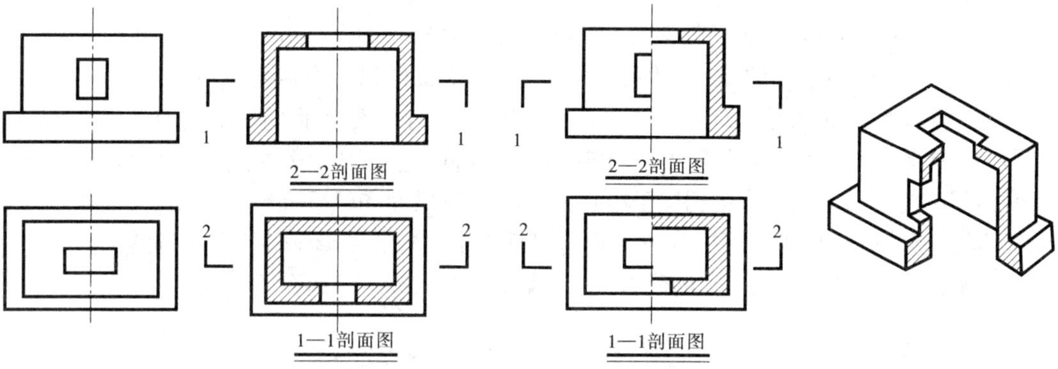

(a)投影图　(b)全剖面图　(c)半剖面图　(d)立体图

图 7-3　全剖面图和半剖面图

画的波浪线作为断开界线分界。在原投影图上作局部剖面图时要集中,方便识图。分界线注意不要与其他线条重合,局部剖面图不需要标注。

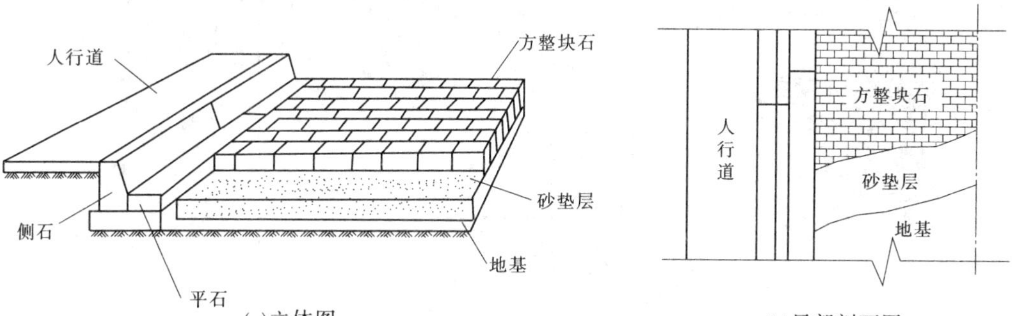

(a)立体图　(b)局部剖面图

图 7-4　路面结构分层局部剖面图

4. 阶梯剖面图

1) 适用范围

若一个剖切平面不能将形体上需要表达的内部结构一次剖开,这时为了能够把所有内部结构在一幅图内表示清楚,可以采用阶梯剖面图表示。

2) 形成

假想用两个或两个以上互相平行的剖切平面来剖切形体,得到的剖面图为阶梯剖面图。阶梯剖面图的标注方法和其他剖面图稍有不同,要求在剖切平面的起止和转角处均要标注,画上剖切符号,并标注相同的数字或字母。如图 7-5(a)所示,用两个相互平行的水平面分别对检查井的水管进行剖切,再对剖切后的形体进行投影得到阶梯投影,即图 7-5(b)中的Ⅰ—Ⅰ剖面图。剖切符号在Ⅱ—Ⅱ剖面图中表示出来,由于剖切位置明显,不会引起误解,因此在转角处可以不标注。

5. 旋转剖面图

1) 适用范围

需要剖切的部分并不在同一个平面上且有回转轴的形体,可以采用旋转剖面图表示。

2)形成

用两个相交的剖切平面(交线垂直于基本投影面)剖切形体,把两个平面剖切得到的形体,旋转到与投影面平行的位置,然后进行投影,这样就得到了旋转剖面图。

在绘制旋转剖面图时,常选择其中的一个剖切面平行于投影面,这样只需要旋转一个剖切面即可。如图7-5所示的检查井,两个水管并不处在同一直线上,没办法用一个平面图直接把所有内部结构表示出来。采用相交于检查井轴线的正平面和铅垂面作为剖切面,沿两个水管轴线将检查井剖开(如图7-5(c)所示),再将铅垂面剖切到的图形绕检查井的轴线旋转到与正平面同平面为止,最后对剖切到的形体进行投影,如图7-5(b)中的Ⅱ—Ⅱ剖面图所示。

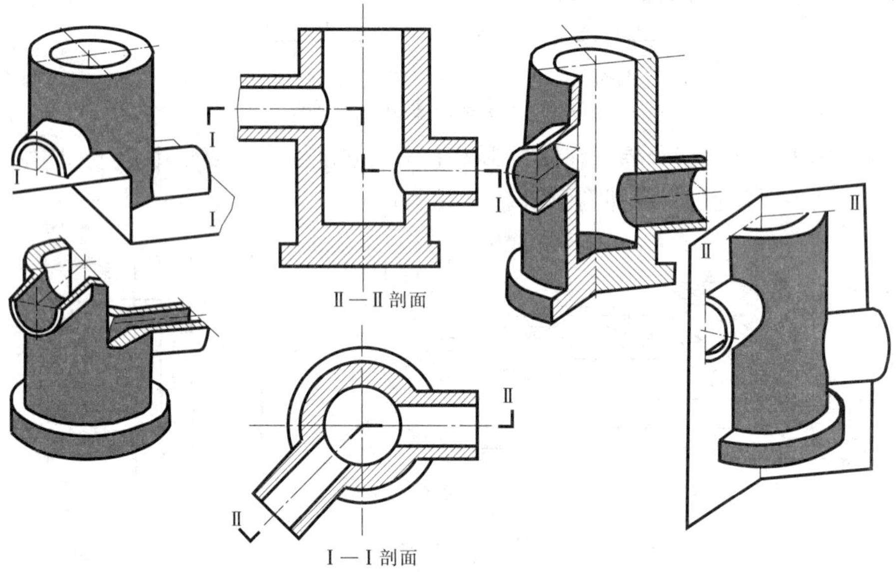

(a)立体图　　(b)阶梯剖面图和旋转剖面图　　(c)立体图

图7-5　检查井的阶梯剖面图和旋转剖面图

6.展开剖面图

1)适用范围

弯曲结构的工程形体,可以采用展开剖面图表示。

2)形成

用曲面或平面与曲面组合成的铅垂面作为剖切平面,该剖切平面随着工程形体的中线弯曲而弯曲,对形体进行剖切,再把剖切面展开拉直为平面,使其平行于正平面,最后投影到正平面上得到展开剖面图。如图7-6所示,平面图反映出该桥由直线和圆弧构成,因此将其用随桥中线而弯曲的剖切平面剖切,在纵剖面图中展开拉直,得到其展开剖面图。

二、剖面图的标注

剖面图是识图中的辅助图样,所以剖面图在识图过程中要配合投影图一起表现形体。为了识图方便,需要在投影图上把所画的剖切位置和投影方向表示出来,还要给所有的剖面图都加上编号,以免混淆。具体的标注方法如下:

(1)用剖切位置线表示剖切平面的位置。作剖面图时选择的剖切面一般都是投影面平

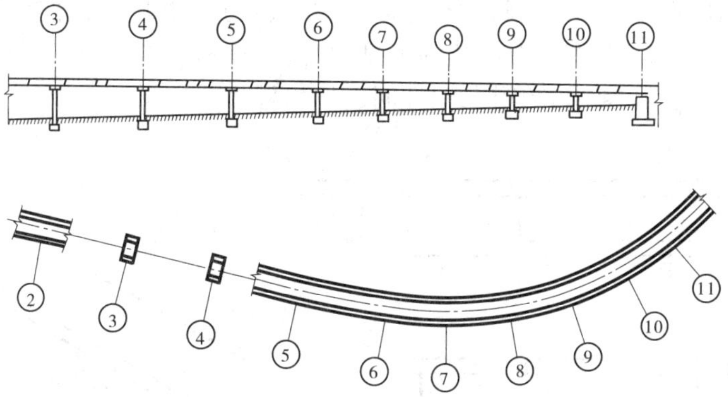

图 7-6　弯桥展开剖面图

行面。因此，剖切平面在与其垂直的投影面上的投影表现为积聚性，积聚为一条直线，该直线反映了剖切的位置，称为剖切位置线。在投影图中用断开的一对粗实线表示，长度为 5 ~ 10 mm，并且不宜与图面上的图线相接触，如图 7-7 所示。

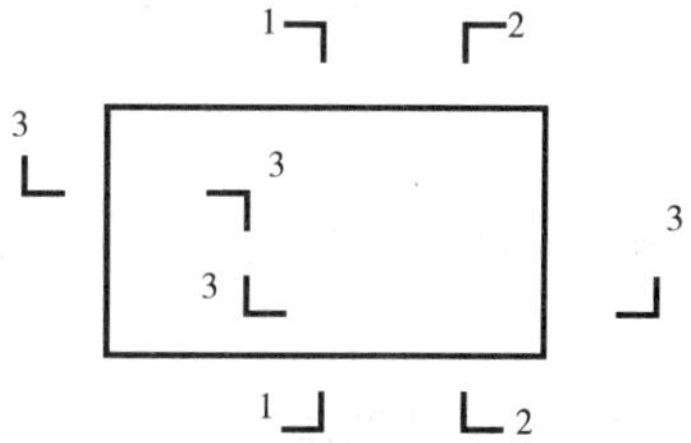

图 7-7　剖面图的剖切符号

（2）剖切后的投影方向用垂直于剖切位置线的短粗线来表示，长度为 4 ~6 mm，如图 7-7所示。

（3）剖切符号的编号，采用阿拉伯数字，按顺序从左到右，从下到上连续编号，并书写在投影方向线的端部。剖切位置线需要转折时，如易在转折处出现混淆，就在转角的外侧加注与符号相同的编号，如图 7-7 所示。

（4）在断面上必须绘制材料图例，如果没有指明材料，可用剖面线填充。剖面线是一组互相平行的且间距相等的 45°细实线，如已有轮廓线为 45°，可将剖面线画成 30°或 60°。对于两个及两个以上的相邻构件的剖面，为了区别可以把剖面线画成不同的倾斜方向或不同的间距。断面面积过大时，填充的断面符号可以简化，断面面积过小时，可以直接用涂色的方法代替剖面线，如图 7-8 所示。

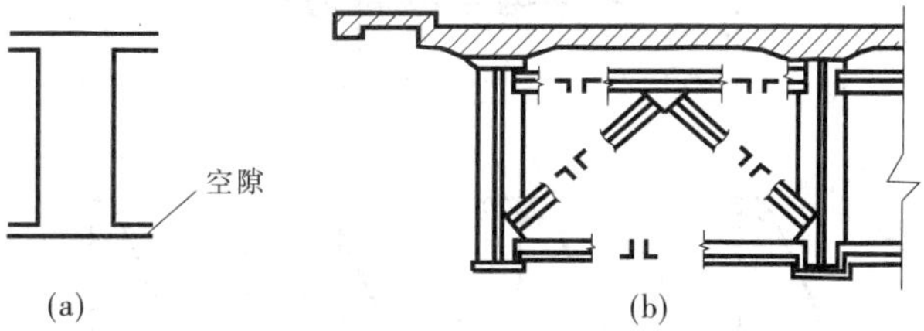

(a)　(b)

图 7-8　断面面积过小情况下图例的填充

第二节　断面图

一、断面图的形成和种类

用一个剖切平面将形体剖开后，剖切平面与形体之间截交线所围成的平面图形，称为断面。如果只把断面投影到与之平行的投影面上，并填充上材料图例或剖面线，该投影图即为断面图，如图 7-9 所示。对剖切面以外的可见部分，根据需要部分有所保留时，这种图也算是断面图，但在图上不注明是断面图，只注明剖切编号。

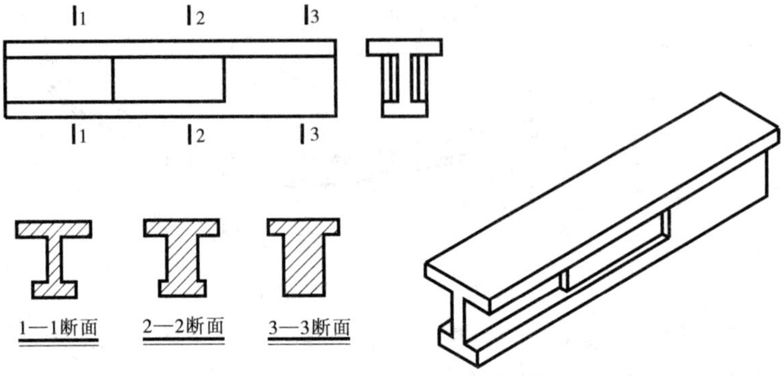

图 7-9　断面图的形成

常见的断面图根据断面图在视图上的位置不同分为移出断面图、重合断面图和中断断面图。

(一)移出断面图

将断面图绘制在视图轮廓线外面就是移出断面图。如图 7-10 所示为挡土墙的工程图，在挡土墙平面图上用剖切位置线标上剖切的位置，用数字来编号和表示投影方向，由图可知应该从右往左投影。将投影得到的各断面图按顺序画出并对应剖切位置线的编号，进行标注。

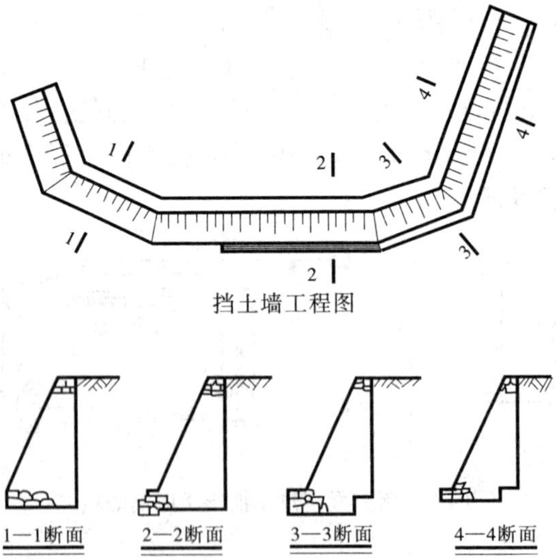

图 7-10　挡土墙的移出断面图

当断面图形对称时，则可只用细单点长画线表示剖切位置，可不进行其他标注。移出断面图若画在剖切平面的延长线上，可不标注断面名称，如图 7-11 所示。

(二)重合断面图

将断面图绘制在视图轮廓线内就是重合断面图。如图 7-12(b)所示，断面图轮廓线用

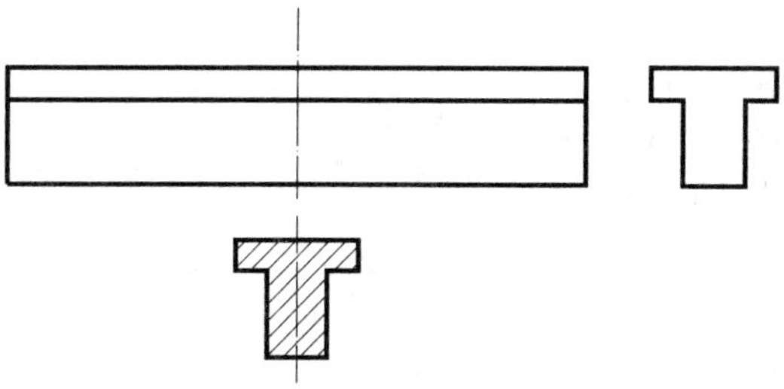

图 7-11　T 梁的移出断面图

细实线绘制在基本视图轮廓线内，不用标注剖切符号和编号，比例和基本视图要一致。

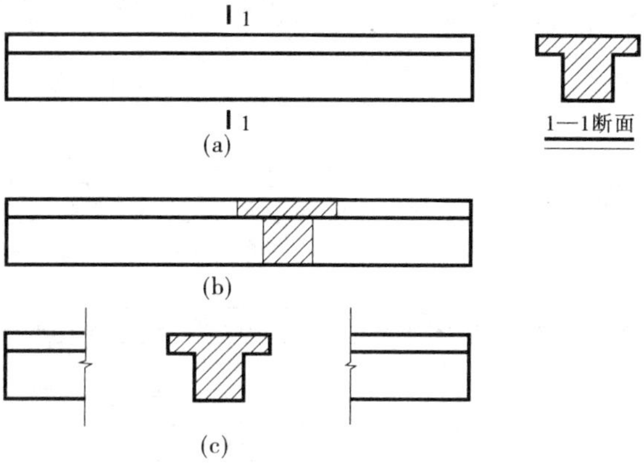

图 7-12　三种断面图的对比示意

（三）中断断面图

将断面图绘制在视图轮廓线中断处就是中断断面图。如图 7-12（c）所示，中断断面图不需要标注剖切符号和编号，比例和基本视图要一致。

二、断面图的标注

断面图也用粗实线在形体上表示剖切位置，但与剖面图不同，不需要画出垂直于剖切位置线的短粗线来表示投影的方向，而是用表示编号的字母或数字注写位置来表示投影方向。编号写在剖切位置线下方，表示从上往下投影，编号写在左边，表示从右往左投影。

第三节　画剖、断面图的要点和举例

（1）剖面图是画出形体被剖切开后整个余下部分的投影，断面图只要画出形体被剖开后断面的投影。

（2）剖面图是把立体拿来进行投影，因此是“体”的投影，而断面图是剖切平面与形体截交线所围平面的投影，因此是“面”的投影。断面图必定包含在剖面图内。

（3）剖切符号的标注不同。剖面图的剖切符号除表示剖切位置，还表示投影方向，断面图的剖切符号只表示剖切位置，投影方向由编号与剖切符号的相对位置反映。

【例 7-1】　如图 7-13 所示为一钢筋混凝土空腹鱼腹式吊车梁。

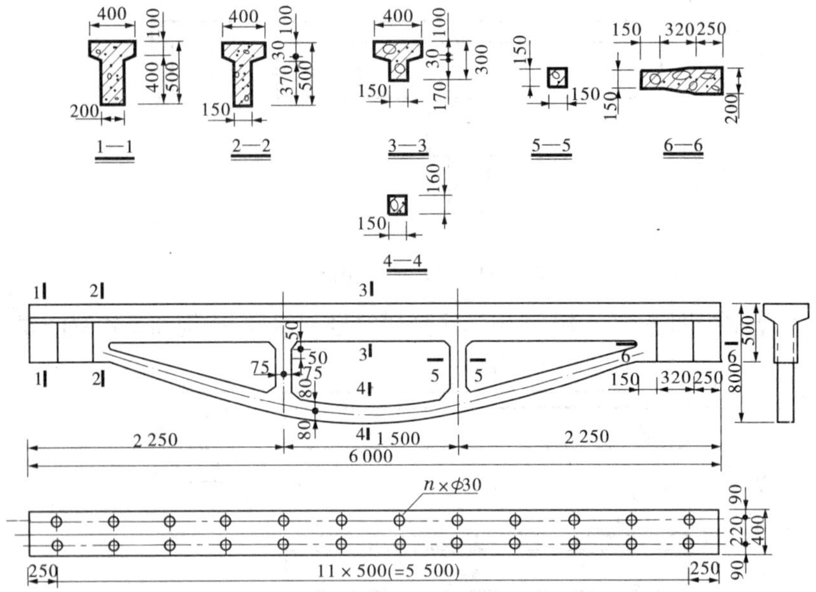

(a)

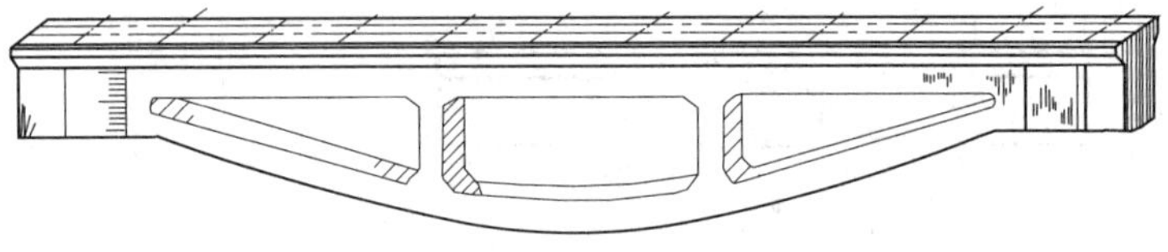

(b)

图 7-13　空腹鱼腹式吊车梁

分析过程:

通过图中的 2 个基本投影图和 6 个移出断面图,清楚地表达出该梁的构造形状。1—1 断面图到 4—4 断面图都是从右往左投影得到的投影图,5—5 断面图和 6—6 断面图是从上往下投影得到的投影图。*H* 面投影图表示出了梁顶面上螺孔的位置以及直径。将断面图和 *V* 面投影图上的断面剖切符号一一对应,从 *V* 面投影图出发,利用形体分析的方法,各部分相互联系,最后可判断出该梁整体的空间形状。

小　结

- 剖面图与断面图
  - 剖面图
    - 剖面图的形成和种类
    - 剖面图的标注
  - 断面图
    - 断面图的形成和种类
    - 断面图的标注
  - 画法要点和举例

第八章 标高投影

知识目标

- 理解标高投影的概念，了解工程上常用的投影图类型并掌握正投影的特性。
- 掌握标高投影的投影规律和绘制方法。

能力目标

- 能识读标高投影。
- 能正确画出建筑物的坡脚线、开挖线及坡面交线。

工程建筑物是在地面上修建的，在设计和施工中，常常需要绘制表示地面起伏状况的地形图，以便在图纸上解决有关的工程问题。由于地面的形状往往比较复杂，长度方向尺寸和高度方向尺寸相差很大，若用多面正投影法表示，不易表达清楚，且作图困难，因此在生产实践中常采用标高投影法来表示地形图。

第一节 点和直线的标高投影

一、点的标高投影

标高投影就是在形体的水平投影上，以数字标注出各处的相对高度来表示形体形状的一种图示方法。

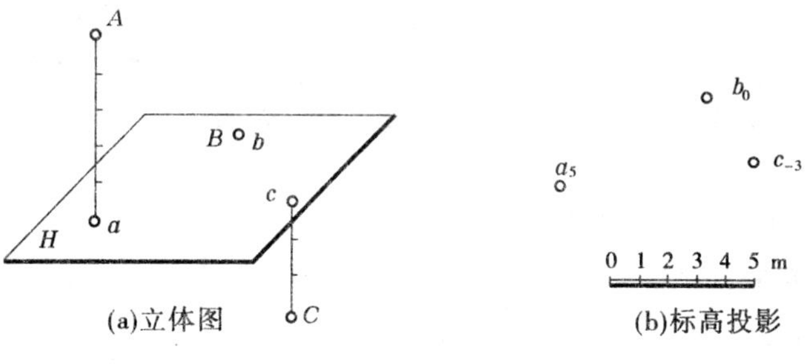

图 8-1 点的标高投影

如图 8-1(a)所示，若点 A 位于已知水平面 H 的上方 5 单位，点 B 位于水平面 H 内，点 C 位于水平面 H 下方 3 单位，那么在 A、B、C 点的水平投影 a、b、c 之旁注上相应的高度值 5、0、-3，即得点 A、B、C 的标高投影图，如图 8-1(b)所示。此时，5、0、-3 等高度值，称为各点的标高。通常，以水平面 H 作为基准面，它的标高为 0，高于水平面 H 的标高为正，低于水平面 H 的标高为负。

在标高投影图上，为了充分确定形体的空间形状和位置，还必须在标高投影图上附一个比例尺，并注明刻度单位，如图 8-1(b)所示。标高投影图常用的单位为米(m)。

二、直线的标高投影

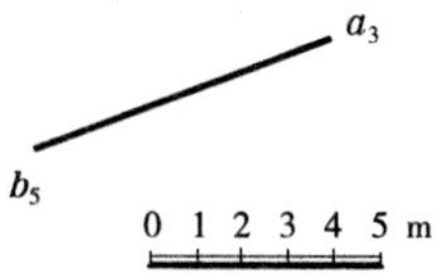

图 8-2　直线的标高投影

(一)直线的表示

(1)如图 8-2 所示，直线的水平投影并加注直线上两点的高程，a_3b_5 就是直线 AB 的标高投影。

(2)如图 8-3 所示，也可用直线上一个点的标高投影并标注直线的坡度和方向来表示直线，箭头的方向指向下坡。

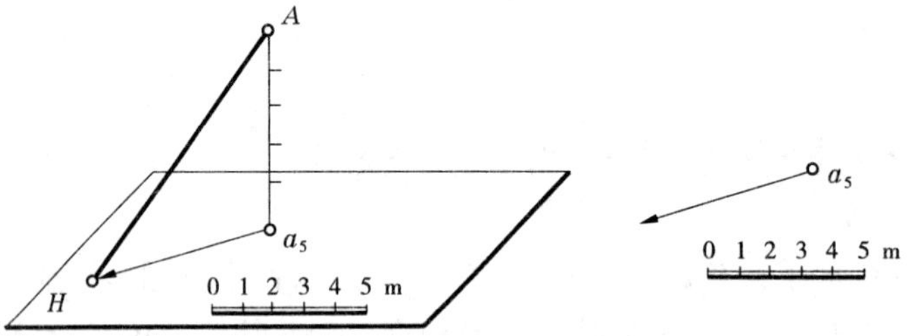

(a)立体图　　(b)标高投影

图 8-3　直线的表示法

(二)直线的坡度和平距

(1)坡度。直线上任意两点的高差与其水平距离之比称为该直线的坡度，用符号 i 表示。

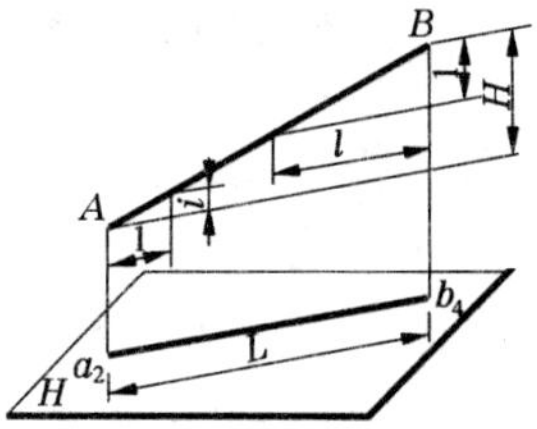

图 8-4　直线的坡度

如图 8-4 所示，若直线 AB 的标高投影为 a_2b_4，它的长度即 AB 的水平距离为 L，AB 两点的高差为 H，则

$$坡度(i) = 高差(H)/水平距离(L) = \tan\alpha$$

上式表明两点间水平距离为 1 个单位时两点间的高差即为坡度。

(2)平距。当两点间的高差为 1 个单位时它的水平距离称为平距，用符号 l 表示，即平距(l) = 水平距离(L)/高差$(H) = \cot\alpha = 1/i$。

由此可见，平距和坡度互为倒数。

(三)直线的实长和整数标高点

1. 直线的实长和倾角

在标高投影中求直线的实长，仍然采用正投影中的直角三角形法，如图 8-5(a)所示，以直线的标高投影作为直角三角形的一条直角边，以直线两端点的高差作为另一直角边。用给定的比例尺作出后，斜边即为直线的实长。斜边和标高投影的夹角为直线对水平面的倾角，如图 8-5(b)所示。

2. 直线上的整数标高点

在实际工作中，常遇到直线两端的标高投影的高程并非整数，需要在直线的标高投影上作出各整数标高点。解决这类问题，可利用定比分割原理作图。

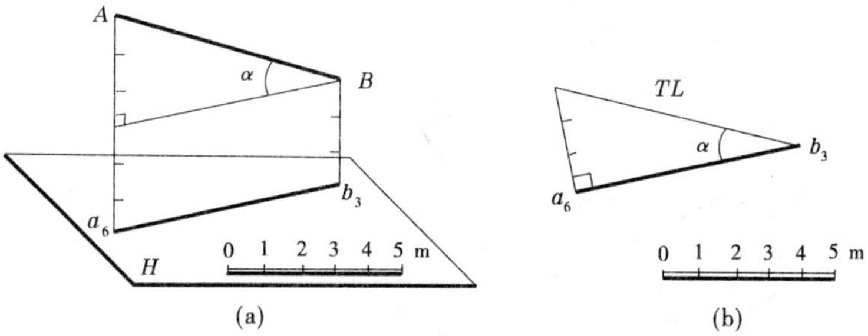

图 8-5　求线段的实长和倾角

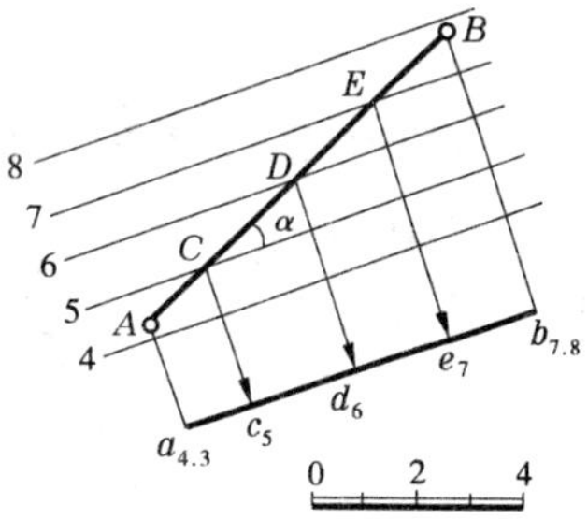

图 8-6　求直线的整数标高点

【例 8-1】 如图 8-6 所示，已知直线 *AB* 的标高投影 $a_{4.3}b_{7.8}$，求直线上各整数标高点。

解： 如图 8-6 所示，平行于直线 *ab* 作一辅助的铅垂面，采用标高投影比例尺作相应高程的水平线（水平线平行于 *ab*），最高一条为 8，最低一条为 4。根据 *A*、*B* 两点的高程在铅垂面上画出直线 *AB*，其与各整数标高的水平线交于 *C*、*D*、*E* 各点，自这些点向 $a_{4.3}b_{7.8}$ 作垂线，即得 c_5、d_6、e_7 各整数标高点。*AB* 反映实长，它与水平线的夹角反映该线对水平面的倾角 α。

第二节　平面和曲面的标高投影

一、平面的标高投影

（一）平面上的等高线和最大坡度线及坡度比例尺

1. 平面上的等高线和最大坡度线

标高投影中，预定高度的水平面与所表示表面（平面、曲面、地形面）的截交线称为等高线。如图 8-7(a) 所示，平面上的水平线即平面上的等高线，也可看成是水平面与该平面的交线。在实际应用中常取整数标高的等高线，它们的高差一般取整数，如 1 m、5 m 等，并且把平面与基准面的交线，作为高程为零的等高线。图 8-7(b) 为平面 *P* 上的等高线的标高投影。

由图 8-7 可见平面的等高线有以下特性：

(1) 等高线是直线；

(2) 等高线互相平行；

(3) 等高线的平距相等。

平面内与等高线垂直的直线是平面的最大坡度线。最大坡度线对基准面 *H* 的倾角，即平面对基准面的倾角。最大坡度线的坡度即为平面的坡度。

2. 坡度比例尺

工程上将最大坡度线的投影附以整数标高，并画成一粗一细的双线，称为平面的坡度比

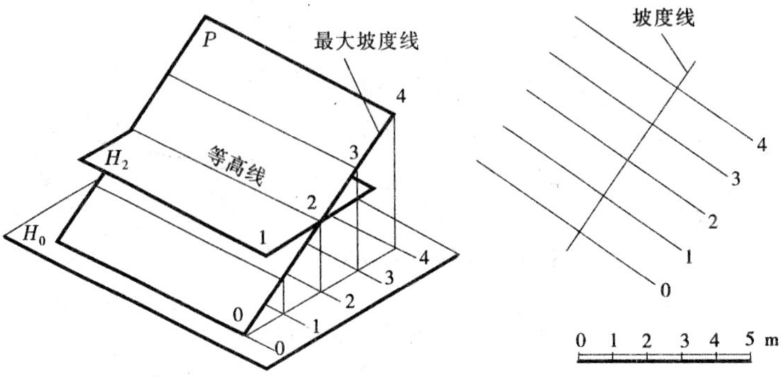

(a) (b)

图 8-7 平面的等高线和最大坡度线

例尺。如图 8-8 所示，平面 P 的坡度比例尺用字母 P_i 表示。

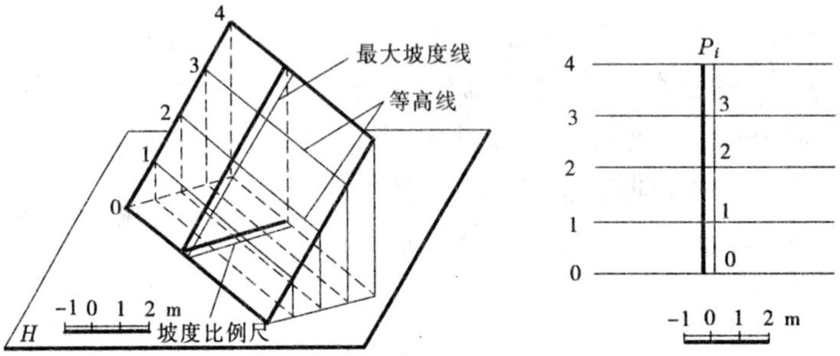

(a) (b)

图 8-8 平面的坡度比例尺

【例 8-2】 已知一平面 Q，由 $a_{4.3}$、$b_{7.5}$、c_2 三点所给定（见图 8-9(a)），试求平面 Q 的坡度比例尺 Q_i。

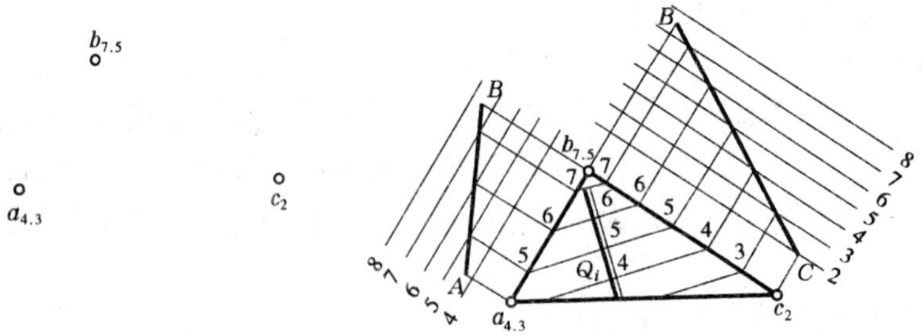

(a) (b)

图 8-9 作平面 Q 的坡度比例尺

解：(1)作出平面的等高线，为此，先连各边，并在各边刻度，连邻边同一标高的刻度点，得等高线。

(2)作等高线的垂线，画成双线，即作出 Q_i，如图 8-9(b)所示。

(二)平面的常用表示方法

1. 用几何元素表示平面

平面可用不在同一直线上的三个点、一直线及线外一点、两条相交直线、两条平行直线、平面图形表示。

2. 用坡度比例尺表示平面

如图 8-10 所示,坡度比例尺的位置和方向一经确定,平面的位置和方向也就随之确定。过坡度比例尺各整数标高点作坡度比例尺的垂线,即得平面上的等高线。

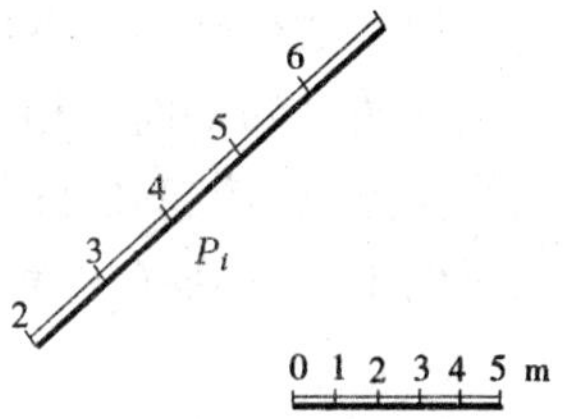

图 8-10 坡度比例尺表示平面

3. 用一条等高线和平面的坡度表示平面

图 8-11(a)是用平面上的一条等高线和平面的坡度表示平面。知道平面的一条等高线就可以定出最大坡度线的方向,再给出平面的坡度,则平面的方向和位置就确定了。如要作平面上的等高线,可先作已知等高线的垂线,在垂线上按图中所给比例截取水平距离,过各分点作已知等高线的平行线,即得平面上的等高线的标高投影,如图 8-11(b)所示。

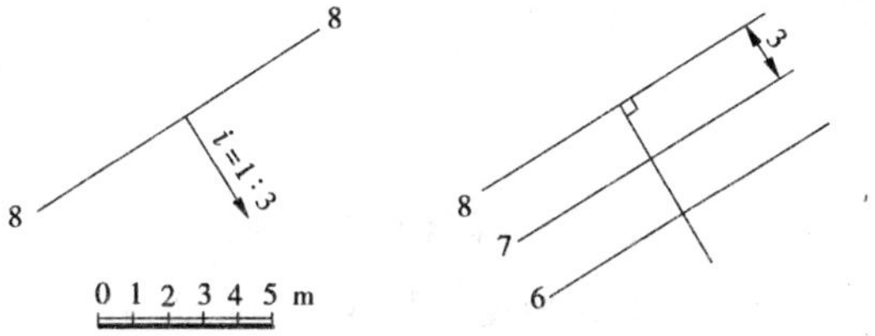

(a)平面表示　　(b)作等高线

图 8-11 一条等高线和平面的坡度表示平面

4. 用一条直线(或平面的迹线)和平面的坡度表示平面

过一条直线可以作无数平面,然而平面的坡度给定后,再指出平面的倾斜方向,则此平面的位置也就可以确定了。如图 8-12(a)所示,图中的箭头只是表明平面向直线的某一边倾斜,不表明坡度的方向,因此画成虚箭头。

如图 8-12(b)所示,平面由直线 a_5b_9 和平面的坡度 $i=1:2$给出,求平面的等高线。

过 a_5 有一条标高为5 的等高线,过 b_9 有一条标高为9 的等高线。两条等高线之间的水平距离:$L=H/i=2\times(9-5)=8(\text{m})$。

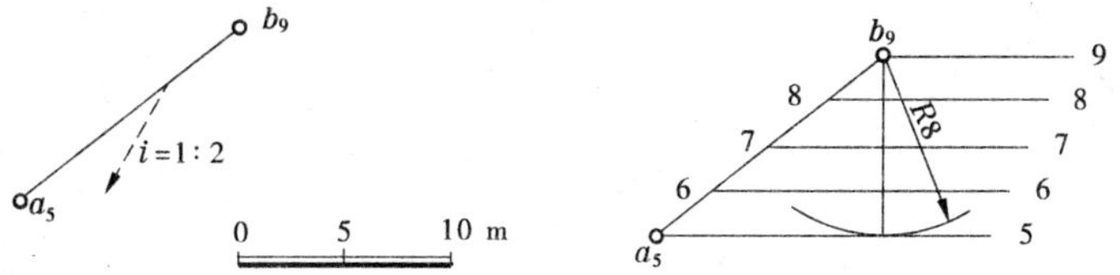

(a)平面表示　　(b)作等高线

图 8-12 一条等高线和平面的坡度表示平面

过定点 a_5 作直线使与另一定点 b_9 的距离等于定长 8 m。以 b_9 为圆心,$R=8$ 为半径(按图中所给比例量取),在平面的倾斜方向画圆弧,再过 a_5 作圆弧的切线,就得到标高为 5

的等高线。四等分 a_5b_9，就得直线上标高为 6、7、8 的点，过各等分点作直线与等高线 5 平行，就得到 6、7、8 三条等高线。

（三）两平面相交

若两平面相交，可用辅助平面法求它们的交线。在标高投影图中所引的辅助平面，最方便的是引整数标高的水平面，如图 8-13（a）所示。这时，所引辅助平面与已知平面的交线，就分别是两已知平面上相同整数标高的等高线，它们必然相交于一点。引两个辅助平面，可得两个交点，连接起来，即得交线。

可引申为：两面（平面或曲面）上相同标高等高线的交点的连线，就是两面的交线。

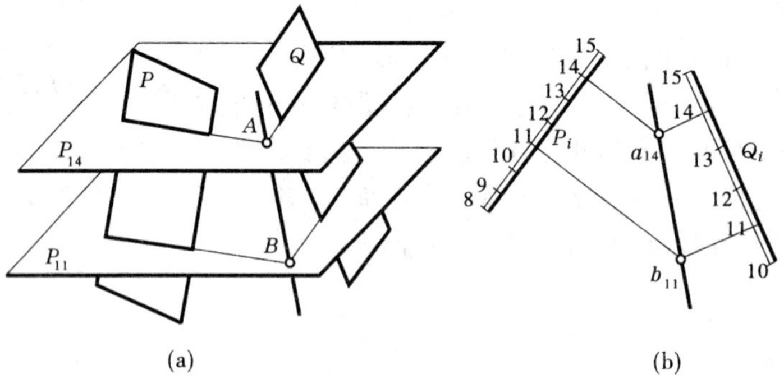

图 8-13　求两平面的交线

具体作图如图 8-13（b）所示。即在坡度比例尺 P_i 和 Q_i 上各引出两对相同标高（例如 11 和 14）的等高线，它们的交点 a_{14} 和 b_{11} 的连线，即为交线的标高投影。

二、曲面的标高投影

用若干水平面截曲面可得到一系列等高线。在标高投影中，可用这些等高线来表示曲面。

（一）圆锥面

如图 8-14 所示为一正圆锥，用一系列高程为整数的水平面 P、Q…与它相截，等高线均为同心圆，而且间距相等。如图 8-14（a）所示，在等高线上应注明标高，最后还应注明锥顶标高。如图 8-14（b）所示为一倒圆锥面，因为它的等高线愈向外，标高数字愈大。

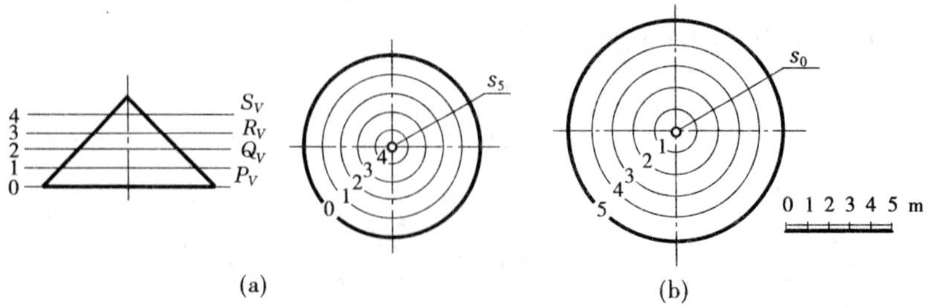

图 8-14　圆锥面

在土石方工程中，常将建筑物边坡造成正圆锥面。如图 8-15 所示，图中一长一短的细实线是示坡线，由坡顶指向下坡。圆锥面上的示坡线是素线方向，通过锥顶；平面上的示坡线垂直于等高线。

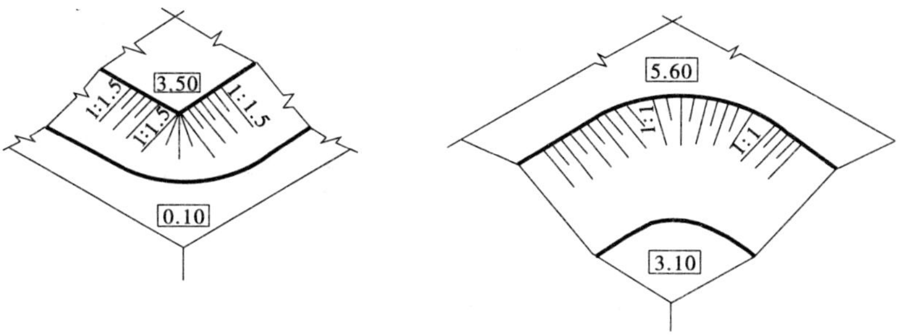

图 8-15　圆锥坡面

(二)同坡曲面

图 8-16(a)所示是一段倾斜的弯道,它的两侧边坡是曲面,且曲面上任何地方的坡度都相同,这种曲面称为同坡曲面,即各处的坡度皆相等的曲面。

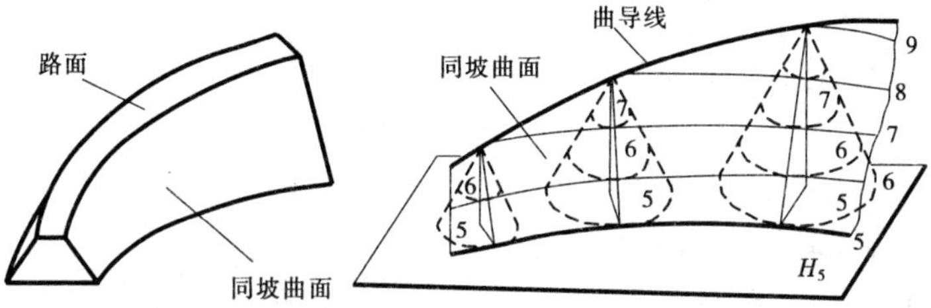

(a)倾斜弯道　　(b)同坡曲面的形成

图 8-16　同坡曲面

工程上常用到同坡曲面,道路在弯道处,无论路面有无纵坡,其边坡均为同坡曲面。同坡曲面的形成如图 8-16(b)所示,以一条空间曲线作导线,一个正圆锥的顶点沿此曲导线运动,当正圆锥轴线方向不变时,所有正圆锥的包络曲面就是同坡曲面。

同坡曲面有以下特性:

(1)运动的正圆锥在任何位置都和同坡曲面相切,切线即是同坡曲面的素线。所以,正圆锥面的坡度就是同坡曲面的坡度。

(2)两曲面相切,因此用同一水平面截切两曲面,截得的同坡曲面上的等高线与圆锥面的等高线——水平圆一定相切,切点在两曲面的切线上。

同坡曲面的等高线就是利用以上关系画出来的。

【例 8-3】　过图 8-17(a)所示的空间曲线 *ABCD* 作坡度为 1∶1.5 的同坡曲面,画出这个曲面上高程为 0 m、1 m、2 m 的等高线。

解:此同坡曲面可看作是图 8-17(a)弯道的内侧边坡。作出顶点分别在 $B(b_1)$、$C(c_2)$、$D(d_3)$位置,坡度为 1∶1.5 的正圆锥面,画出这些圆锥面上高程为 0 m、1 m、2 m 的等高线——水平圆,半径分别为 L、$2L$、$3L$,$L=1.5\times1=1.5$(m)。公切于同高程水平圆的曲线,就是同坡曲面上的等高线,如图 8-17(b)所示。

(三)地形面

1. 地形等高线

如图 8-18 所示,用水平面截割小山丘,可得到一系列不规则曲线,即为等高线。它是天

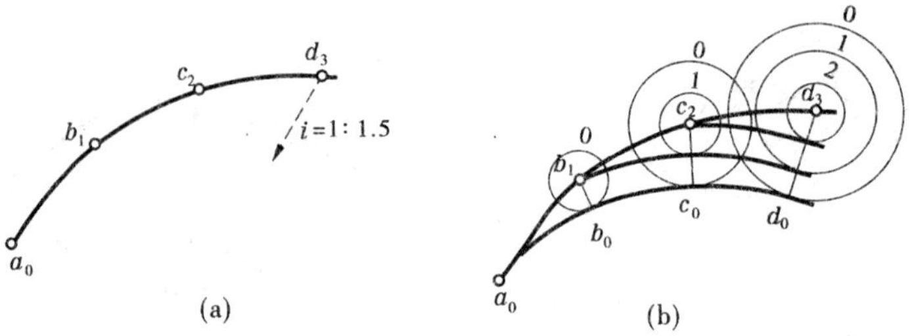

图 8-17　空间曲线的同坡曲面画法

然地形与一组有高程的水平面相交后，投影在平面图上，绘出的迹线。将地面上标高相同的点相连接而成的直线或曲线，称为地形等高线。

地形等高线有以下特点：

(1)同一等高线上各点标高相同，每一条等高线总是闭合曲线。

(2)等高线间距相同时，表示地面坡度相等。

(3)等高线与山谷线、山脊线垂直相交。山谷线的等高线，是凸向山谷线标高升高的方向；山脊线的等高线，是凸向山脊线标高降低的方向。

(4)等高线一般不交叉、重叠、合并，一旦出现前述情形，则为悬岩、峭壁、陡坎、梯阶处。

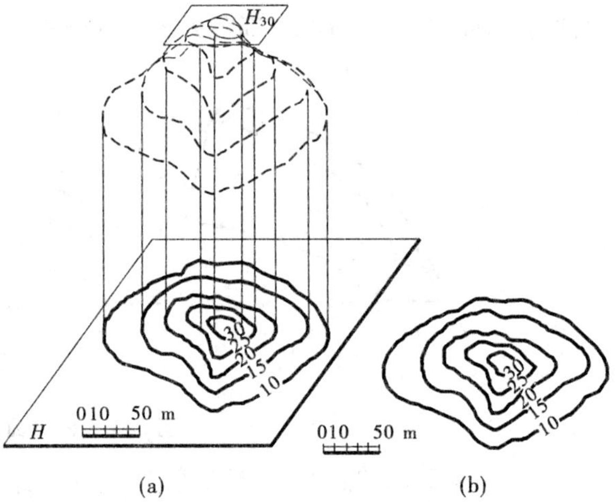

图 8-18　地形面的表示法

(5)等高线不能随便横穿河流、峡谷、堤岸，等高线在近河岸时，渐折向上游，沿岸前进，直到重叠，然后在上游横过河，至对岸逐渐离岸而向下游前进，此时河流相当于汇水线。等高线过大堤时，等高线渐折向地形低下的方向。

(6)等高线愈密，表示地势愈陡；反之，地势愈缓。

2. 地形图

绘出地形等高线的水平投影，并注明每条等高线的高程，就得到地形面的标高投影，这种图样称为地形图，如图 8-19 所示。

在地形图中，通常每隔四根等高线画得较粗，并注明标高数字，单位为“m”，称为计曲线。按规定标高数字的字头应指向上坡注写。从图 8-19 中可看出两条相邻等高线的高差是 10 m。图 8-19 的中部在 150 m 标高附近有两处环状等高线，表明这两个地方是山头。两山头之间是鞍部。图左上角等高线较密，表明地面的坡度大；图的右上部分等高线稀疏，表明地势较缓。

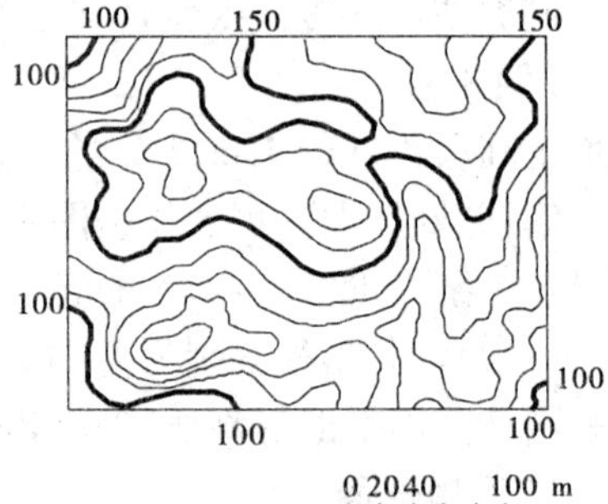

图 8-19　地形图

典型地貌在地形图上的特征如图 8-20 所示。

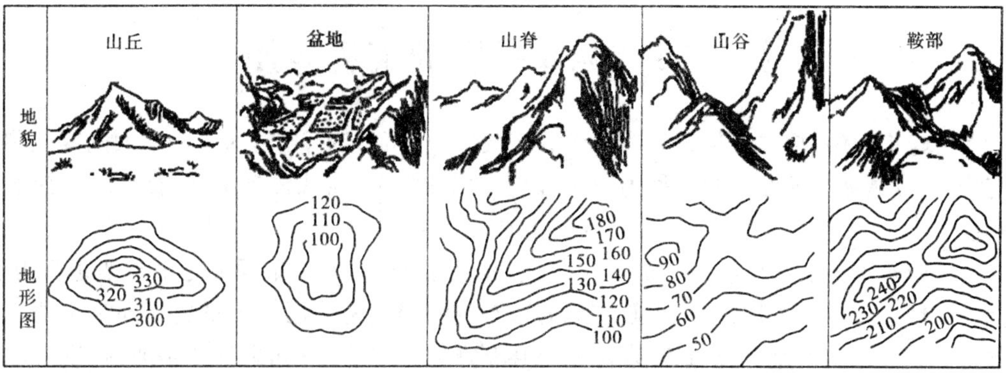

图 8-20 典型地貌的等高线特征

(1)山丘。等高线闭合圈由小到大高程依次递减,等高线亦随之渐稀,则对应地形是山丘。

(2)盆地。等高线闭合圈由小到大高程依次递增,等高线亦随之渐稀,则对应地形是盆地。

(3)山脊。等高线凸出方向指向低高程,则对应地形是山脊。

(4)山谷。等高线凸出方向指向高处,则对应地形是山谷。

(5)鞍部。相邻两峰之间,形状像马鞍的区域称为鞍部,在鞍部两侧的等高线形状接近对称。

3. 地形剖面图

用铅垂面剖切地形面,所得的剖面形状称为地形剖面图。作图方法如图 8-21 所示。

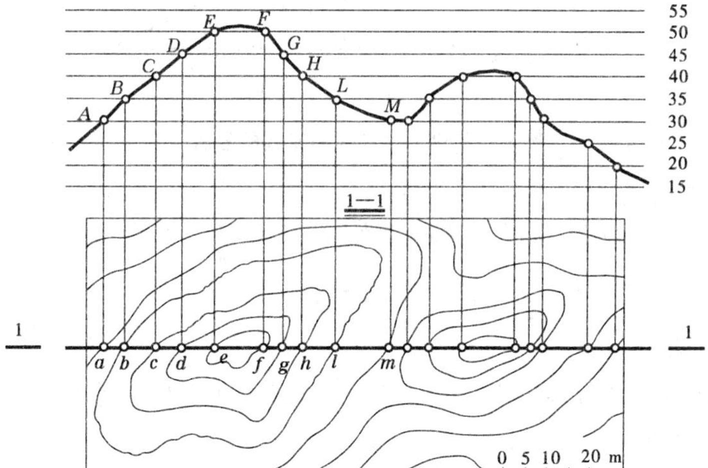

图 8-21 地形剖面图

(1)过 1—1 作铅垂面,它与地形面各等高线的交点为 *a*、*b*、*c*…。

(2)按图形比例画出一组平行的等高线,15、20、25…。

(3)自 *a*、*b*、*c*…各点作铅垂线,与相应的高程相交,得到 *A*、*B*、*C*…点。

(4)把这些点光滑连成曲线。

第三节　标高投影的工程应用

在土建工程中，把建筑物相邻两坡面的交线称为坡面交线，挖方边坡与地面的交线称为开挖线，填方边坡与地面的交线称为坡脚线。工程施工中，经常要求解坡面交线、开挖线和坡脚线。

由于建筑物的表面可能是平面或曲面，地形面也可能是水平地面或是不规则地面，因此它们的交线性质也不一样，但是求解交线的基本方法仍然是采用水平辅助平面来求两个面的共有点。如果交线是直线，只需求出两个共有点并连以直线；如果交线是曲线，则应求出一系列共有点，然后依次光滑连接，即得交线。

一、建筑物与水平地面的交线

建筑物表面可以是平面、圆锥面或同坡曲面等，它们与水平面的交线是一条等高线，所以求建筑物与水平地面的交线，实际上就是画出建筑物表面上高程为零（地面）的等高线。

【例 8-4】 在高程为零的地面挖一基坑，坑底标高为 −3 m，坑底形状和各棱面坡度如图 8-22（a）所示，画出开挖线和坡面交线。

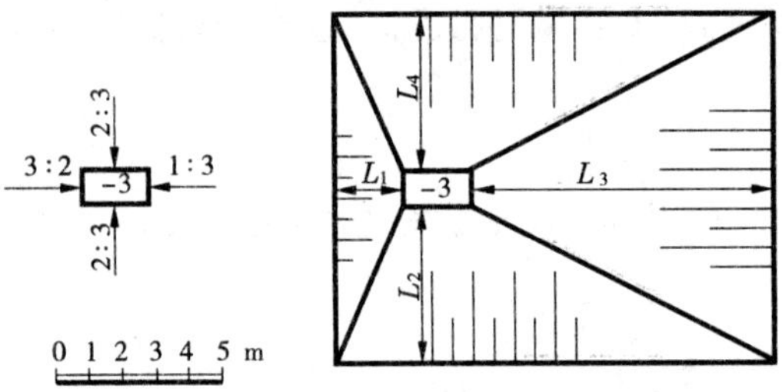

(a)已知条件　　(b)作图

图 8-22　开挖线和坡面交线的画法

作法：（1）求开挖线。

本例中开挖线是各坡面上高程为零的等高线，它们分别与相应坑底边线平行，其水平距离 $L_1=3\times\frac{2}{3}=2(\mathrm{m})$，$L_2=3\times\frac{3}{2}=4.5(\mathrm{m})$，$L_3=3\times3=9(\mathrm{m})$，$L_4=3\times\frac{3}{2}=4.5(\mathrm{m})$。

（2）求坡面交线。

分别连接相邻坡面上同高程等高线的两个交点，即得四条坡面交线。

（3）画出各坡面的示坡线。

【例 8-5】 如图 8-23 所示，在高程为零的地面修一平台，台顶高程 4 m，有一斜坡引道通到平台顶面，平台的坡面与引道两侧的坡面坡度均为 1∶1，画出坡脚线和坡面交线。

作法：（1）求坡脚线。

本例中坡脚线即各坡面上高程为零的等高线。平台边坡坡脚线与平台边缘 a_4d_4 平行，水平距离 $L_1=1\times4=4(\mathrm{m})$。

求引道边坡坡脚线，分别以 a_4、d_4 为圆心，$L_2=1\times4=4(\mathrm{m})$ 为半径画圆，自 b_0、c_0 作切线。

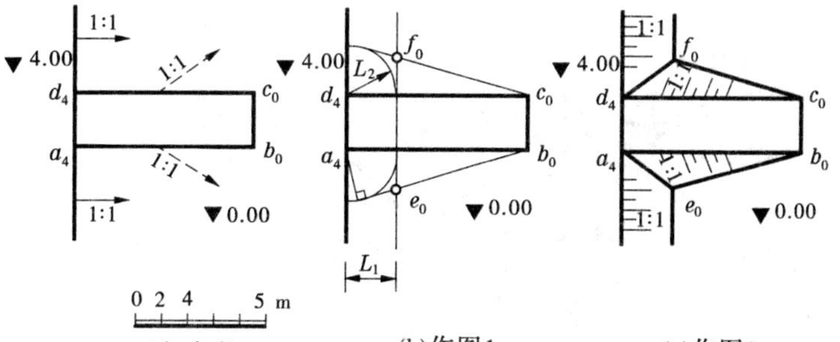

(a)已知条件 (b)作图1 (c)作图2

图 8-23 引道坡脚线的画法

(2)求坡面交线。

分别连接平台边坡和引道边坡的共有点 a_4e_0、d_4f_0。

(3)画出示坡线。

【**例 8-6**】 在高程为 3 m 的地面上修一高程为 7 m 的平台,平台顶的形状及边坡的坡度如图 8-24 所示,求坡脚线和坡面交线。

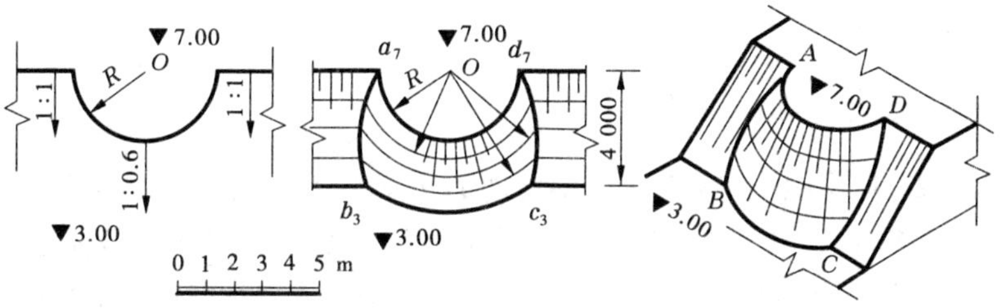

(a) (b) (c)

图 8-24 坡脚线和坡面交线

作法:(1)求坡脚线。

平台左右边坡为平面,所以坡脚线与台顶边线平行,水平距离 $L=1\times(7-3)=4(\mathrm{m})$。平台中部边界是半圆形,其边坡是圆锥面,坡脚线是同心圆,水平距离(即半径差)$L=0.6\times(7-3)=2.4(\mathrm{m})$。

(2)求坡面交线。

因左右平面坡的坡度小于圆锥面坡度,所以坡面交线是两段椭圆曲线。为求坡面交线,需作出若干交线上的点。如图 8-24(b)所示,间隔 1 m 作出平面上高程为 6 m、5 m、4 m 的等高线;分别以 O 为圆心,以$(R+0.6)$、$(R+1.2)$、$(R+1.8)$、$(R+2.4)$为半径作出圆锥面上高程为 6 m、5 m、4 m 的等高线,然后用光滑曲线连接同等高线的交点,即为坡面交线。

(3)画出示坡线。

【**例 8-7**】 如图 8-25 所示在高程为零的地面修一弯道与干道相连,弯道路面逐渐升高到 4 m。弯道和干道的边坡的坡度均为 1∶1,画出坡脚线和坡面交线。

作法:(1)求坡脚线。

干道边坡是平面,坡脚线平行于干道边界线,水平距离 $L=1\times4=4(\mathrm{m})$。

弯道边坡是同坡曲面,在同坡曲面的导线上取整数标高点 1、2、3、4,分别以 1 m、2 m、

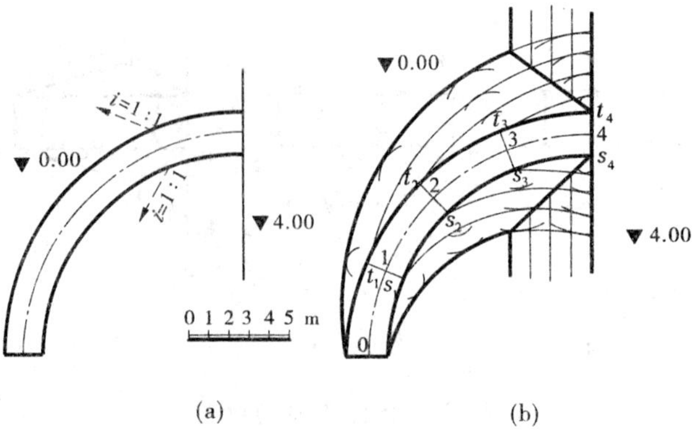

图 8-25　同坡曲面的坡脚线和坡面交线

3 m、4 m 画圆弧，作曲线与圆弧相切，即为弯道边坡的坡脚线。

(2)求坡面交线。

坡面交线是两段曲线。分别求出弯道和干道边坡上高程为 1 m、2 m、3 m 的等高线，然后将同高程等高线的交点连成光滑曲线，即为坡面交线。

(3)画出示坡线。

二、建筑物与地形面的交线

地面一般是起伏不平的曲面。建筑物与地面相交，交线是不规则的曲线，必须求出一系列共有点以后才能连线。作图时，先根据地形等高线的高差，在建筑物坡面上作一系列等高线，则建筑物坡面上的等高线与同高程地形等高线的交点，就是交线上的共有点。

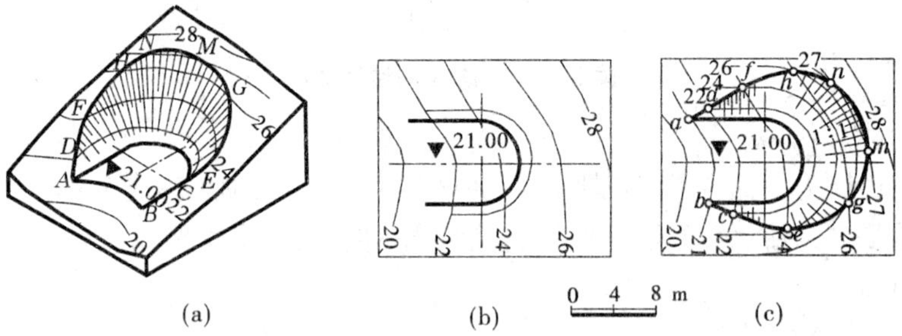

图 8-26　求地形面上的开挖线

【例 8-8】　在坡地上修建一高程为 21 m 的水平场地，已知场地边坡的坡度为 1∶1，如图 8-26所示。求开挖线与场地边界线。

分析：场地右端边界为半圆，故坡面是倒圆锥。场地两侧边界为两段与半圆相切的直线，故坡面是两个与倒圆锥相切的平面，因此没有坡面交线。

作法：(1)场地高程为 21 m，其左侧边界应是地面上一段高程为 21 m 的等高线。可在地面 20 m 和 22 m 等高线之间插入一条 21 m 的等高线，*AB* 段即为场地左侧边界线。

(2)作出坡面上与地面同高程的等高线，为此，坡面等高线间的高差应与地面等高线间的高差相同。取高差 1 m，水平距离也是 1 m，作坡面 22 m 的等高线。取高差 2 m，水平距离也是 2 m，可作出坡面上其他等高线。同高程等高线的交点，即是开挖线上的点。

（3）坡面与地面上高程 26 m 的两条等高线有两个交点 H、G，而高程 28 m 的等高线不相交。可在地面和坡面上各插入一条 27 m 的等高线，求得 M、N 两个交点，也是开挖线上的点。

（4）用光滑曲线连接各共有点，画出示坡线，完成作图。

【例 8-9】 如图 8-27（a）所示，在山坡上修建一个水平场地，场地高程为 25 m，填方坡度为 1∶1.5，挖方坡度为 1∶1，求各边坡与地面交线及各坡面交线。

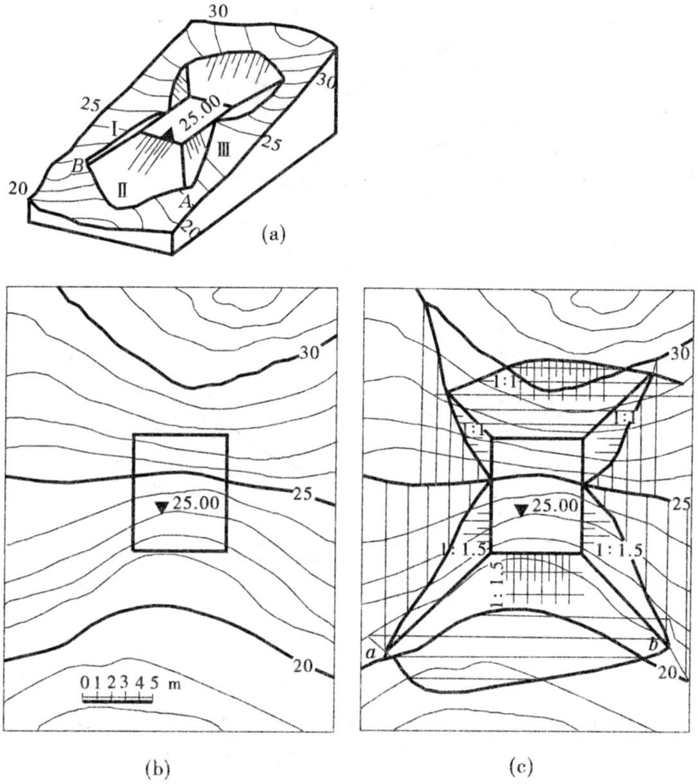

图 8-27　求建筑物与地面的交线

分析：如图 8-27（a）所示，水平广场的高程为 25 m，所以地面上高程为 25 m 的等高线是填方与挖方的分界线。地面高于 25 m 的一边需要挖，低于 25 m 的一边需要填。挖方部分有三个坡面，因此产生三条开挖线和两条坡面交线。同样，填方部分也有三个坡面，产生三条坡脚线和两条坡面交线。这些坡面都是平面，所以坡面交线都是直线。

作法：

（1）地面上相邻等高线的高差为 1 m，所以坡面上相邻等高线的高差也是 1 m。填方坡度为 1∶1.5，相邻等高线的水平距离为 1.5 m；挖方坡度为 1∶1，相邻等高线的水平距离为 1 m。

（2）求填方部分的坡脚线和坡面交线。

画出Ⅰ、Ⅱ、Ⅲ坡面上的等高线。光滑连接坡面上和地面上同高程等高线的交点，即为坡脚线。坡脚线相交于 A、B 两点，广场的两个角点与 A、B 的连线即为坡面交线。因相邻坡面的坡度相等，故坡面交线应是 45°线。

(3)挖方部分的作图与填方部分相同,如图 8-27(c)所示。

(4)画出示坡线,完成作图。

【例 8-10】 在如图 8-28 所示的地形面上修筑道路,已知路面位置及道路标准剖面,求道路边坡与地形面的交线。

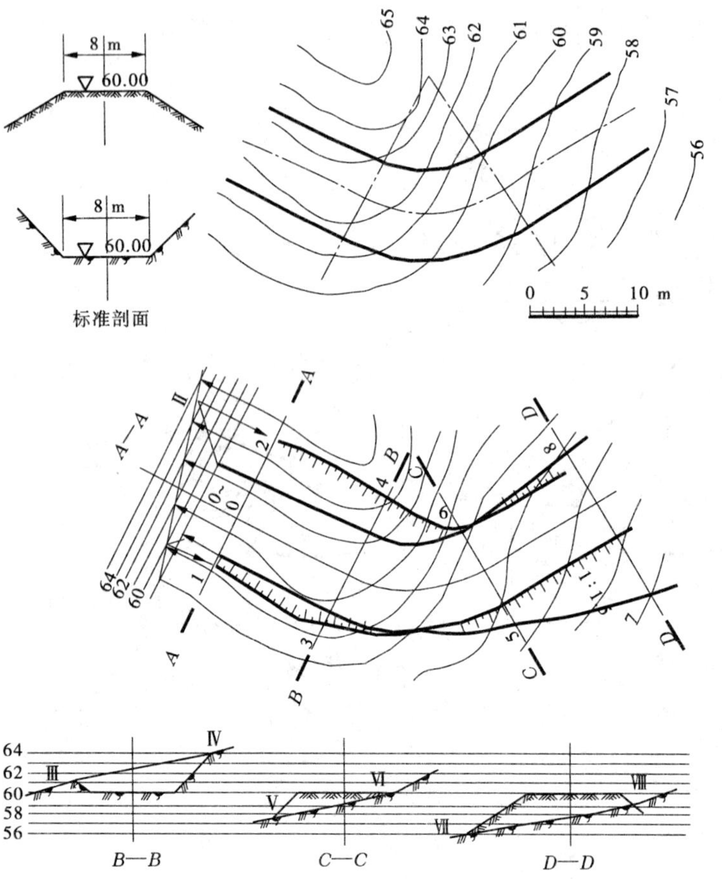

图 8-28 求道路边坡和地面的交线

分析:路面高程为 60. 00 m,所以地形面低于 60 m 的一端要填,高于 60 m 的一端要挖,地形面标高 60 m 的等高线通过路面的一段是填挖分界线。

采用剖面法,即用铅垂面作辅助面,每隔一定距离作一个与道路中线垂直的铅垂面(如图 8-28 中的 *A—A*、*B—B*),用这个铅垂面剖切地面与道路,地形截交线与道路截交线的交点就是道路边坡与地面交线上的点,即坡脚线上的点。

作法:以 *A—A* 剖面为例。

(1)在适当的位置作剖面线 *A—A*。

(2)作地形的 *A—A* 剖面图,并在此图上定出道路中心线的位置 *O—O*。

(3)按道路标准剖面图画出路面及边坡线。因 *A—A* 处地面高出路面,所以边坡应按挖方剖面图画出,坡度为 1:1。

(4)在剖面图上标出道路边坡与地形剖面的交点Ⅰ、Ⅱ,然后在地形图的 *A—A* 剖切线

上量取 O_1、O_2 分别等于 $A—A$ 剖面上Ⅰ、Ⅱ两点到中心线的距离，得出 1、2 两点，即为开挖线上的点。

同法作 $B—B$、$C—C$、$D—D$ 等剖面，又可求出交线上其他的交点，如 3、4、5…，将同侧的点依次连接，就是所求的各边坡与地面的交线，即开挖线或坡脚线。

【例 8-11】 如图 8-29 所示，在所给定的地形面上修筑一条弯曲的道路，道路的路面标高为 20 m，道路两侧的边坡，填方为 1∶1.5，挖方为 1∶1，求填挖边界线。

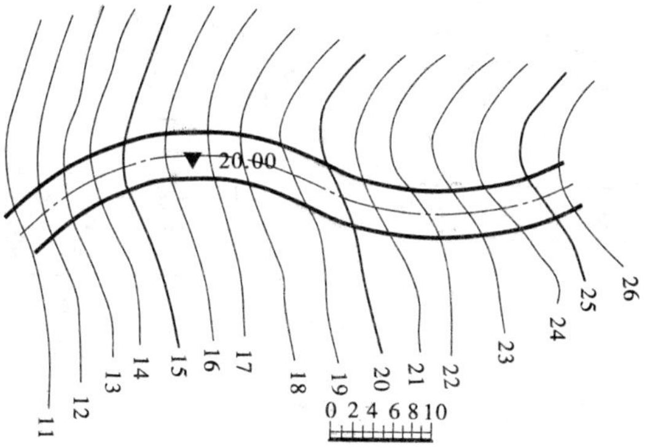

图 8-29　弯道的已知条件

分析：弯曲道路的两侧坡面为同坡曲面，求填挖边界线就是求该曲面与地形面的交线。作图步骤如图 8-30 所示。

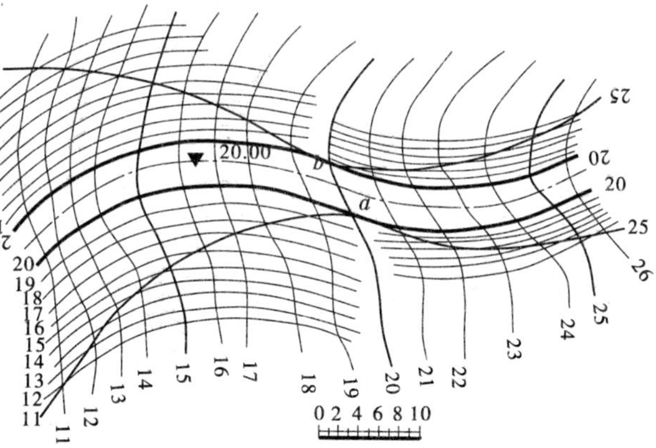

图 8-30　求弯道的填、挖边界线

作法：(1) 地形面上与路面上高程相同的点 a、b 即为填、挖分界点。a、b 两点右边部分地形面的高程比路面高，故为挖方；左边部分地形面的高程比路面低，故为填方。

(2) 各坡面为同坡曲面，同坡曲面上的等高线为曲线。在填方地段，愈往外地势愈低；在挖方地段，愈往外地势愈高。路缘曲线，就是同坡曲面上高程为 20 m 的等高线。

(3) 根据填、挖方的坡度算出同坡面的平距，作出等高线。因为路面是平坡，故边坡等高线与路缘曲线平行。

(4) 连接坡面上各等高线与相同高程地形等高线的交点，即得填、挖边界线。

小　结

- 标高投影
  - 点和直线的标高投影
    - 点的标高投影
    - 直线的标高投影
  - 平面和曲面的标高投影
    - 平面的标高投影
    - 曲面的标高投影
  - 标高投影的工程应用
    - 建筑物与水平地面的交线
    - 建筑物与地形面的交线

第九章　道路路线工程图

知识目标

- 熟悉道路路线工程图的图示方法和表达内容。

能力目标

- 能识读各种道路路线工程图。
- 能按照制图规范要求绘制道路路线工程图。

道路路线是指道路沿长度方向的行车道中心线。道路除满足相应等级的使用功能所必需的线型特征外，其位置和形状还与道路所经过地区的地形、地物和地质等自然条件密切相关。这就使得道路路线在平面上蜿蜒曲折，在竖向高低起伏，所以从整体来看道路路线是一条空间曲线。

根据以上特点，道路路线工程图以绘有道路中心线的地形图作为平面图、以纵向展开断面图（纵断面图）作为立面图、以横断面图作为侧面图，而且这三种图样大都各自画在单独的图纸上。利用这三种图样，就可以完整地表达道路的空间位置、线型和尺寸。

绘制道路工程图时，应遵守《道路工程制图标准》（GB 50162—92）中的有关规定。本章介绍公路工程图的图示方法、表达内容及画法要求。掌握了这些内容，就达到了"能识会画"的学习目标。

第一节　公路路线工程图

公路路线工程图主要指路线平面图、路线纵断面图、路基横断面图。它是用来说明道路路线的平面位置、线型状况、沿线地形和地物、纵断标高和坡度、路基宽度和边坡坡度、路面结构、地质状况以及路线上的附属构造物，如桥涵、通道、隧道、挡土墙的位置及其与路线的关系。

一、路线平面图

（一）图示方法

路线平面图是用标高投影法绘制的水平投影图。它是把道路中心线用加粗实线（$2b$）绘制在地形图上形成的。

（二）表达内容

路线平面图用来表达路线的方位，平面线型（直线和左、右弯道），沿线两侧一定范围内的地形、地物情况和沿线构造物的平面位置。

如图 9-1 所示，为某公路从 K3 +300 至 K5 +200 段的路线平面图。每张图纸右上角应绘出角标，注明图纸编号和图纸总张数，在最后一张图的右下角绘出图标和比例尺。

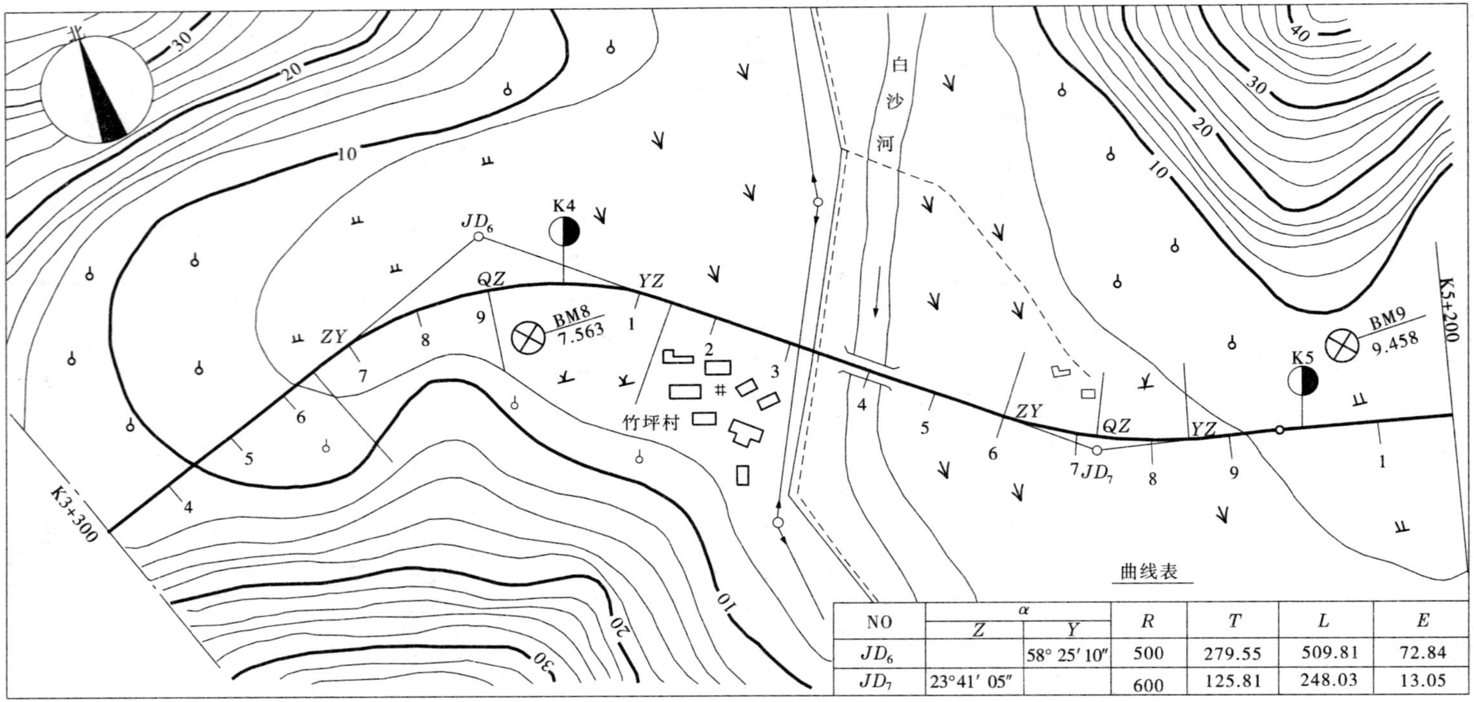

NO	α: Z	α: Y	R	T	L	E
JD_6		58° 25′ 10″	500	279.55	509.81	72.84
JD_7	23°41′ 05″		600	125.81	248.03	13.05

图 9-1　路线平面图

下面分地形和路线两部分来介绍平面图的表达内容及画法要求。

1. 地形部分

(1)地形。地形起伏情况用等高线表示,图 9-1 中每两根等高线之间的高差为 2 m,每隔四条等高线画出一条粗的计曲线,并标有相应的高程数字。根据图 9-1 中等高线的疏密可以看出,该地区西南和西北地势较高,东北方有一山峰,高约 45 m,沿河流两侧地势低洼且平坦。

(2)地貌地物。在平面图中,地面上的地貌地物如河流、房屋、道路、桥梁、电力线、植被等,用图例来表示,图例画法应符合制图标准的规定,如表 9-1 和表 9-2 所示。对照图 9-1可知,该地区中部有一条白沙河自北向南流过,河岸两边是水稻田,山坡为旱地,并栽有果树。河西中部有一居民点,名为竹坪村。原有的乡间路和电力线沿河西岸而行,并通过该村。

(3)比例。道路路线平面图所用比例一般较小,通常在城镇区为 1∶500 或 1∶1 000,山岭区为 1∶2 000,丘陵区和平原区为 1∶5 000 或 1∶10 000。

表 9-1　道路工程常用地物图例

名称	图例	名称	图例	名称	图例
机场		港口		井	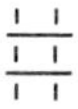
学校		交电室		房屋	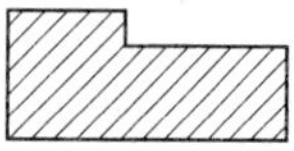
土堤	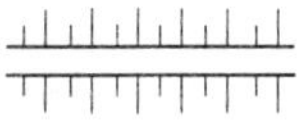	水渠	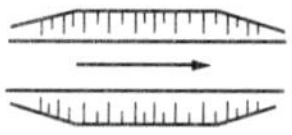	烟囱	
河流		冲沟	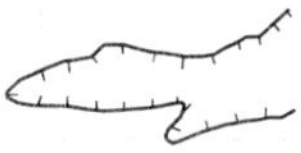	人工开挖	
铁路		公路		大车道	
小路		低压电力线 高压电力线		电信线	
果园		旱地		草地	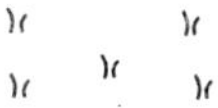
林地		水田		菜地	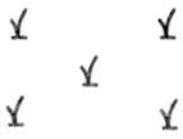
导线点		三角点		图根点	
水准点		切线交点		指北针	

表 9-2　道路工程常用构造物图例

项目	序号	名称	图例	项目	序号	名称	图例
平面	1	涵洞		平面	10	通道	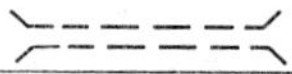
	2	桥梁(大、中桥按实际长度绘制)	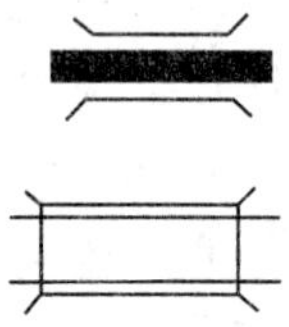		11	分离式立交 (a)主线上跨 (b)主线下穿	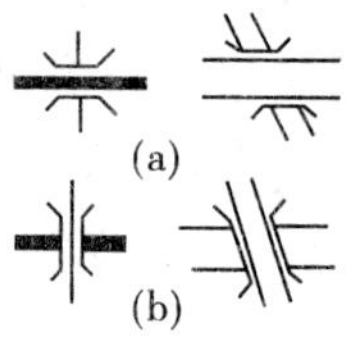
	3	隧道			12	互通式立交(采用型式绘)	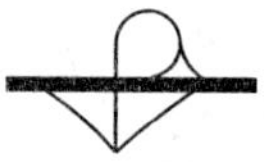
	4	养护机构			13	管理机构	
	5	隔离墩			14	防护栏	
纵断面	6	箱涵		纵断面	15	桥梁	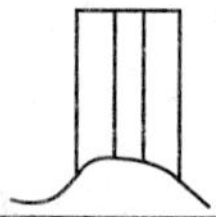
	7	盖板涵	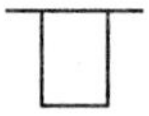		16	箱形通道	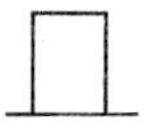
	8	拱涵			17	管涵	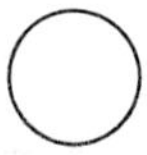
	9	分离式立交 (a)主线上跨 (b)主线下穿	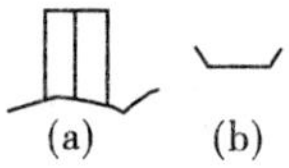		18	互通式立交 (a)主线上跨 (b)主线下穿	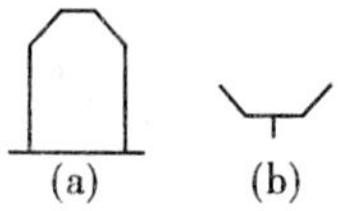

(4)方向。在路线平面图上应画出指北针或测量坐标网，用来指明道路在该地区的方位与走向。图 9-1 采用指北针，箭头所指为正北方向，指北针宜用细实线绘制。

(5)水准点。沿路线附近每隔一段距离，就在图中标有水准点的位置，用于路线的高程测量。如$\otimes\frac{BM8}{7.563}$表示路线的第 8 个水准点，该点高程为 7.563 m。

2. 路线部分

(1)设计路线。用加粗实线表示路线。由于道路的宽度相对于长度来说尺寸小得多，公路的宽度只有在较大比例的平面图中才能画清楚，因此通常是沿道路中心线画出一条加粗的实线(2*b*)来表示新设计的路线。

(2)里程桩。道路路线的总长度和各段之间的长度用里程桩号表示。里程桩号应从路线的起点至终点依次顺序编号，在平面图中路线的前进方向总是从左向右的。里程桩分公里桩和百米桩两种，公里桩宜注在路线前进方向的左侧，用符号“”表示桩位，公里数注写在符号的上方，如“K6”表示离起点 6 km。百米桩宜标注在路线前进方向的右侧，用垂直于路线的细短线表示桩位，用字头朝向前进方向的阿拉伯数字表示百米数，注写在短线的端部，例如在 K6 公里桩的前方注写的“4”，表示桩号为 K6 + 400，说明该点距路线起点为 6 400 m。

(3) 平曲线。道路路线在平面上是由直线段和曲线段组成的，在路线的转折处应设平曲线。最常见的较简单的平曲线为圆弧，其基本的几何要素如图 9-2 所示：*JD* 为交角点，是路线的两直线段的理论交点；α 为转折角，是路线前进时向左（α_Z）或向右（α_Y）偏转的角度；*R* 为圆曲线半径，是连接圆弧的半径长度；*T* 为切线长，是切点与交角点之间的长度；*E* 为外距，是曲线中点到交角点的距离；*L* 为曲线长，是圆曲线两切点之间的弧长。

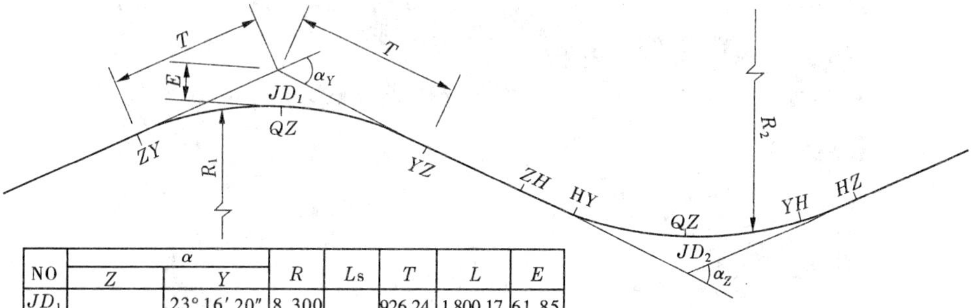

NO	α		R	Ls	T	L	E
	Z	Y					
JD_1		23° 16′ 20″	8 300		926.24	1 800.17	61.85
JD_2	12° 31′ 16″		5 500	600.15	602.50	1 200.35	32.91

图 9-2　平曲线几何要素

在路线平面图中，转折处应注写交角点代号并依次编号，如 JD_6 表示第 6 个交角点，还要注明曲线段的起点 *ZY*（直圆）、中点 *QZ*（曲中）、终点 *YZ*（圆直）的位置。为了将路线上各段平曲线的几何要素值表示清楚，一般还应在图中的适当位置列出平曲线要素表。如果设置缓和曲线，则将缓和曲线与前、后段直线的切点，分别标记为 *ZH*（直缓点）和 *HZ*（缓直点）。

图 9-1 表明，这段新设计的公路是从 K3 + 300 处开始的，由西南方地势较低处引来，在交角点 JD_6 处向右转折，$\alpha_Y = 58°25'10''$，圆曲线半径 $R = 500$ m，从竹坪村北面经过，然后通过白沙河桥，到交角点 JD_7 处再向左转折，$\alpha_Z = 23°41'05''$，圆曲线半径 $R = 600$ m，公路从山的南坡沿山脚向东延伸。

（三）路线拼接

如路线狭长需要画在几张图纸上时，应分段绘制。如图 9-3 所示，路线分段应在整数里程桩断开。断开的两端应画出垂直于路线的接线图线。接图时应以两图的路线“中心线”为准，并将接图线重合在一起，指北针同向。

二、路线纵断面图（道路立面图）

（一）图示方法

路线纵断面图是用一个假想的由平面和曲面组成的铅垂面，沿公路中心线纵向剖切并展到同一平面上而形成的，如图 9-4 所示。它是利用展开剖面图的原理来绘制的，用它来代替三面投影图中的立面图。

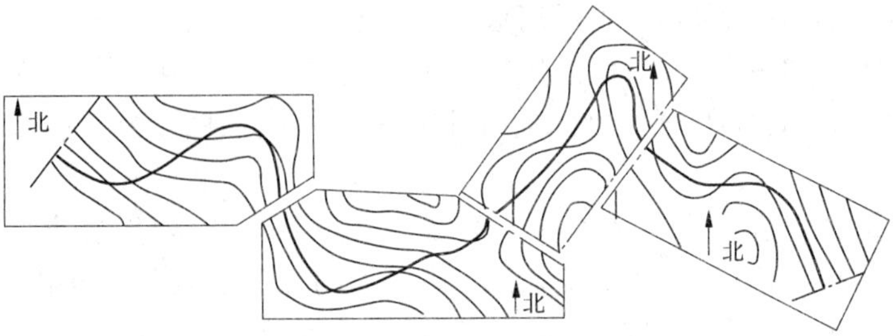

图 9-3　路线图拼接

图 9-4　路线纵断面图的形成

（二）图示内容

路线纵断面图的作用是表达路线沿中心线的纵向坡度、地面沿纵向高低起伏的变化情况以及沿线的地质情况和构造物设置情况。

图 9-5 为某公路的部分路线纵断面图，包括图样和资料表两部分。下面结合该图说明这两部分内容。

1. 图样部分

因为路线纵断面图是采用沿路中心线垂直剖切并展开后投影所形成的图样，所以它的长度就是路线的长度。图中水平方向表示长度，垂直方向表示高程。由于路线的地面垂直方向的高差比水平方向的长度小很多，如果采用同一比例绘制，则很难把高差表示出来，为了清晰地表达路线与地面垂直方向的高差，绘制纵断面图时，通常对水平方向的长度与竖直方向的高程采用不同的比例。图 9-5 中采用的垂直方向的绘图比例比水平方向的绘图比例放大 10 倍，水平方向用 1∶2 000，垂直方向用 1∶200，这样画出的路线坡度就比实际大，看上去也较为明显。为了便于画图和读图，一般还应在纵断面图的左侧按竖向比例画出高程标尺。每张图纸的右上角也应画有角标，角标内应注明该张图纸的序号和总张数。

（1）地面线。图中不规则的折线表示设计路中心线处的地面线，由一系列中心桩的实测地面高程依次连接而成。地面线用细实线画出。

（2）设计线。设计线是道路的路基纵向设计高程的连接线，即顺路线方向的设计坡度线，用粗实线表示。

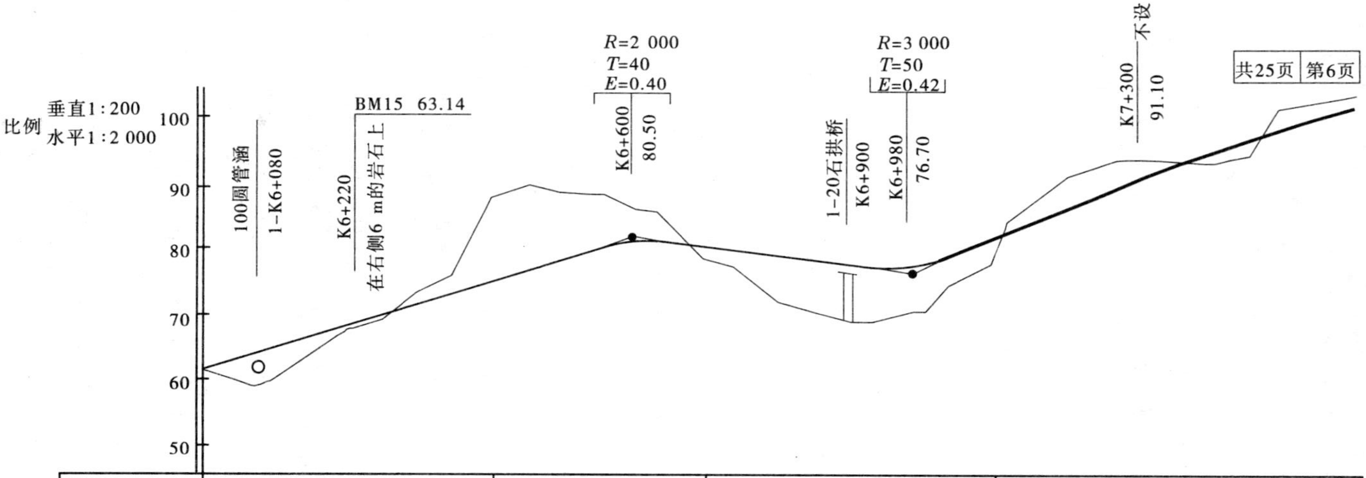

里程桩号	填高	挖深	设计高程	地面高程
6+000.00	1.30		62.50	61.20
6+080.00	6.25		64.90	58.65
6+100.00	5.40		65.50	60.10
6+200.00	1.48		68.50	67.02
6+220.00	1.50		69.10	67.60
6+234.73	1.40		70.14	68.74
6+300.00		1.65	71.50	73.15
6+350.10		6.56	73.00	79.56
6+400.00		12.30	74.50	86.80
6+455.47		12.10	76.16	88.26
6+500.00		9.41	77.50	86.91
6+560.00		7.50	79.30	86.80
6+600.00		5.20	80.10	85.30
6+640.00		3.06	80.10	83.16
6+700.00	1.80		79.50	77.70
6+740.00	3.50		79.10	75.60
6+800.00	6.81		78.50	71.69
6+900.00	8.84		77.50	68.66
6+930.00	7.80		77.20	69.40
6+980.00	7.02		77.12	70.10
7+000.00	7.10		77.75	70.65
7+030.00	4.26		78.95	74.69
7+100.00	1.35		82.10	80.75
7+114.04		1.25	82.73	83.98
7+200.00		4.90	86.60	91.50
7+285.96		3.18	90.47	93.65
7+300.00		2.58	91.10	93.68
7+400.00	1.34		94.60	93.26
7+450.00	0.23		96.35	96.12
7+500.00		3.24	98.10	101.34
7+600.00		1.65	101.60	103.25

地质概况：普通黏土 | 坚石 | 普通黏土 | 坚石

坡度(%)/距离(m)：3.0 / 600 | 1.0 / 380 | 4.5 / 320 | 3.5 / 300

平曲线：JD_9 α=40°15″ R=300 | JD_{10} α=3°27″ | JD_{11} R=500 α=19°42″ | JD_{12} α=4°10″

图 9-5　路线纵断面图

(3)竖曲线。设计线坡度变化处两相邻纵坡坡度之差超过规定数值时，在变坡处应设置一段圆弧竖曲线来连接两相邻纵坡，该圆弧称为竖曲线。竖曲线分为凸形竖曲线和凹形竖曲线，分别用符号“┌┬┐”和“└┬┘”表示。符号中部的竖线应对准变坡点，竖线左侧标注变坡点的里程桩号，竖线右侧标注竖曲线中点的高程。符号的水平线两端应对准竖曲线的始点和终点。竖曲线要素（半径 R、切线长 T、外距 E）的数值标注在水平线上方。竖曲线上要标出相邻纵坡交点的里程桩和标高，竖曲线半径、切线长、外距、竖曲线的始点和终点，单位一律为 m。

图 9-5 中，在变坡点 K6 +600 处，设有凸形竖曲线（R =2 000 m，T =40 m，E =0.40 m），竖曲线中点的高程为 80.50 m；在变坡点 K6 + 980 处设有凹形竖曲线（R = 3 000 m，T =50 m，E =0.42 m），竖曲线中点的高程为 76.70 m；在变坡点 K7 +300 处由于坡度变化较小，注明“不设”竖曲线。

(4)道路沿线构筑物。道路沿线的工程构筑物如桥梁、涵洞等，应在设计线的上方或下方用竖直引出线标注，竖直引出线应对准构筑物的中心位置，并注出构筑物的名称、规格和里程桩号。例如，图中在涵洞中心位置用“○”表示，并进行标注，表明在里程桩 K6 +080 处设有一座直径为 100 m 的单孔圆管涵洞。再例如 $\dfrac{4-20\ \text{预应力混凝土连续 T 形梁桥}}{\text{K128}+600}$ 表示在里程桩 K128 +600 处设有一座桥，该桥为预应力混凝土连续 T 形梁桥，共四跨，每跨 20 m。

(5)水准点。沿线设置的测量水准点也应标注，竖直引出线对准水准点，左侧注写里程桩号，右侧写明其位置，水平线上方注出其编号和高程。如水准点 BM15 设置在里程桩 K6 +220处的右侧距离为 6 m 的岩石上，高程为 63.14 m。

2. 资料表部分

为了便于对照查阅，资料表与图样应上下竖直对正布置，一般列有地质概况、坡度与距离、挖填高度、设计高程、地面高程、里程桩号、直线及平曲线等。

(1)地质概况。根据实测资料，在图中注出沿线各段的地质情况。图中反映的地质概况为普通黏土和坚石。

(2)坡度与距离。标注设计线各段的纵向坡度和水平长度距离。表格中的对角线表示坡度方向，左下至右上表示上坡，左上至右下表示下坡，坡度和距离分注在对角线的上下两侧。如图 9-5 中第一格的标注“3.0/600”，表示此段路线是上坡，坡度为 3.0%，路线长度为 600 m。

(3)高程。表中有设计高程和地面高程两栏，它们应和图样互相对应，分别表示设计线和地面线上各点（桩号）的高程。

(4)挖填高度。设计线在地面线下方时需要挖土，设计线在地面线上方时需要填土，挖或填的高度值应是各点（桩号）对应的设计标高与地面标高之差的绝对值。

(5)里程桩号。沿线各点的桩号是按测量的里程数值填入的，单位为 m，桩号从左向右排列。在平曲线的起点、中点、终点和桥涵中心点等处可设置加桩。

(6)平曲线。平曲线一栏是路线平面图的示意图。直线段用水平线表示，弯道用下凹

或上凸 图线表示。如图 9-5 所示，JD_9 α=40°15′ R=300 表示 9 号交角点沿路线前进方向左转弯，转折角 α = 40° 15′，平曲线半径 R = 300 m。又如 JD_{11} α=19°42′ R=500 表示 11 号交角点沿路线前进方向右转弯，转折角为 19°42′，平曲线半径 R = 500 m。两铅垂线间的距离为曲线长度。

当转折角小于某一定值时，不设平曲线，“定值”随公路等级而定。如四级公路的转折角不大于 5°，不设平曲线，但需画出转折方向：如 JD_{10}“∨”符号表示路线向右转弯，JD_{12}“∧”符号表示向左转弯。

（7）超高。为了减小汽车在弯道上行驶时的横向作用力，道路在平曲线处需设计成外侧高、内侧低的形式，道路边缘与设计线的高程差称为超高，如图 9-6 所示。

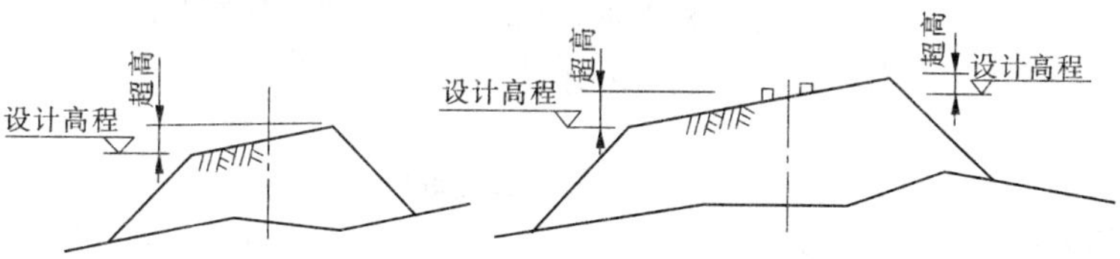

(a)一般道路　　(b)高速公路

图 9-6　道路超高

（8）纵断面图的标题栏绘在最后一张图或每张图的右下角，注明路线名称、纵比例、横比例等。

三、路基横断面图

（一）图示方法

路基横断面图是假设用垂直于设计路线的铅垂平面进行剖切所得到的断面图。

沿道路路线一般每隔 20 m 画一路基横断面图，沿着桩号从下到上、从左到右布置图形。每一图形下标注桩号、断面面积 F、地面中心到路基中心的高差 H。

作为计算土石方的依据，路基横断面图采用较大的比例（一般 1∶200）绘制，一般画在透明方格纸上。路面线、路肩线、边坡线、护坡线均用粗实线表示，路面厚度用中粗实线表示，原有地面线用细实线表示，路中心线用细点画线表示。

（二）图示内容

为了路基施工放样和计算土石方量的需要，在路线的每一中心桩处，应根据实测资料和设计要求，画出一系列的路基横断面图，作用是表达各里程桩处道路标准横断面与地形的关系，路基的形式、边坡坡度、路基顶面标高、排水设施的布置情况和防护加固工程的设计。路基横断面图一般不画出路面层和路拱，以路基边缘的标高作为路中心的设计标高，如图 9-6 所示。断面图一般有三种形式：填方路堤、挖方路堑和半填半挖路基。

（1）填方路基。如图 9-7（a）所示，整个路基全为填土区称为路堤。填土高度等于设计标高减去路面标高。填方边坡一般为 1∶1.5。在图下注有该断面的里程桩号、中心线处的填方高度 H_T（m）以及该断面的填方面积 A_T（m^2）。

（2）挖方路基。如图 9-7（b）所示，整个路基全为挖土区称为路堑。挖土深度等于地面标高减去设计标高，挖方边坡一般为 1∶1。图下注有该断面的里程桩号、中心线处挖方高度

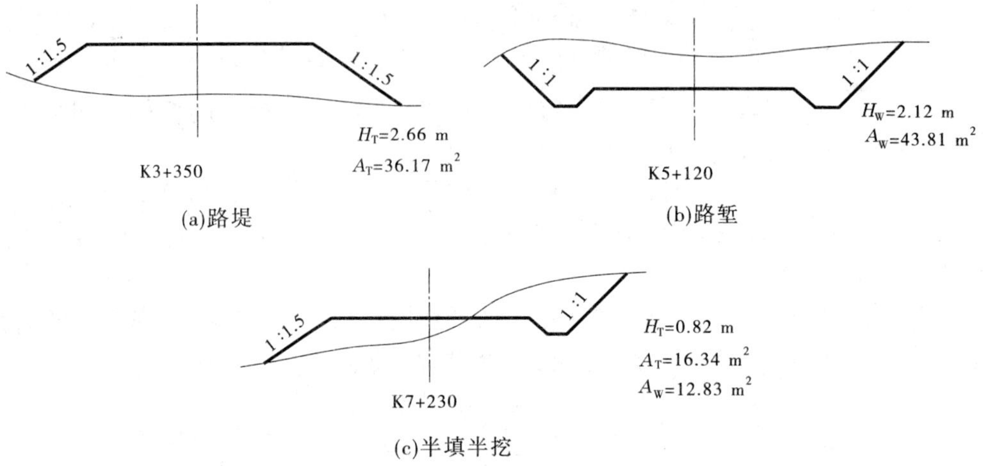

(a)路堤　(b)路堑　(c)半填半挖

图 9-7　路基横断面图

H_W(m)以及该断面的挖方面积 A_W(m^2)。

(3)半填半挖路基。如图 9-7(c)所示,路基断面一部分为填土区,一部分为挖土区,是前两种路基的综合,在图下仍注有该断面的里程桩号、中心线处的填(或挖)高度 H 以及该断面的填方面积 A_T 和挖方面积 A_W。

第二节　公路路面结构图

路面是用硬质材料铺筑在路基顶面的层状结构。路基是按照路线位置和一定技术要求修筑的作为路面基础的带状构造物。路面根据其使用的材料和性能不同,可分为柔性路面和刚性路面两类。柔性路面如沥青混凝土路面、沥青碎石路面、沥青表面处治路面等,刚性路面如水泥混凝土路面。

一、路面结构图示方法

(一)公路路面结构图

典型的路面结构形式为:面层(磨耗层、上面层、下面层)、联结层、基层(上基层、下基层)和垫层,按由上向下的顺序排列,如图 9-8(a)所示。路面结构图的任务就是表达各结构层的材料和设计厚度。当路面结构类型单一时,可在标准横断面上,用竖直线引出标注,如图 9-8(b)所示。当路面结构类型较多时,可按各路段不同的结构分别绘制路面结构图,并标注材料符号(或名称),如图 9-8(c)所示。

1. 面层

直接承受车轮荷载反复作用和自然因素影响的结构层叫面层,可由 1 ~ 3 层组成。因此,面层应具备较高的力学强度和稳定性,同时还应具备耐磨性和不透水性、抗滑性、防渗透性。

2. 基层

基层是设置在面层之下,并与面层一起将车轮荷载的反复作用传递到底基层、垫层和土基中。因此,对基层材料的要求是应具有足够的抗压强度、密度、耐久性和扩散应力(即应

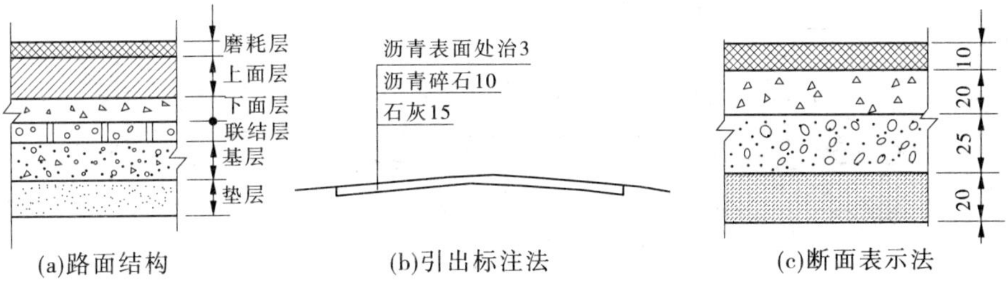

图 9-8　路面结构示意 （单位：mm）

有较好的板性）。

3. 垫层

它是底基层和土基之间的层次。它的主要作用是加强土基、改善基层的工作条件。垫层往往是为蓄水、排水、隔热、防冻等而设置的，所以通常设在路基潮湿以及有冰冻翻浆现象的路段。

4. 联结层

联结层是在面层和基层之间设置的一个层次。它的主要作用是加强面层与基层的共同作用或减少基层的反射裂缝。

（二）路拱大样图

路拱是为了满足道路的横向排水要求而设计的，其形式有抛物线、双曲线和双曲线中插入圆曲线等。路拱大样图的任务是表达清楚路面横向的形状。为了清晰地表达路拱的形状，应按垂直向比例大于水平向比例的方法绘制路拱大样图，如图 9-9 所示。

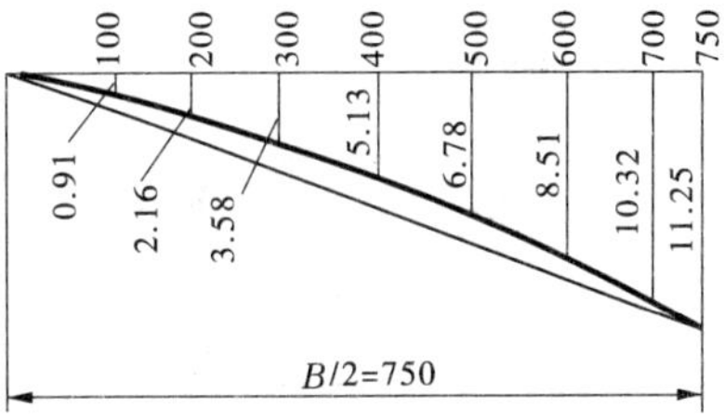

图 9-9　路拱大样图

二、道路路面结构图的识读

（一）沥青混凝土路面结构图

（1）路面横断面图。表示行车道、路肩、中央分隔带的尺寸，路拱的坡度等。

（2）路面结构图。用示意图的方式画出并附图例表示路面结构中的各种材料，各层厚度用尺寸数字表示，如图 9-10 中沥青混凝土的厚度为 5 cm，沥青碎石的厚度为 7 cm，石灰稳定碎石土的厚度为 20 cm。行车道路面底基层与路肩的分界处，其宽度超出基层 25 cm 之后以 1∶1的坡度向下延伸。

硬路肩的面层、基层和底基层的厚度分别为 5 cm、15 cm、20 cm，硬路肩与土路肩的分界处，基层的宽度超出面层 10 cm 之后以 1∶1的坡度延伸至底基层的底部。

（3）中央分隔带和缘石大样图。中央分隔带处的尺寸标注及图示，说明两缘石中间需要填土，填土顶部从路基中线向两缘石倾斜，其坡度为 1%。路缘石和底座的混凝土强度等级、缘石的各部尺寸标出，以便按图施工。

（二）水泥混凝土路面结构图

如图 9-11 所示，当采用路面结构图 *A* 时，图中标注尺寸为 30 cm，则表示路面基层的顶

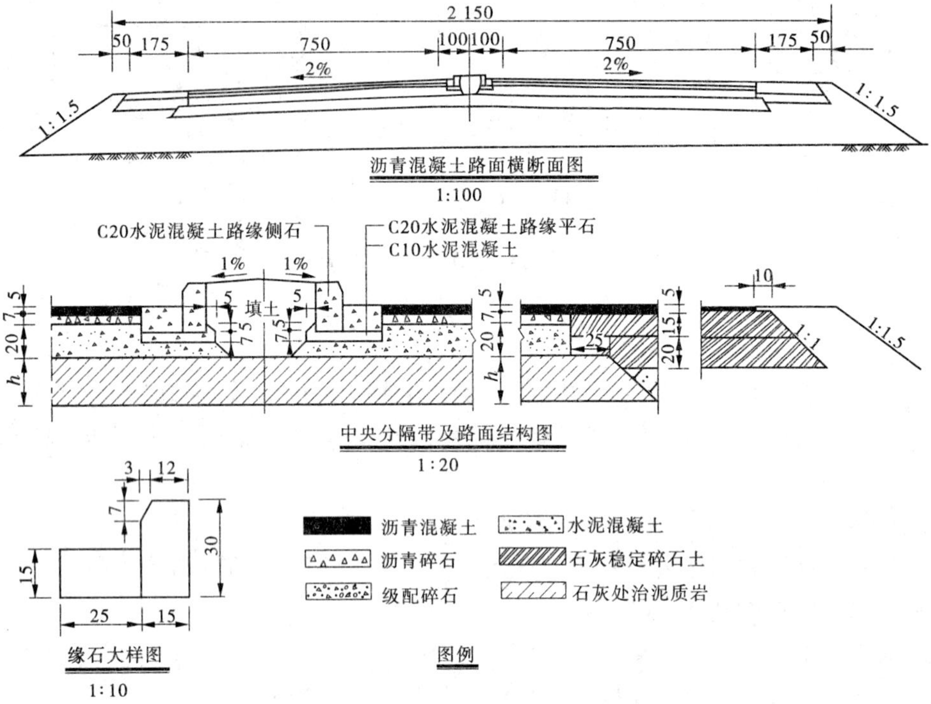

图 9-10　混凝土路面结构图　（单位:cm）

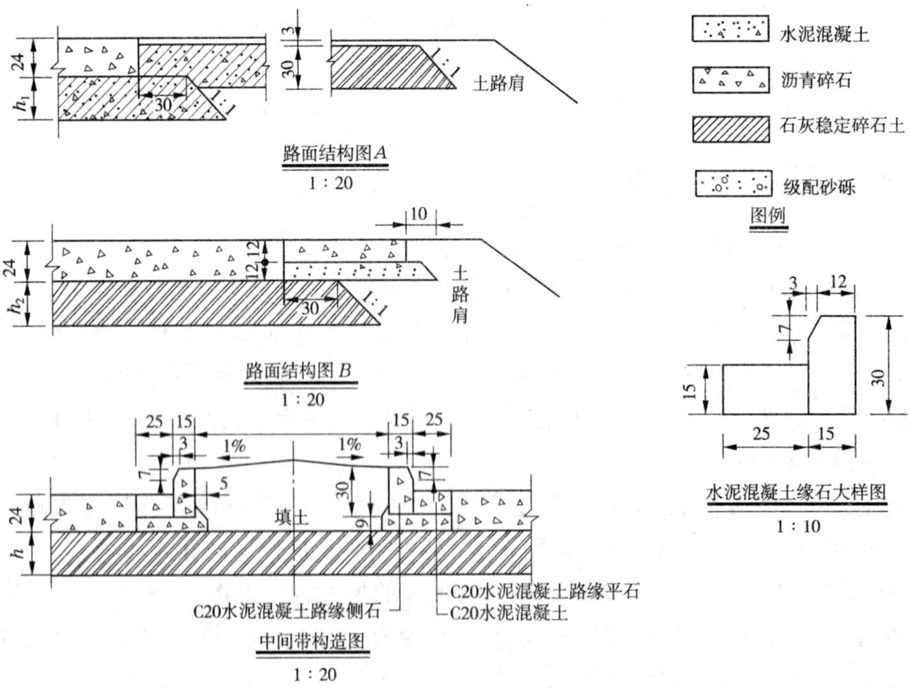

图 9-11　混凝土路面结构图　（单位:cm）

面靠近硬路肩处比路面宽出 30 cm，并以 1∶1的坡度向下分布。标注尺寸为 10 cm，则表示硬路肩面层下的基层比顶面面层宽出 10 cm。中央分隔带和路缘石的尺寸、构件位置、材料等用图示表示出来，以便按图施工。

第三节 公路排水及防护工程图

道路排水系统相当复杂，且是保证道路发挥其功能的必要设施。道路排水系统包括地面排水系统和地下排水系统。前者由边沟（排水沟）、截水沟、跌水和急流槽、拦水带、蒸发池、渡槽、倒虹吸等组成，后者由暗沟及渗沟、渗井组成。其图示方法主要有两大目的：一是表达排水系统在全线的布设情况，主要是通过平、纵、横三个图样来实现的；二是表达某一排水设施具体构造和技术要求，主要是通过路基排水防护设计图实现的。

一、道路排水工程图

（一）地面排水

1. 边沟（排水沟）

边沟设计位置在路基边缘（挖方路堤路肩外侧或低路堤坡脚外侧），其作用是汇集排除路基范围内和流向路基的少量地面水，横断面形式有梯形、流线形、三角形、矩形。一般情况下，土质边沟宜采用梯形。边沟断面尺寸：底宽 >0.4 m，深度 >0.4 m，流量大时可采用 0.6 m；沟底设坡度大于 0.5% 的纵坡以防淤积。图 9-12 是某道路边沟设计图，图中给出 A、B、C 三种排水沟的截面形式、尺寸和衬砌要求。

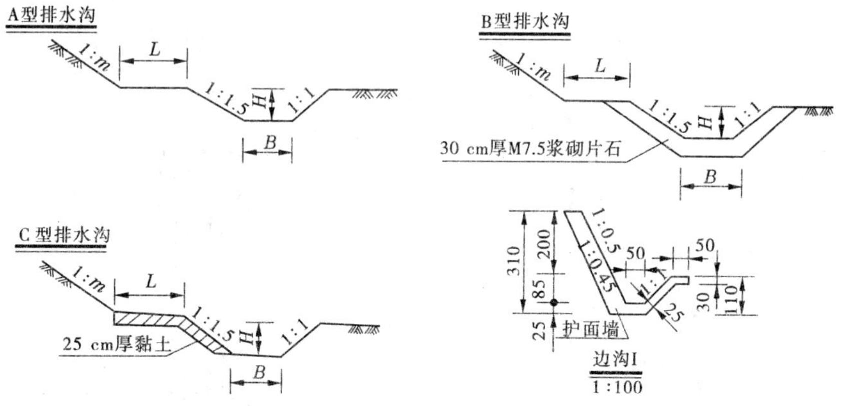

图 9-12 排水沟及边沟设计图

2. 截水沟（又称天沟）

截水沟设计在挖方坡顶以外或填方路基上侧适当距离，其作用是拦截山坡流向路基的水流，保护挖方边坡和填方坡脚不受流水冲刷。横断面形式多为梯形，底宽不小于 0.5 m，纵坡不小于 0.5%，截水沟离路堑坡顶距离，一般土质 $d \geq 5$ m，黄土 $d \geq 10$ m。

3. 跌水和急流槽

跌水由进水口、消力池和出水口三个组成部分。跌水有单级和多级之分，单级跌水适用于连接水位落差较大，需要消能或改善水流方向的沟渠。急流槽的结构分为进水口、槽身和

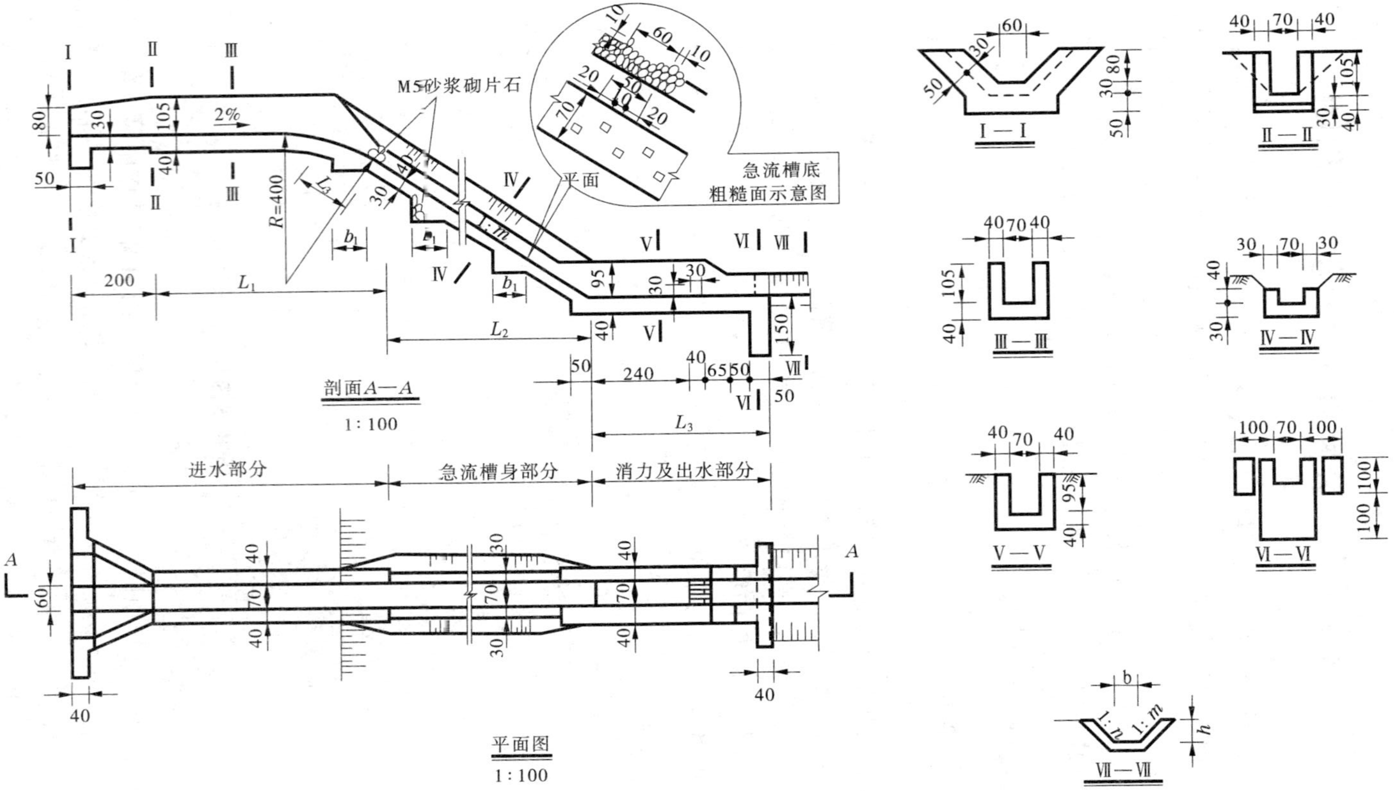

M5砂浆砌片石
急流槽底
粗糙面示意图
平面
剖面A—A
1:100
进水部分
急流槽身部分
消力及出水部分
平面图
1:100
R=400
2%
1:m
I—I
II—II
III—III
IV—IV
V—V
VI—VI
VII—VII

图 9-13　急流槽设计图

出水口三部分，急流槽的纵坡比跌水的平均纵坡更陡。图 9-13 是某道路急流槽设计图。其图样部分由急流槽纵剖面图、平面图、断面图三个图样构成，表达了急流槽的结构、尺寸和组成部分所使用的材料等。

（二）地下排水

1. 暗沟

暗沟是设在地面以下引导水流的沟渠，其本身不起渗水、汇水作用。暗沟可分洞式和管式两大类，沟宽或管径 b 一般为 20～30 cm，净高 h 约为 20 cm，如图 9-14 所示。

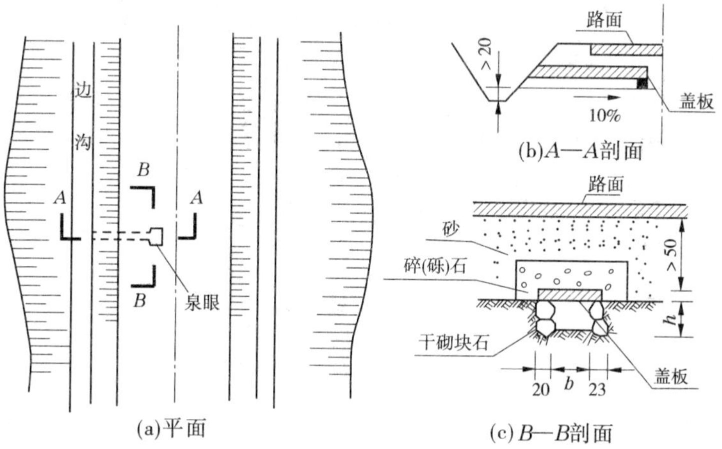

图 9-14　暗沟设计图　（单位：cm）

2. 渗沟

渗沟按排水层的形式可分为三种：一为盲沟，是指设在路基边沟下面的暗沟；二是管式渗沟，是用排水管作为排水层排泄地下水，管式渗沟排水顺畅，适用于地下水分布范围广、藏水量大、渗沟较长的路段；三是洞式渗沟，当地下水流量较大、范围较广、地石料丰富时，可采用石砌方洞。

渗沟构造由碎（砾）石或管（洞）排水层、反滤层和封闭层组成，根据地下水位分布情况，渗沟可设置在边沟、路肩、路基中线以下或路基上侧山坡的适当位置，如图 9-15 所示。

二、道路防护工程图

（一）边坡护砌设计图

为了防止路基发生变形和破坏，保证路基的强度和稳定性，应对黏性土、粉性土、细砂土及易风化的岩石路基边坡进行防护，以起到稳定路基、美化路容、提高公路使用品质的效果。图 9-16 所示为某道路边坡护砌设计图，图中包括图样、工程数量表和附注三部分内容。图样部分表达了浆砌片石护坡和衬砌拱护坡结构形式、尺寸和材料，工程数量表表达了每延米护砌所用各种材料的数量，附注部分说明了图中尺寸标注的单位、使用范围和技术要求。

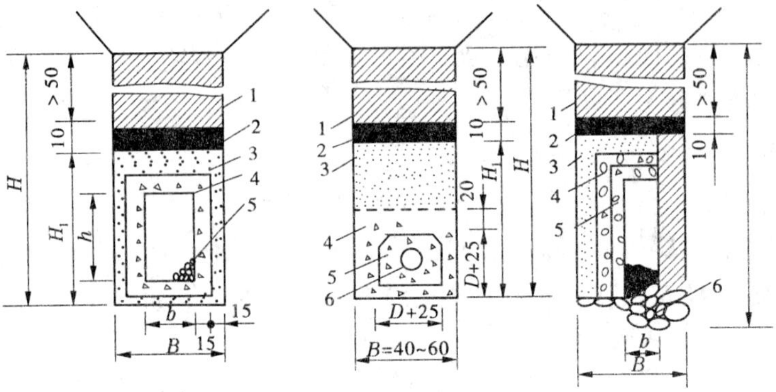

(a)填石渗沟　　(b)管式渗沟　　(c)洞式渗沟

1—夯实黏土;2—双层反铺草皮;3—粗砂;4—石屑;5—碎石;6—浆砌片石沟洞

图 9-15　渗沟设计图（单位:cm）

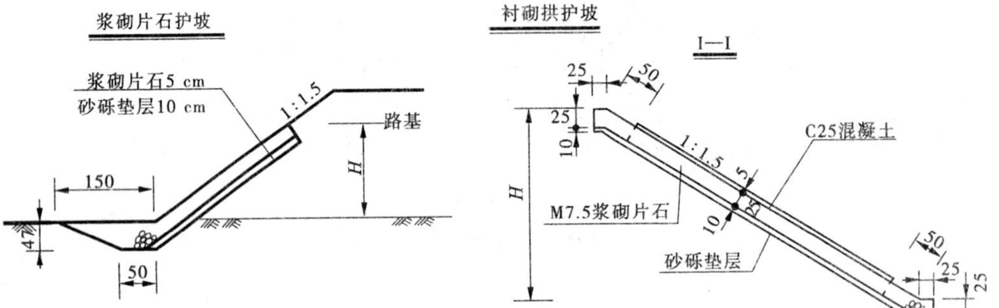

工程数量表

项目/单位/类别	M7.5浆砌片石	砂砾垫层	C25混凝土	植草	挖基土方
	m^3/m	m^3/m	m^3/m	m^3/m	m^3/m
浆砌片石护坡	0.47+0.45H	0.18H+0.04			0.51+0.63
衬砌拱护坡	0.06H+0.41	0.024H+0.16	0.018H+0.01	1.5(H−2)+1.95	0.102H+0.584

注:
1.本图尺寸以cm计。
2.本图用于互通立交区的路基防护工程。
3.当路基填土高度$H \geq 3$ m时采用衬砌拱护坡,当$H<3$ m时植草。

衬砌拱立面图

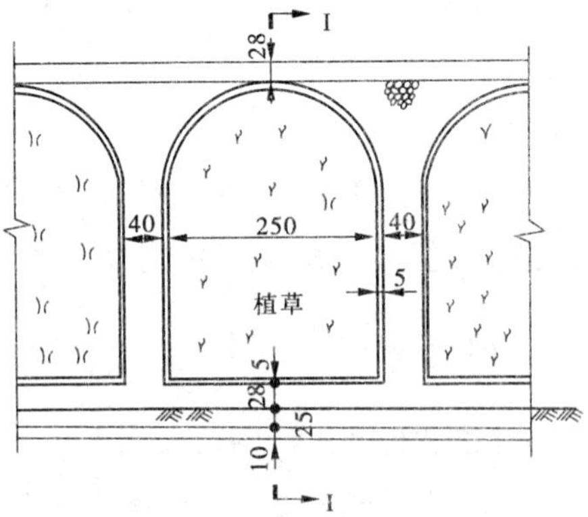

图 9-16　边坡护砌设计图

(二)挡土墙

挡土墙一般由墙身、基础、排水设施和沉降伸缩缝组成,是一种能够抵抗侧向土压力、防止墙后土体坍塌的建筑物,起到稳定路堤和路堑边坡、减少土石方工程量、防止水流冲刷路基的作用,同时也常用于治理滑坡崩坍等路基病害。挡土墙的类型有悬臂式挡土墙、扶壁式挡土墙、锚杆式挡土墙、重力式挡土墙、锚定板式挡土墙等。挡土墙按设置位置分路肩墙、路堤墙、路堑挡土墙、山坡挡土墙等,如图 9-17 所示。

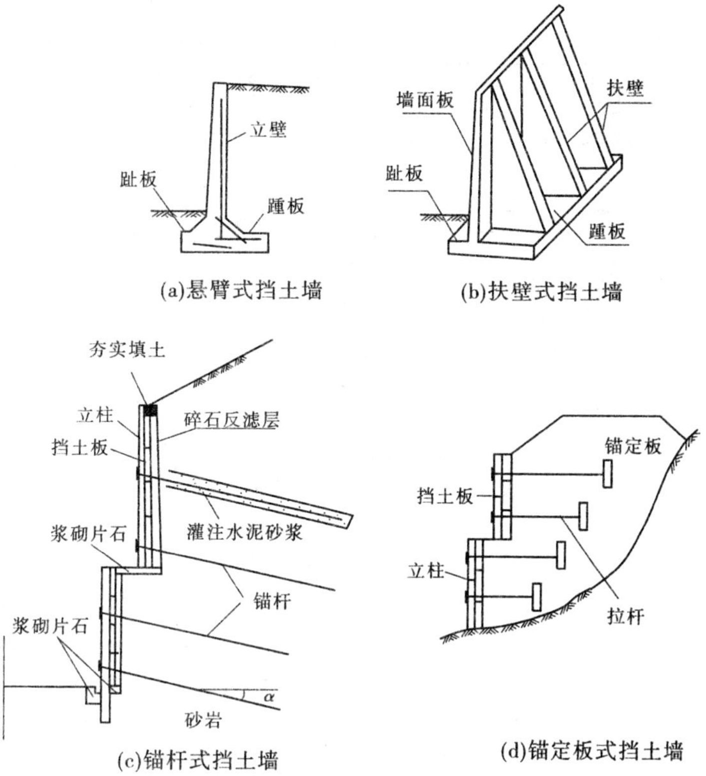

图 9-17 挡土墙的类型

(1)路堑墙:设置在路堑坡底部,主要用于支撑开挖后不能自行稳定的边坡,同时可降低挖方边坡的高度,减少挖方的数量,避免山体失稳坍塌。

(2)路堤墙:设置在高填土路堤或陡坡路堤的下方,可以防止路堤边坡或基底滑动,同时可以收缩路堤坡脚,减少挖方数量,减少拆迁和占地面积。

(3)路肩墙:设置在路肩部位,墙顶是路肩的组成部分,其用途与路堤墙相同。它还可以保护邻近路线的既有重要建筑物。沿河路堤,在傍水的一侧设置挡土墙,可以防止水流对路基的冲刷和侵蚀,也可减少拆迁和占地面积,是保证路堤稳定的有效措施。

(三)锥形护坡

锥形护坡用于桥台迎水面的坡面防护,通常采用 1/4 正椭圆锥形,坡面一般用块石砌筑。图样表达采用三视图,用示坡线(长短相间隔的细实线表示示坡线)表示坡面,如图 9-18 所示。

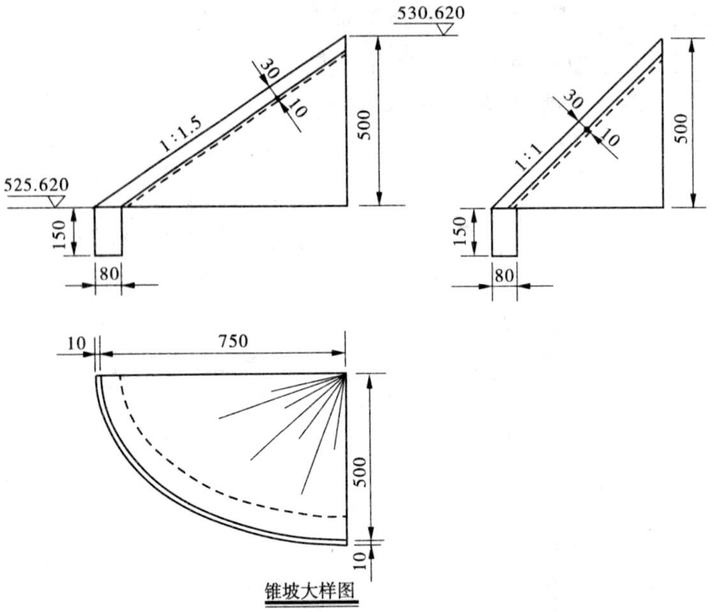

图 9-18　锥形护坡　（单位：cm）

小　结

- 道路路线工程图
  - 公路路线工程图
    - 路线平面图
    - 路线纵断面图
    - 路基横断面图
  - 路面结构图
    - 路面结构图示方法
    - 路面结构图的识读
  - 排水系统及防护工程图
    - 道路排水工程图
    - 道路防护工程图

第十章　桥梁隧道工程图

知识目标

- 了解桥梁的分类及组成。
- 知道钢筋的作用及分类。
- 掌握钢筋混凝土结构图的阅读方法。
- 掌握钢筋混凝土桥梁工程图的形成、图示内容及阅读方法。
- 熟悉桥梁桥型布置图的绘制步骤及标注方法。

能力目标

- 能够读懂钢筋混凝土结构图。
- 能够读懂桥梁、隧道工程图。

道路路线在跨越河流、山川以及道路互相交叉、与其他路线（如铁路）交叉时，为了保持道路的畅通，就需要修筑桥梁。它既可以保证桥上的交通运行，又可以保证桥下宣泄流水、船只的通航或公路、铁路的运行。另外，在山岭地区修筑道路时，为了减少土石方数量，保证车辆平稳行驶和缩短里程要求，可考虑修建公路隧道。本章介绍桥梁工程图和隧道工程图。

考虑到当前桥梁、隧道工程中广泛应用钢筋混凝土作为建筑材料，故先介绍有关钢筋混凝土的基本知识及图示特点，为学习桥梁隧道工程图打好基础。

第一节　桥梁基本知识

一、桥梁概述

（一）基本组成

如图 10-1 所示，桥梁由上部结构（主梁或主拱圈和桥面系）、下部结构（桥台、桥墩和基础）及附属结构（栏杆、灯柱、护岸、导流结构物等）三部分构成。

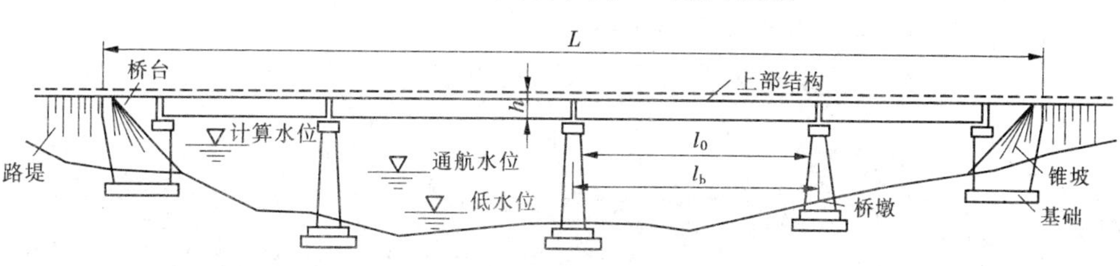

图 10-1　桥梁的基本组成

上部结构，又称桥跨结构，主要包括承重结构（主梁或主拱圈）、桥面系，是路线遇到障碍中断时跨越障碍的建筑物，它的作用是承受车辆荷载，并通过支座传给墩台。

下部结构是支承桥跨结构并将永久荷载和车辆荷载等传至地基的结构物，主要包括桥台、桥墩和基础。桥台设在桥梁两端，除支承桥跨结构外还承受路基填土的水平推力；桥墩则在两桥台之间，主要支承桥跨结构；桥墩和桥台底部的部分称为基础，承担从桥墩和桥台传来的全部荷载。

支座是设在桥墩和桥台顶面，用来支承上部结构的传力装置。

附属结构主要包括栏杆、灯柱、伸缩缝、护岸、导流结构物等。

在路堤和桥台的衔接处，一般还在桥台两侧设置石砌的锥形护坡，以保证迎水部分路堤边坡的稳定。

河流中的水位是变动的，在枯水季节的最低水位称为低水位；洪峰季节河流中的最高水位称为高水位。桥梁设计中按规定的设计洪水频率计算所得的高水位，称为设计洪水位。

净跨径(l_0)是设计洪水位上相邻两个桥墩(桥台)之间的净距。

总跨径(l)是多孔桥梁中各孔净跨径的总和，它反映了桥下宣泄洪水的能力。

桥梁全长(桥长 L)是桥梁两端两个桥台的侧墙或八字墙后端点的距离。对于无桥台的折梁为桥面行车道的全长。

(二)桥梁的分类

桥梁的形式有很多，常见的分类形式如下：

(1)按结构形式分为梁式桥、拱式桥、刚架桥、桁架桥、悬索桥、斜拉桥等。

(2)按上部结构所用的建筑材料分为钢桥、钢筋混凝土桥、预应力混凝土桥、石桥、木桥等，其中以钢筋混凝土桥和预应力混凝土桥应用最为广泛。

(3)按用途分为公路桥、铁路桥、公路铁路两用桥、人行桥、运水桥(渡槽)等。

(4)按跨越障碍的性质可分为跨河桥、跨线桥(立体交叉桥)、高架桥和栈桥。

(5)按桥梁全长和跨径的不同分为特大桥、大桥、中桥和小桥，见表 10-1。

表 10-1　桥梁的分类

桥梁的分类	多孔桥全长 L(m)	单孔跨径 l_b (m)	桥梁的分类	多孔桥全长 L(m)	单孔跨径 l_b (m)
特大桥	$L \geq 1\,000$	$l_b \geq 150$	中桥	$30 < L < 100$	$20 \leq l_b < 40$
大桥	$100 \leq L \leq 1\,000$	$40 \leq l_b \leq 150$	小桥	$8 \leq L \leq 30$	$5 \leq l_b < 20$

(6)按上部结构的行车道位置分为上承式桥、下承式桥和中承式桥。桥面布置在主要承重结构之上者称为上承式桥，布置在主要承重结构之下者称为下承式桥，布置在主要承重结构中间的称为中承式桥，如图 10-2 所示。

(a)　(b)　(c)

图 10-2　桥梁的分类

二、钢筋混凝土结构图

(一)钢筋混凝土结构的基本知识

混凝土是由水泥、砂、石子和水按一定的比例拌和硬化而成的一种人造石料。把它灌入定型模板中,经振捣密实和养护凝固后就形成坚硬如石的混凝土构件。混凝土的抗压强度较高,抗拉强度较低,容易因受拉而断裂。为了提高混凝土构件的抗拉能力,常在混凝土构件的受拉区内加入一定数量的钢筋,使两种材料黏结成一个整体,共同承受外力,这种配有钢筋的混凝土称为钢筋混凝土。钢筋混凝土是最常用的建筑材料,桥梁工程中的许多构件都是用它来制作的,如梁、板、柱、桩、桥墩等。

(二)钢筋的基本知识

1. 钢筋的作用及分类

钢筋按其在整个构件中所起作用的不同,可分为下列五种:

(1)受力钢筋(主筋)。用来承受拉力或压力的钢筋,用于梁、板、柱等各种钢筋混凝土构件,如图 10-3 所示。

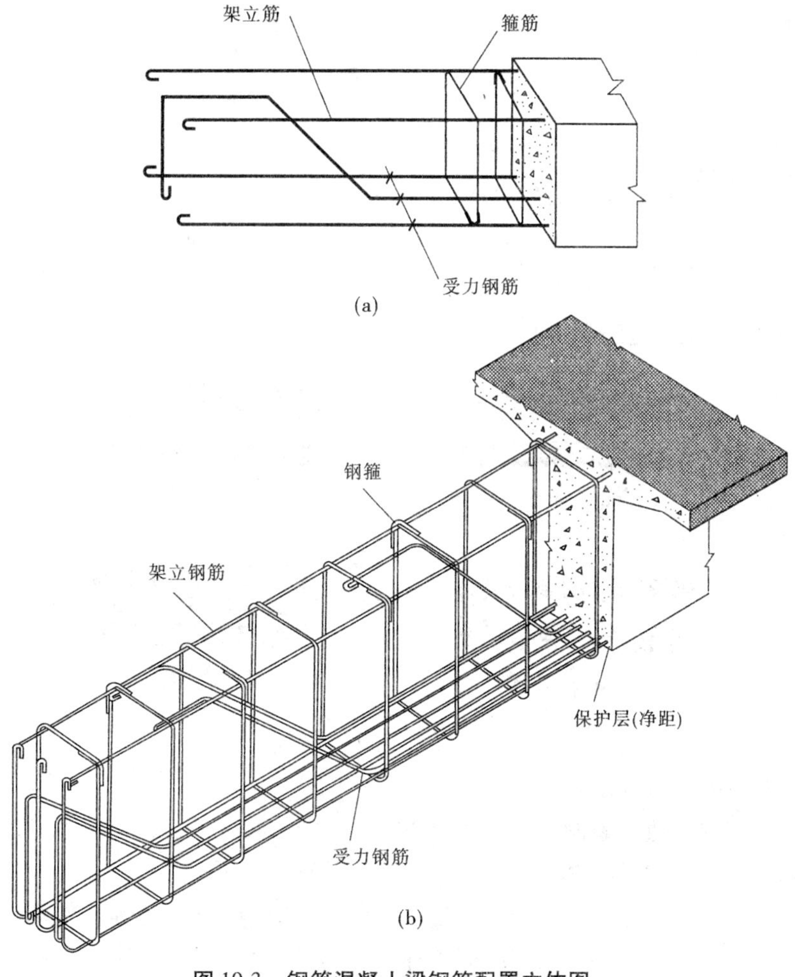

图 10-3　钢筋混凝土梁钢筋配置立体图

(2)箍筋(钢箍)。用以固定受力钢筋的位置,并承受一部分剪力或扭力。

(3)架立钢筋。大多用于钢筋混凝土梁中,用来固定箍筋的位置,并与梁内的受力钢筋、箍筋一起构成钢筋骨架。

(4)分布钢筋。大多用于钢筋混凝土板或高梁结构中,用以固定受力钢筋的位置,使荷载分布给受力钢筋,并防止混凝土收缩和温度变化出现的裂缝。

(5)构造筋。因构件的构造要求和施工安装需要配置的钢筋,如腰筋、预埋锚固筋、吊环等。

2. 钢筋的种类和符号

新颁布的《混凝土结构设计规范》(GB 50010—2010)中,将钢筋分为热轧钢筋、消除应力钢丝、钢绞线和热处理钢筋。热轧钢筋也称普通钢筋,根据力学指标的高低分为 HPB235 级、HRB335 级、HRB400 级和 RRB400 级,见表 10-2,第一种主要用作钢筋混凝土结构中的钢筋及预应力混凝土中的非预应力钢筋,其余三种钢筋也称预应力钢筋,用于预应力混凝土结构中的预应力钢筋。

表 10-2　钢筋混凝土用普通钢筋的种类、符号、材料和直径范围

钢筋品种	符号	材料	直径范围 d(mm)	说　明
HPB235	Φ	Q235	8 ~ 20	热轧光圆钢筋
HRB335	Φ	20MnSi	6 ~ 50	热轧带肋钢筋
HRB400	Φ	20MnSiV、20MnSiNb、20MnSiTi	6 ~ 50	热轧带肋钢筋
RRB400	Φ^{R}	K20MnSi	8 ~ 40	余热处理带肋钢筋

在表 10-2 中,光圆钢筋和带肋钢筋的形式如图 10-4 所示。

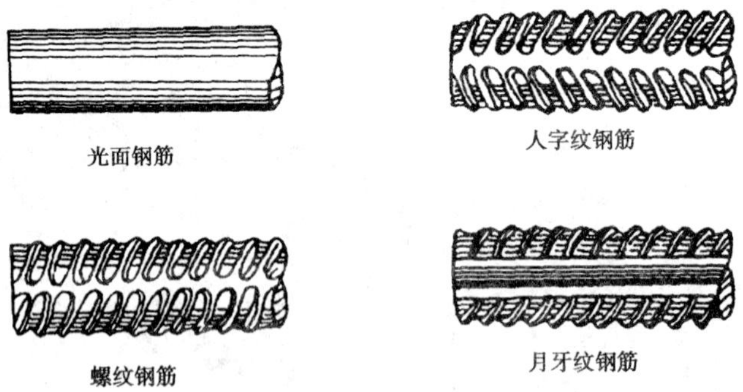

图 10-4　钢筋的形式

3. 混凝土的等级和钢筋的保护层

混凝土按其抗压强度不同分为 C15、C20、C25、C30、C35、C40、C45、C50、C55、C60、C65、C70、C75、C80 等 14 个等级。数字越大,混凝土的抗压强度越高。

为了防止钢筋锈蚀和保证钢筋与混凝土的紧密黏结,梁、板、柱等构件都应有足够的混凝土保护层。受力钢筋的外边缘到混凝土外边缘的最小距离,称为保护层厚度或净距。梁、板受力钢筋混凝土保护层最小厚度不应小于受力钢筋直径,后张法构件预应力直线形钢筋混凝土保护层厚度不应小于其管道直径的1/2,并应符合有关规定。

4. 钢筋的弯钩和弯起

对于光圆外形的受力钢筋,为了增加它与混凝土的黏结力,在钢筋的端部做成弯钩,弯钩的形式有半圆形弯钩、斜弯钩和直角形弯钩三种,如图10-5所示。根据需要,钢筋实际长出6.25d、4.9d或3.5d。这时钢筋的长度要计算其弯钩的增长数值。

受力钢筋中有一部分需要在梁内向上弯起,这时弧长比两切线之和短些,其计算长度应减去折减数值,如图10-6所示。

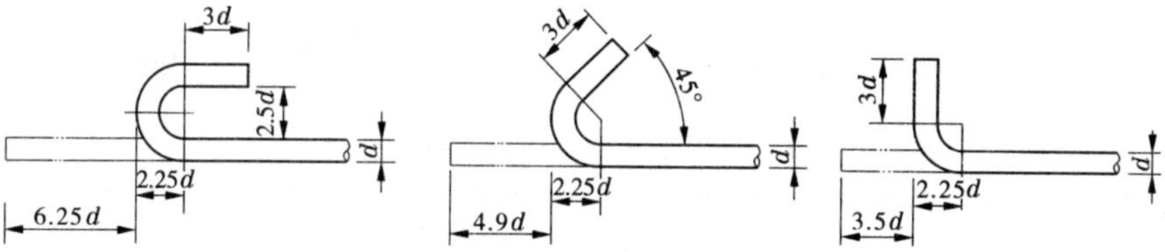

(a)半圆形弯钩　(b)斜弯钩　(c)直角形弯钩

图10-5　钢筋的弯钩

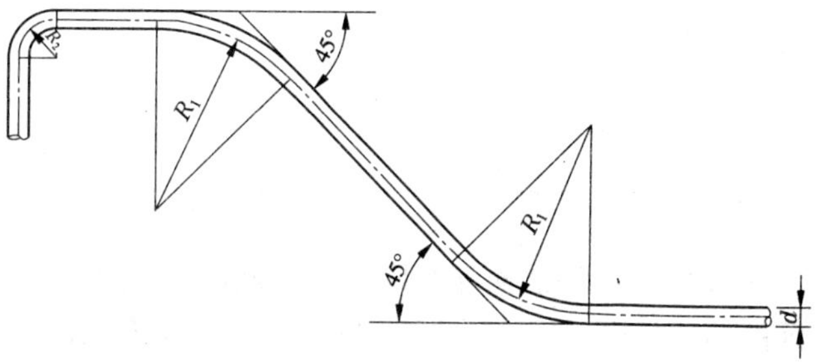

图10-6　钢筋的弯起

为了简化计算,钢筋弯钩的增长数值和弯起的折减数值均编有表格备查。表10-3为光圆钢筋弯钩增长数值表,表10-4为光圆钢筋弯起折减数值表。

表10-3　光圆钢筋弯钩增长数值

钢筋直径 d (mm)	弯钩增长值(cm)				理论质量 (kg/m)	螺纹钢筋外径(mm)
	光圆钢筋			螺纹钢筋		
	90°	135°	180°	90°		
10	3.5	4.9	6.3	4.2	0.617	11.3
12	4.2	5.8	7.5	5.1	0.888	13.0
14	4.9	6.8	8.8	5.9	1.210	15.5
16	5.6	7.8	10.0	6.7	1.580	17.5
18	6.3	8.8	11.3	7.6	2.000	20.0
20	7.0	9.7	12.5	8.4	2.470	22.0
22	7.7	10.7	13.8	9.3	2.980	24.0
25	8.8	12.2	15.6	10.5	3.850	27.0

续表 10-3

钢筋直径 d (mm)	弯钩增长值(cm)				理论质量 (kg/m)	螺纹钢筋外径(mm)
	光圆钢筋			螺纹钢筋		
	90°	135°	180°	90°		
28	9.8	13.6	17.5	11.8	4.830	30.0
32	11.2	15.6	20.0	13.5	6.310	34.5
36	12.6	17.5	22.5	15.2	7.990	39.5
40	14.0	19.5	25.0	16.8	9.870	43.5

表 10-4　光圆钢筋弯起折减数值 （单位:cm）

类别			钢筋直径(mm)											
			10	12	14	16	18	20	22	25	28	32	36	40
弯起折减数值	光圆钢筋	45°		-0.5	-0.6	-0.7	-0.8	-0.9	-0.9	-1.1	-1.2	-1.4	-1.5	-1.7
		90°	-0.8	-0.9	-1.1	-1.2	-1.4	-1.5	-1.7	-1.9	-2.1	-2.4	-2.7	-3.0
	螺纹钢筋	45°		-0.5	-0.6	-0.7	-0.8	-0.9	-0.9	-1.1	-1.2	-1.4	-1.5	-1.7
		90°	-1.3	-1.5	-1.8	-2.1	-2.3	-2.6	-2.8	-3.2	-3.6	-4.1	-4.6	-5.2

如图 10-7 所示,Φ10 的光圆钢筋两端半圆钩端点间的长度为 126 cm,求下料长度(即某根钢筋在下料之前的剪切长度,就是剪切多长的钢筋能够完成该根钢筋的加工)。

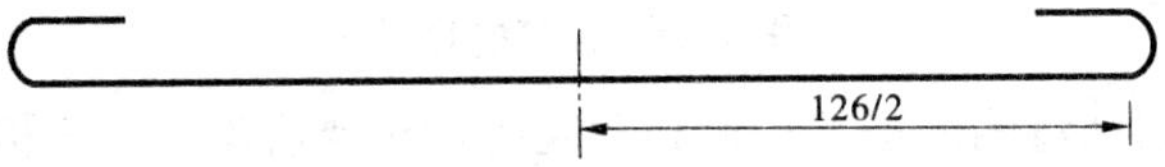

图 10-7　光圆钢筋弯钩

根据题意:钢筋的下料长度等于直钢筋部分与半圆弯钩所需要的钢筋长度之和。查表 10-3,得出弯钩的长度为 63 mm。即

$$126 + 2 \times 6.3 = 138.6(\text{cm}) \approx 139\ \text{cm}$$

如图 10-8 所示,4 号Φ22 的钢筋长度为 728 +65 ×2,求下料长度。

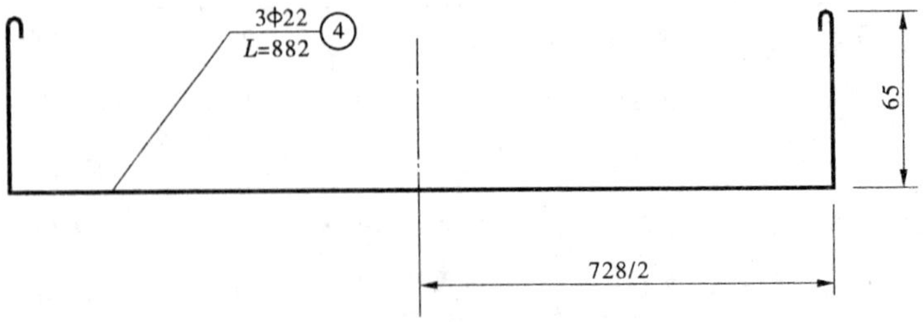

图 10-8　钢筋的弯钩与弯起

根据题意:查表 10-3、表 10-4 得出半圆弯钩长度为 13.8 cm、90°弯转长度为 77 mm,则计算长度数值为

$$728 + 65 \times 2 + 2 \times (13.8 - 7.7) = 870.2(\text{cm}) \approx 870\ \text{cm}$$

5. 钢筋骨架

为制作钢筋混凝土构件，需先将不同直径的钢筋，按需要的长度截断，再根据设计要求进行弯曲，最后将成型的钢筋进行组装，构成钢筋骨架。

将钢筋组装成型，一般有两种方式：一种是用细铁丝绑扎钢筋骨架，另一种是焊接钢筋骨架，先将钢筋焊接成平面骨架，然后用箍筋将平面骨架连接成空间骨架。对于焊接骨架，结点处固定主钢筋的焊缝长度应在图中予以表达，如图 10-9 所示。图 10-10 是焊接钢筋骨架的标注图式。

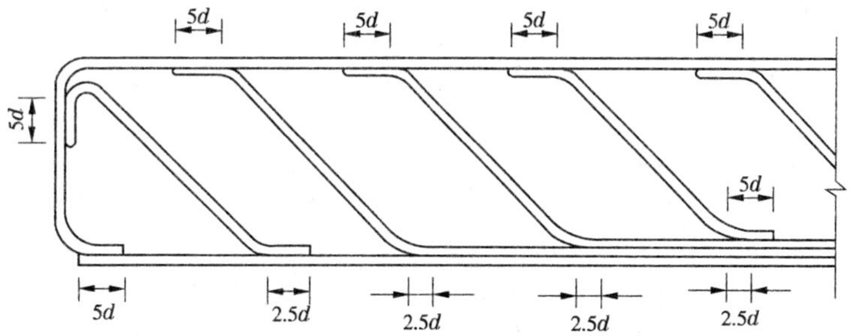

图 10-9 焊接骨架焊缝长度的表达

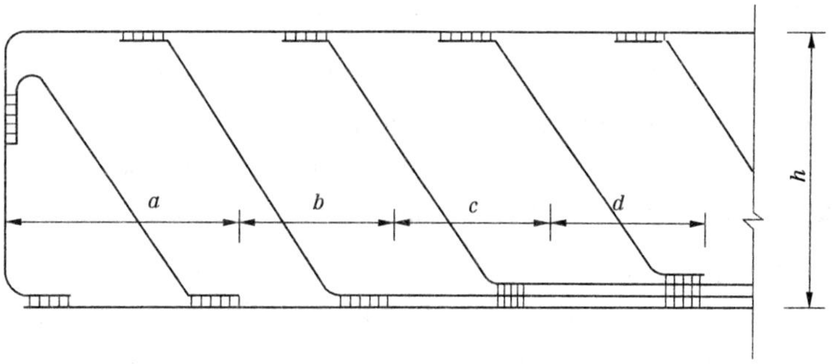

图 10-10 焊接钢筋骨架的标注图式

(三) 钢筋混凝土结构图

钢筋混凝土结构图包括两类图样，一类称为构件构造图（或模板图），即对于钢筋混凝土结构，只画出构件的形状和大小，不表示内部钢筋的布置情况；另一类称为钢筋结构图（或钢筋构造图或钢筋布置图），即主要表示构件内部钢筋的布置情况。

1. 钢筋结构图的图示特点

(1) 为突出结构物中钢筋的配置情况，在绘制配筋图时，可假设混凝土是透明的，能够看清楚构件内部的钢筋。

(2) 构件的外形轮廓用细线表示，钢筋用粗实线表示，若箍筋和分布钢筋数量较多，也可画为中实线。

(3) 在构件的断面图中，不画出混凝土的材料符号，钢筋形象地用实心小圆点或空心小圆圈表示。

(4) 对钢筋的级别、根数、直径、长度及间距等要加以标注。

(5) 由于钢筋的弯钩和钢筋保护层的尺寸相对构件的尺寸较小，若严格按比例画则线条会重叠不清，这时可适当夸大绘制。同理，在立面图中遇到钢筋重叠时，也可在中间留有空隙，使图面清晰。

(6)钢筋结构图，不一定三个投影图都画出来，而是根据需要来决定，例如画钢筋混凝土梁的钢筋图，一般不画平面图，只用立面图和断面图来表示。

2. 钢筋的编号和尺寸标注方式

在钢筋结构图中，为了区分不同类型、不同直径、不同长度、不同形状的钢筋，应将不同类型的钢筋，按直径大小和钢筋主次加以编号并注明数量、直径、长度和间距。钢筋编号的标注通常有三种方法，如图 10-11 所示。

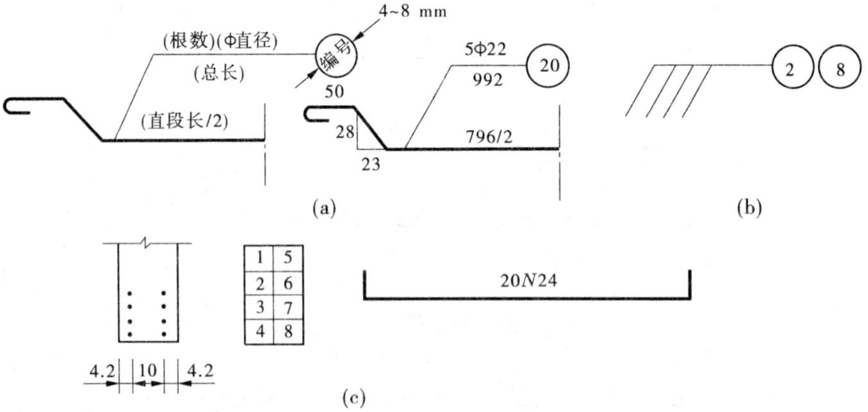

图 10-11　钢筋标注的方法

(1)编号标注在引出线右侧的细实线圆圈内，圆圈的直径为 4 ~ 8 mm。

(2)将冠以 N 字的编号，注写在钢筋的侧面，根数注在 N 字之前，编号注在 N 字之后。

(3)在钢筋断面图中，编号可标注在对应的方格内。在道路工程图中，钢筋直径的尺寸单位采用 mm，其余尺寸单位均采用 cm，图中无需注出单位。在建筑工程图中，钢筋图中所有尺寸单位为 mm。钢筋的数量、直径、长度和间距，通常采用如下格式标注：

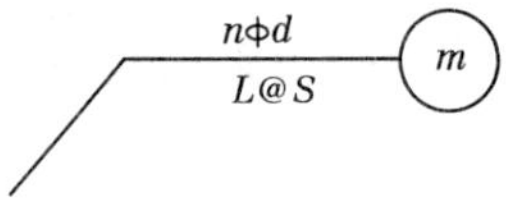

其中：m 代表钢筋的编号；n 代表钢筋的根数；Φ是钢筋直径符号，也表示钢筋的类型；d 代表钢筋直径的数值(mm)；L 代表钢筋的下料长度数值(cm)；@ 是钢筋中心间距符号；S 代表钢筋间距的数值(cm)。

如 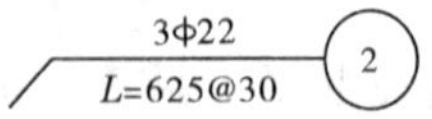

中，"②"表示 2 号钢筋，"3 Φ 22"表示直径为 22 mm 的 HPB235 钢筋有 3 根，"L =625"表示每根钢筋的下料长度为 625 cm，"@ 30"表示钢筋轴线之间的距离为 30 cm。

3. 钢筋结构图的图示内容

1)配筋图

配筋图主要表明各种钢筋的配置，是绑扎或焊接钢筋骨架的依据。为此，应根据结构特点选用基本投影。如对于梁、柱等长条形构件，常选用一个立面图和几个断面图；对于钢筋混凝土板，则常采用一个平面图或一个平面图和一个立面图，如图 10-12 所示。

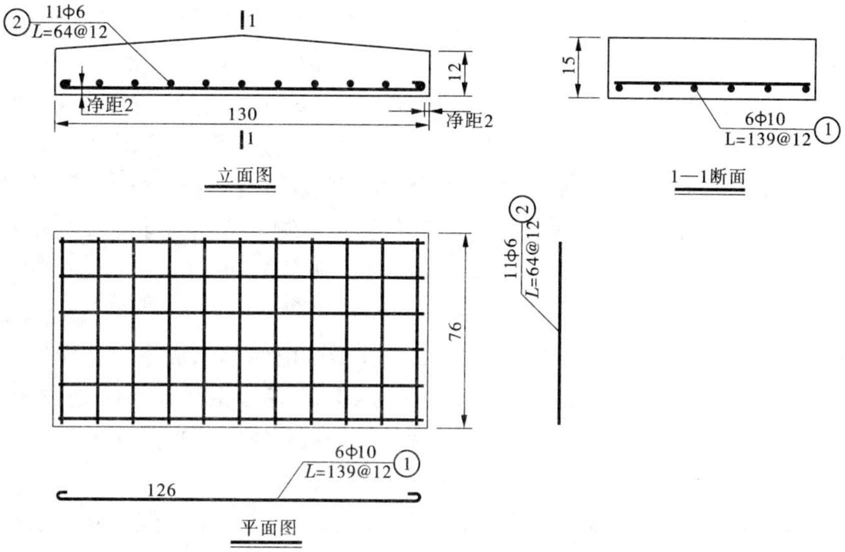

图 10-12　钢筋混凝土板的钢筋结构图

2)钢筋成型图

钢筋成型图是表示每根钢筋形状和尺寸的图样,是钢筋成型加工的依据。因此,在钢筋结构图中,为了能充分表明钢筋的形状以便于配料和施工,还必须画出每种钢筋加工成型图(钢筋详图),而且主要钢筋应尽可能与配筋图中同类型的钢筋保持对齐关系,长度尺寸可直接注写在各段钢筋旁,图上应注明钢筋的符号、直径、根数、弯曲尺寸和断料长度等,见图 10-13。

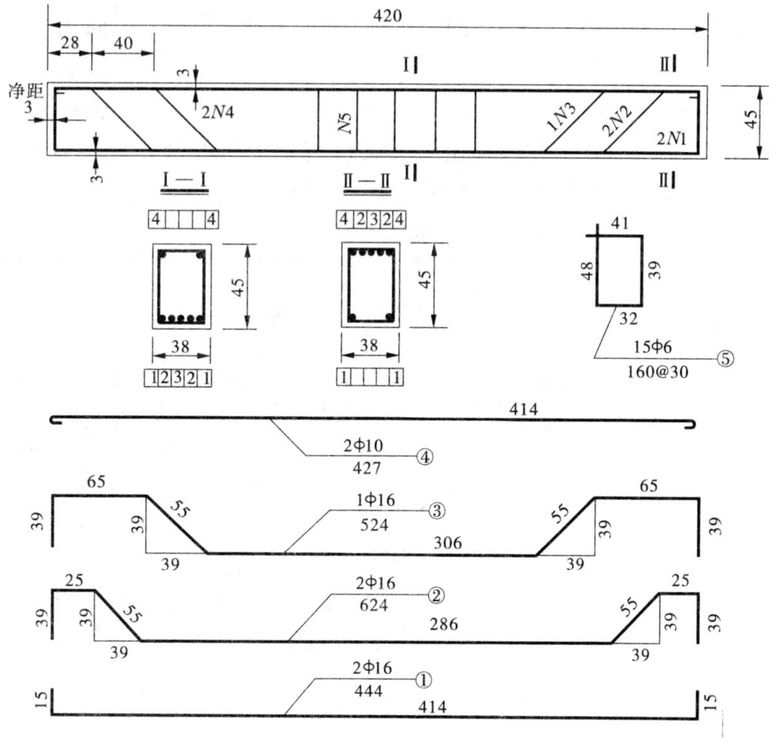

图 10-13　矩形梁的配筋图

如图 10-13 所示，梁的钢筋布置情况是用立面图和断面图以及钢筋成型图表示的。由图 10-13 可看出该梁断面为矩形，宽 38 cm，高 45 cm，梁长 420 cm。梁内共有五种钢筋，其中①、②、③号是受力钢筋，均为 HPB235 钢筋，直径为 16 mm。①号是直筋，有两根，布置在梁的底部两侧。②号是弯起钢筋，也是两根，在跨中位于梁的底部，两端弯起后位于梁的上部。③号也是弯起钢筋，只有一根，弯起部位与②号钢筋稍有不同。④号是架立钢筋，为直径 10 mm 的 HPB235 钢筋，共有两根位于梁的上部两侧。⑤号是箍筋，为直径 6 mm 的 HPB235 钢筋，沿梁的长度方向每隔 30 cm 布置一根，共有 15 根。在立面图中箍筋可不全画出，只示意性画出几根即可。立面图中各钢筋的编号和数量可用简略形式标注，如"1*N*3"表示 1 根③号钢筋，"2*N*1"表示 2 根①号钢筋，Ⅱ—Ⅱ是梁的端部断面图。在断面图中钢筋的编号就标注在对应的小方格内，这样就清楚地表示出②、③号钢筋在跨中是位于梁的底部，在两端是位于梁的顶部。该梁上下及侧面的保护层厚度(净距)均为 3 cm。

3)钢筋数量表

钢筋结构图中，为了便于施工备料和计算工程数量，一般还附有钢筋数量表，内容包括钢筋的编号、直径、每根长度、根数、总长及质量等，必要时可加画略图，如表 10-5 所示及图 10-14。有时为了节省图幅，可把钢筋成型图画成示意略图放在钢筋数量表内。

如图 10-14 所示，为一根钢筋混凝土梁的钢筋结构图，从Ⅰ—Ⅰ断面图可以看出梁的断面为 T 形，称为 T 形梁，梁内有 6 种钢筋，它的形状和尺寸在钢筋成型图上均已表达清楚。从立面图及Ⅰ—Ⅰ断面图中可以看出钢筋排列的位置及数量。Ⅰ—Ⅰ断面图的上方和下方有小方格，格内注有数字，用以表明钢筋在梁内的位置及其编号。如立面图中的 2*N*5 是表示有两根 5 号钢筋，安置在梁内的上部，对应在Ⅰ—Ⅰ断面图中则可以看出两根 5 号钢筋在梁勾的上部对称排列。立体图中还设有Ⅱ—Ⅱ断面位置线，Ⅱ—Ⅱ断面图的钢筋排列位置和Ⅰ—Ⅰ断面图不同，请读者思考。

表 10-5 是钢筋表，表中所列"每米质量(kg/m)"一栏数字，可以从有关工程手册中查得。表中所列铅丝是用来绑扎钢筋的，铅丝数量按规定为钢筋总质量的 0.5%。如不用铅丝绑扎而采用焊接，则应注出焊接长度和厚度。

表 10-5　钢筋混凝土梁钢筋数量

编号	钢号和直径(mm)	长度(cm)	根数	总长(m)	每米质量(kg/m)	总质量(kg)
1	Φ22	528	1	5.28	2.984	15.76
2	Φ22	708	2	14.16	2.984	42.25
3	Φ22	892	2	17.84	2.984	53.23
4	Φ22	881	3	26.43	2.984	78.87
5	Φ22	745	2	14.90	0.888	13.23
6	Φ6	198	24	47.52	0.222	10.55
总　计						213.89
绑扎用铅丝 0.5%						1.07

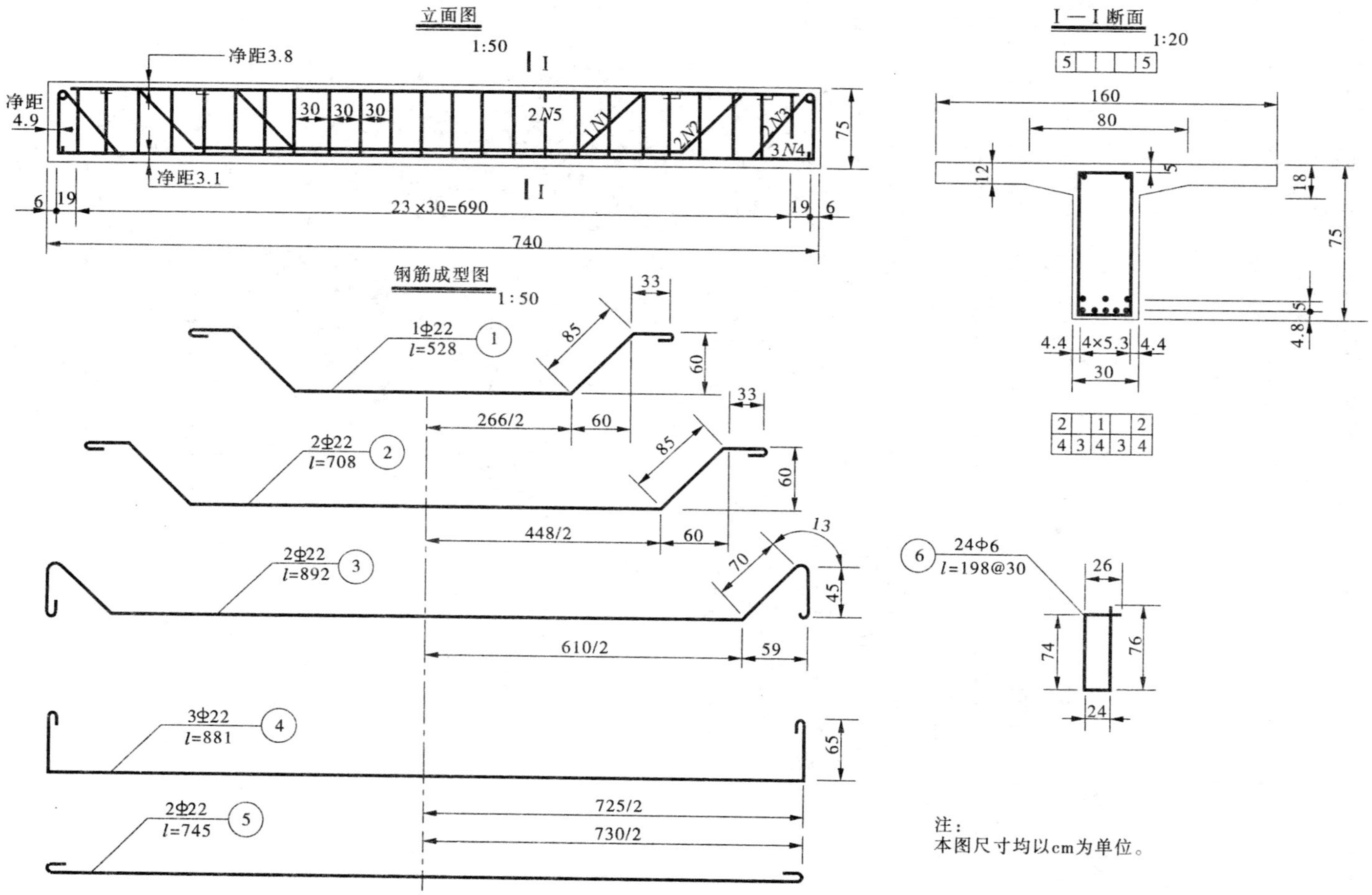

图 10-14　某钢筋混凝土梁的钢筋结构图

第二节　桥梁工程图

虽然各种桥梁的结构形式和建筑材料不同，但图示方法基本是相同的。表示桥梁工程的图样一般可分为桥位平面图、桥位地质断面图、桥梁总体布置图、构件图、详图等。下面以某钢筋混凝土空心板梁桥、斜拉桥、钢结构桥为例，结合桥梁专业图的图示特点来阅读和绘制桥梁工程图。

一、钢筋混凝土桥梁工程图

（一）桥位平面图

桥位平面图主要表明桥梁和路线连接的平面位置，通过实际地形测量绘出桥位处的道路、河流、水准点、地质钻孔位置、附近的地形和地物（如房屋、旧桥、旧路等），以便作为设计桥梁、施工定位的依据。其画法与路线平面图相同，只是桥位平面图一般采用较大的比例，如 1∶500、1∶1 000、1∶2 000 等。

如图 10-15 所示为某桥的桥位平面图。除表示路线的平面形状、地形和地物外，还表明了钻孔、里程、水准点的位置和数据。桥位平面图中，由指北针或以坐标网格及坐标轴线代号与数字标定路线的走向，植被、水准符号等均应以正北方向为准，图中文字书写方向沿用路线工程图的要求及总图标方向确定。

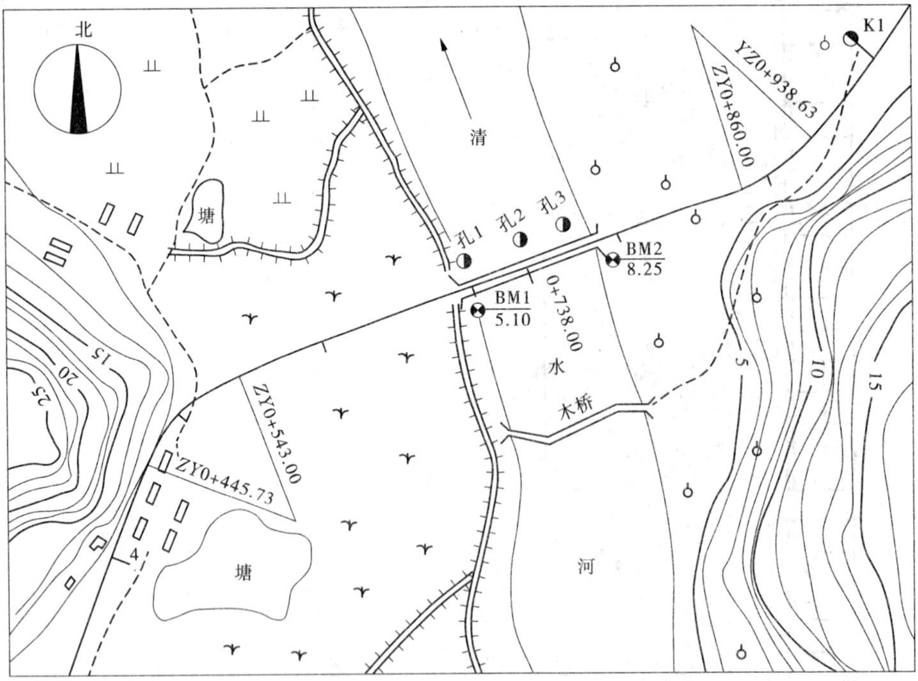

图 10-15　某桥位平面图

（二）桥位地质断面图

根据水文调查和勘探所得的地质水文资料，绘制桥位所在河床位置的工程地质图，称为桥位工程地质图，它包括桥位地质平面图和桥位地质断面图（对于弯桥，则为沿桥纵轴线的展开剖面图)。桥位地质平面图反映桥位处地质的平面分布图情况,包括断层、滑坡、节理、层理产状及勘探布孔情况。地质断面图包括河床断面线、最高水位线和最低水位线,以便作为设计桥梁和计算土石方工程量的依据。为准确表明桥位处地质变化情况,断面图还应附公路里程桩号及地面高程表。如图 10-16 所示为某桥位地质断面图。

地质断面图为了显示地质和河床深度变化情况,特意把地形高度(标高)的比例较水平方向比例放大数倍画出。例如图 10-16 中地形高度方向比例为 1:200,水平方向则采用 1:500。

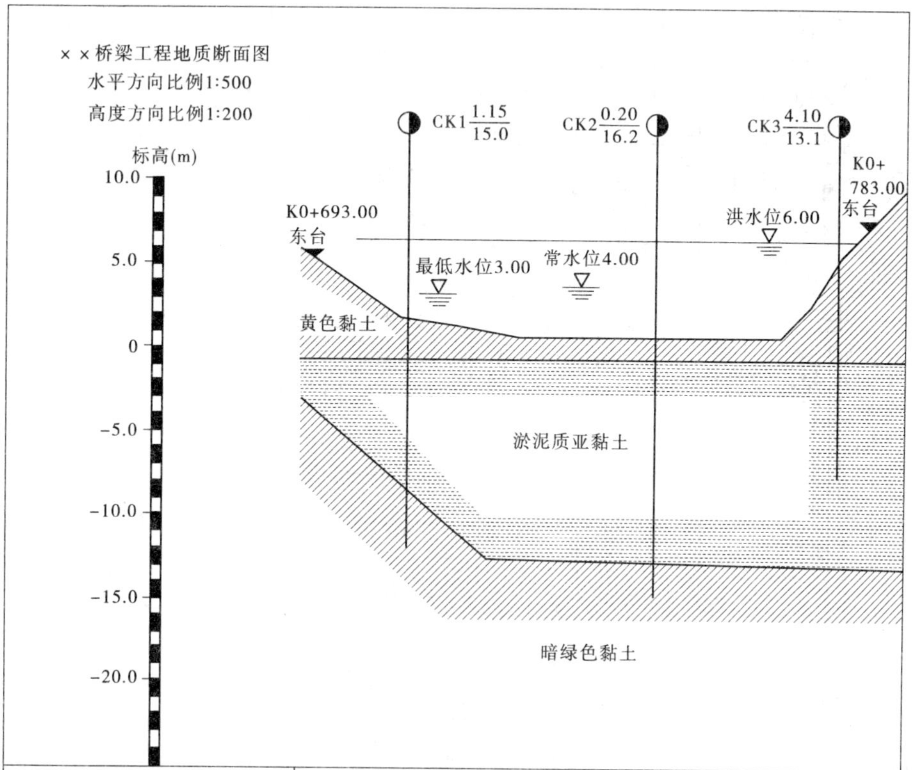

钻孔编号	1		2		3	
孔口标高(m)钻孔深度(m)	1.15	15.0	0.20	16.2	4.10	13.1
间距(m)		40.00		38.00		

图 10-16　某桥位地质断面图

(三)桥梁总体布置图

桥梁总体布置图和构件图是指导桥梁施工的最主要图样,它主要表明下列内容:

(1)桥梁的形式、孔数、跨径、总长以及桥面标高、桥面宽度等。

(2)各主要构件的构造形式、标高和相互位置。

(3)总的技术说明等。

总体布置图可作为施工放样、确定墩台水平位置及各部分标高、构件预制、架高安装的依据,主要由立面图、平面图、侧面图、路基设计表及附注组成。

如图 10-17 所示,某钢筋混凝土空心板简支梁桥的总体布置图,包括立面图、平面图、横剖面图三个视图,它们均采用了合成视图。绘图比例为 1:200,桥梁全长为 34.90 m,总宽度

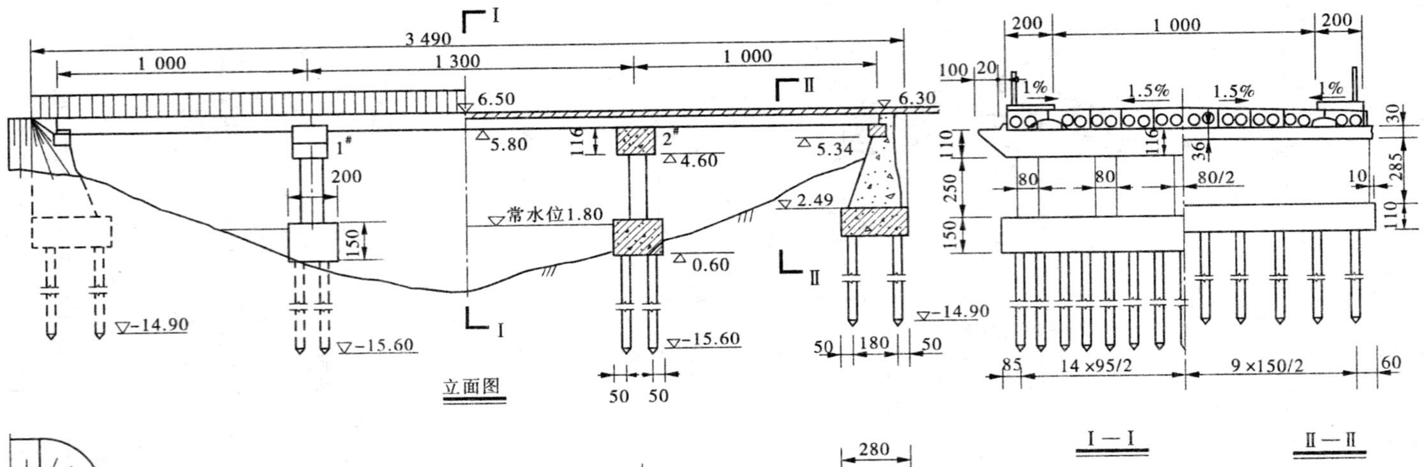

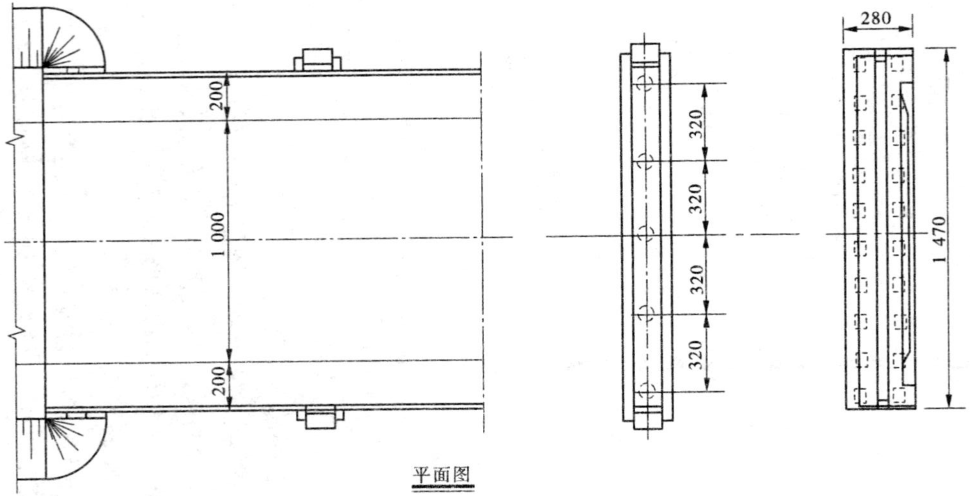

说明：
1.本图尺寸除标高以m计外，其余均以cm计。
2.图中标高为黄海标高。
3.设计荷载标准为汽车-20级、挂车-100级。

图 10-17　某钢筋混凝土空心板梁板的总体布置图

为 14 m，中孔跨径 13 m，边孔跨径 10 m。桥梁上部承重构件为钢筋混凝土空心板梁，桥中部设有两个柱式桥墩，桥两端设重力式混凝土桥台，桥墩和桥台的基础采用钢筋混凝土预制打入桩。

①立面图。

因为桥梁左右对称，故本桥梁立面图由半立面图和半纵剖面图拼合而成，并习惯将纵剖面图绘在右边。从图 10-17 可知：桥梁的总长为 34.90 m，共 3 孔，中孔跨径 13 m，两边孔跨径为 10 m；左半立面图为左侧桥台、1#桥墩、板梁、人行道栏杆等主要部分的外形视图。右半纵剖面图是沿桥梁中心线纵向剖开而得到的，2#桥墩、右侧桥台、板梁和桥面均应按剖开绘制。图中还画出了河床的断面形状，在半立面图中，河床断面线以下的结构如桥台、桩等用虚线绘制，在半剖面图中地下的结构均画为实线。由于预制桩打入到地下较深的位置，不必全部画出，为了节省图幅，采用了断开画法。桥梁各部分的标高已在图中示出，可作为桥梁施工定位的依据。

②平面图。

桥梁的平面图与立面图对应，也常采用半剖的形式。左半平面图是从上向下投影得到的桥面俯视图，主要画出了车行道、人行道、栏杆等的位置。由所注尺寸可知，桥面车行道净宽为 10 m，两边人行道各 2 m。右半部采用的是剖切画法（或分层切开画法），假想把上部结构移去后，画出了 2#桥墩和右侧桥台的平面形状和位置。桥墩中的虚线圆是立柱的投影，桥台中的虚线正方形是下面方桩的投影。

③横剖面图。

根据立面图中所标注的剖切位置可以看出，Ⅰ—Ⅰ剖面是在中跨位置剖切的，Ⅱ—Ⅱ剖面是在边跨位置剖切的，桥梁的横剖面图是左半部Ⅰ—Ⅰ剖面和Ⅱ—Ⅱ剖面拼成的。桥梁中跨和边跨部分的上部结构相同，桥面总宽度为 14 m，是由 10 块钢筋混凝土空心板拼接而成的，图中由于板的断面形状太小，没有画出其材料符号。在Ⅰ—Ⅰ剖面图中画出了桥墩各部分，包括墩帽、立柱、承台、桩等的投影。在Ⅱ—Ⅱ剖面图中画出了桥台各部分，包括台帽、台身、承台、桩等的投影。

（四）构件图

由于总体布置图所用的比例较小，不能将桥梁的所有构件都详细地表示清楚。为方便施工，还必须根据总体布置图采用较大的比例画出构件结构图。例如，主梁结构图、桥台结构图、桥墩图、桩基图和防撞护栏图等，构件结构图常采用的比例为 1:10～1:50。当构件的某一局部在构件中不能清晰完整地表达时，还应采用更大的比例，例如采用比例为 1:3～1:10等画出局部详图。

图 10-18 为一桥梁各构件的立体示意图。下面讲述桥梁各主要构件图的画法特点。

1. 桥台图

桥台属于桥梁的下部结构，主要是支承上部的板梁，并承受路堤填土的水平推力。桥台的形式很多，常见的桥台形式主要有三种：重力式 U 形桥台（又称实体式桥台）、肋板式桥台、柱式桥台，如图 10-19 所示。

下面以重力式混凝土桥台为例说明桥台构造。

图 10-20 为重力式混凝土桥台的构造图，用剖面图、平面图和侧面图表示。该桥台由台帽、台身、侧墙、承台和基桩组成。桥台的台身和侧墙均用 C30 混凝土浇筑而成，台帽和承

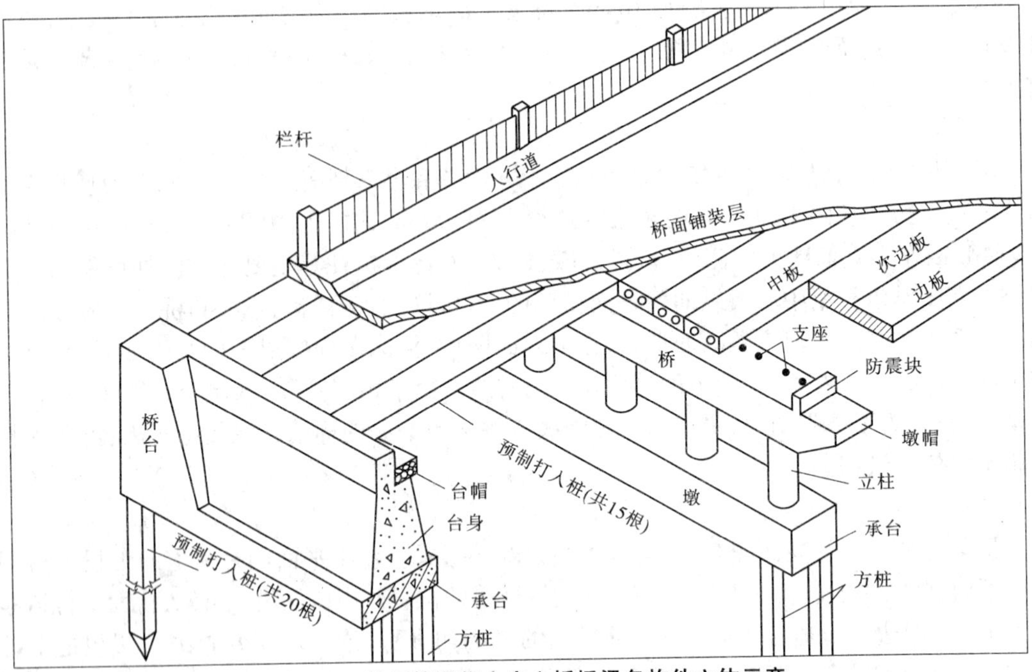

图 10-18　某钢筋混凝土空心板桥梁各构件立体示意

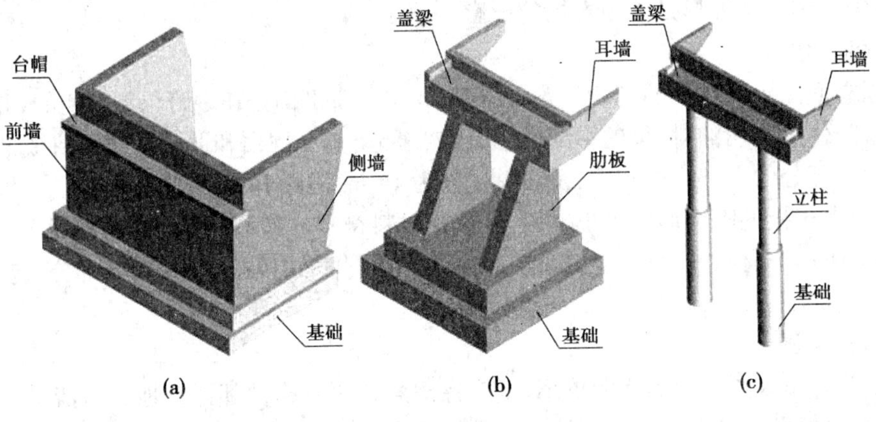

图 10-19　桥台的三种常见形式

台的材料为钢筋混凝土。桥台的长为 280 cm，高为 493 cm，宽为 1 470 cm。

(1)纵剖面图。采用纵剖面图代替立面图，显示了桥台内部构造和材料。

(2)平面图。设想主梁尚未安装，后台也未填土，这样就能清楚地表示出桥台的水平投影。

(3)侧面图。由 1/2 台前和 1/2 台后两个图合成。所谓台前，是指人站在河流的一边顺着路线观看桥台前面所得的投影图；所谓台后，是指人站在堤岸一边观看桥台背后所得的投影图。

为了节省图幅，平面图和侧面图都采用了断开画法。桥台下的基桩分两排对齐布置，排距为 180 cm，桩距为 150 cm，每个桥台有 20 根桩。桥台的各个部分均是钢筋混凝土结构，应绘制钢筋布置图，但由于篇幅限制，桥台各部分的钢筋布置图省略。

2. 桥墩图

桥墩和桥台同属于桥梁下部结构，道路桥梁常见的桥墩形式主要有重力式桥墩、桩柱式

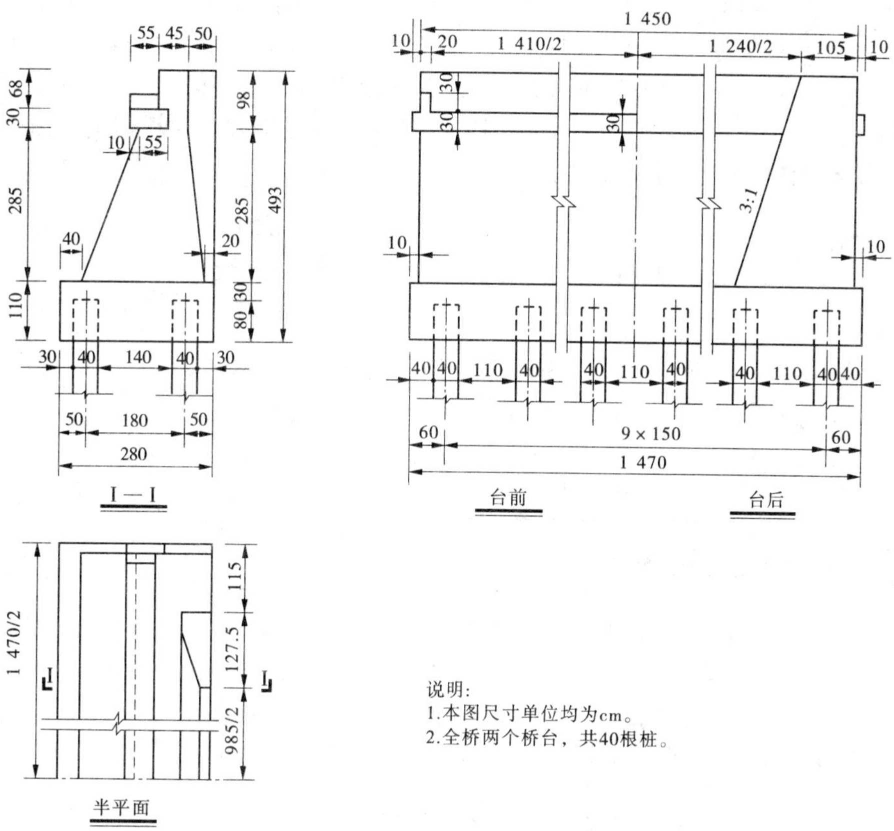

图 10-20　重力式混凝土桥台构造

桥墩,如图 10-21 所示。

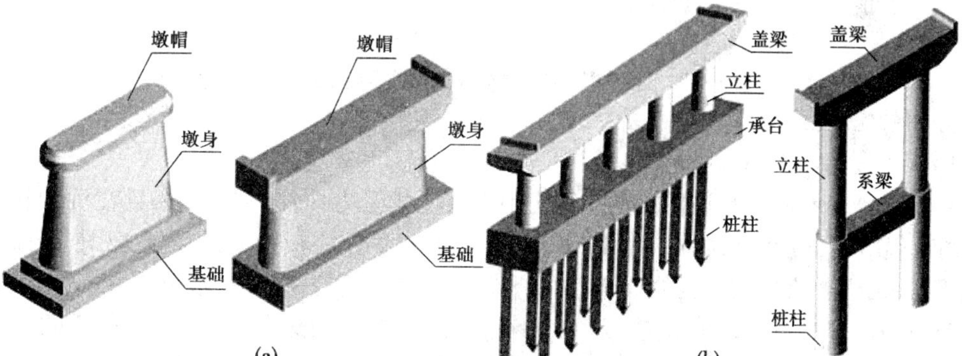

图 10-21　桥墩的常见形式

下面以 1[#]、2[#]桩柱式桥墩为例说明桥墩构造。

图 10-22 为桥墩构造图,主要表达桥墩各部分的形状和尺寸。这里绘制了桥墩的立面图、侧面图和Ⅰ—Ⅰ剖面图,由于桥墩是左右对称的,故立面图和剖面图均只画出一半。该桥墩由墩帽、立柱、承台和基桩组成。根据所标注的剖切位置可以看出,Ⅰ—Ⅰ剖面图实质为承台平面图,承台基本为长方体,长 1 500 cm,宽 200 cm,高 150 cm。承台下的基桩分两排交错(呈梅花形)布置,施工时先将预制桩打入地基,下端达到设计深度(标高)后,再浇筑

承台,桩的上端深入承台内部 80 cm,在立面图中这一段用虚线绘制。承台上有五根圆形立柱,直径为 80 cm,高为 250 cm。立柱上面是墩帽,墩帽的全长为 1 650 cm,宽为 140 cm,高度在中部为 116 cm,在两端为 110 cm,有一定的坡度,为的是使桥面形成 1.5% 的横坡。墩帽的两端各有一个 20 cm × 30 cm 的抗震挡块,是防止空心板移动而设置的。由于篇幅限制,桥墩各部分的钢筋布置图省略。

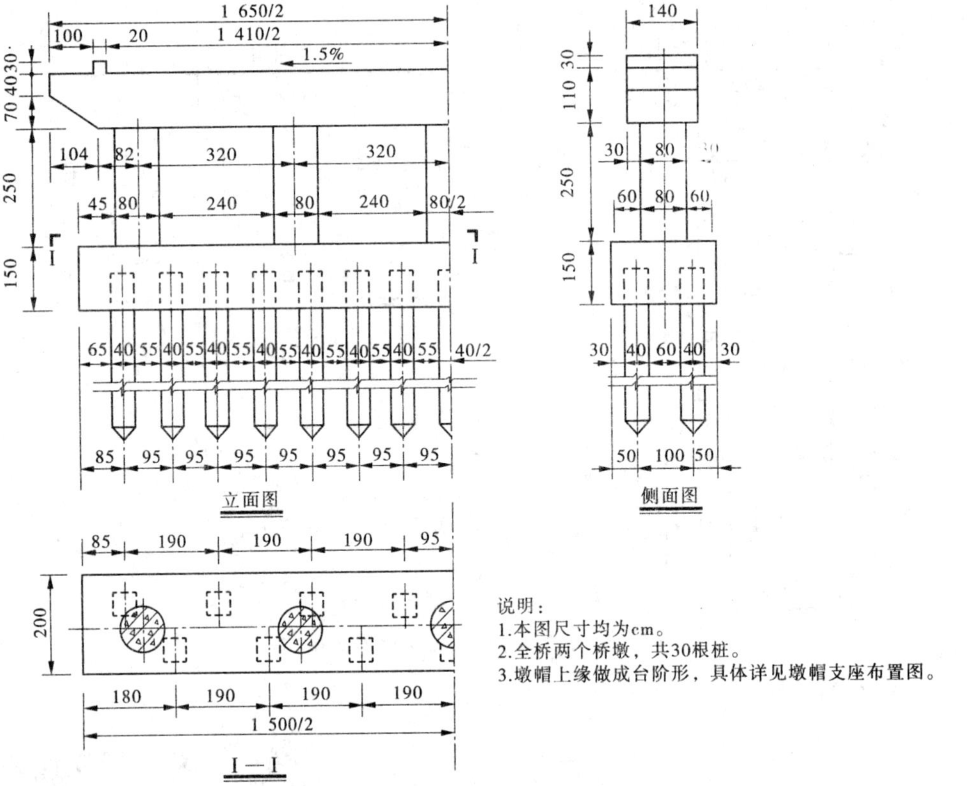

图 10-22 $1^{\#}$、$2^{\#}$桩柱式桥墩构造图

3. 钢筋混凝土空心板图

1) 空心板结构图

钢筋混凝土空心板是该桥梁上部结构中最主要的受力构件,它两端搁置在桥墩和桥台上,中跨为 13 m,边跨为 10 m。图 10-23 为边跨 10 m 的空心板构造图,由立面图、平面图和断面图组成,主要表达空心板的形状、构造和尺寸。整个桥宽由 10 块板拼成,按不同位置分为三种:中板(中间共 6 块)、次边板(两侧各 1 块)、边板(两边各 1 块)。三种板的厚度相同,均为 55 cm,故只画出了中板立面图。由于三种板的宽度和构造不同,分别绘制了中板、次边板和边板的平面图,中板宽 124 cm,次边板宽 162 cm,纵向是对称的,所以立面图和平面图均只画出了一半,边跨板长名义尺寸为 10 m,但减去板接头缝后实际上板长为 996 cm。三种板均分别绘制了跨中断面图,可以看出它们不同的断面形状和详细尺寸。另外,还画出了板与板之间拼接的铰缝大样图,具体施工做法详见说明。

2) 空心板钢筋布置图

每种空心板内都有钢筋,因此必须绘制钢筋布置图。如图 10-24 所示为 10 m 板边板的配筋图。立面图是用 I — I 纵剖面表示的(既然假定混凝土是透明的,立面图和剖面图已

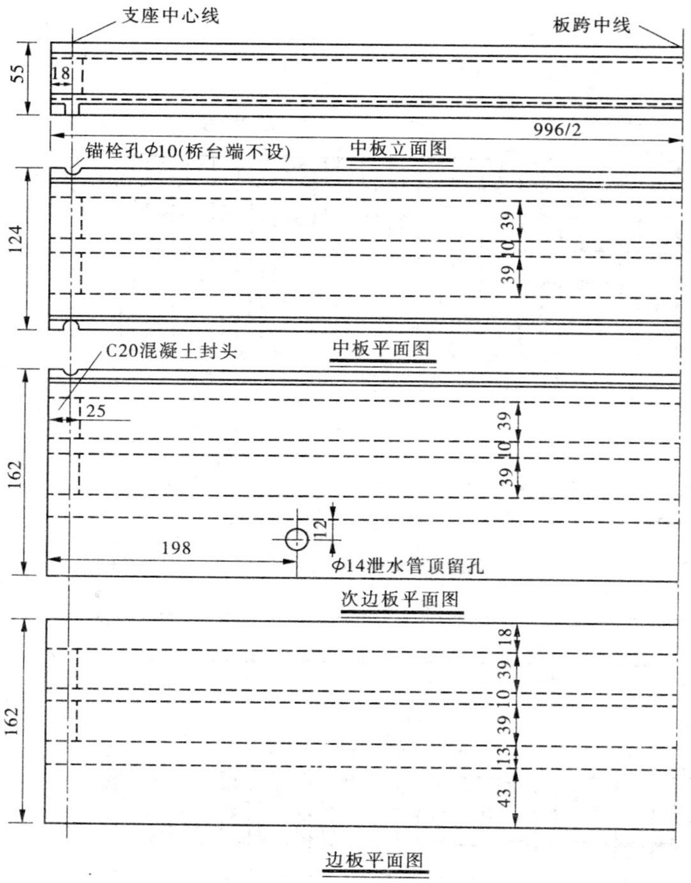

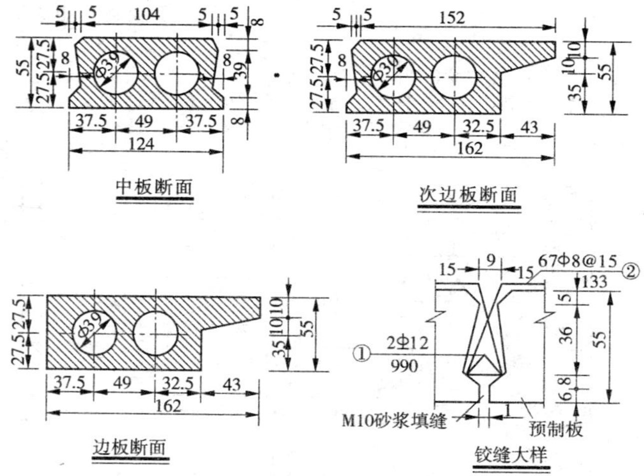

一块空心板混凝土数量表

封头	中板		边板		次边板	
C20混凝土 (m^3)	C25混凝土 (m^3)	安装质量 (t)	C25混凝土 (m^3)	安装质量 (t)	C25混凝土 (m^3)	安装质量 (t)
0.119	3.874	9.762	4.081	13.3	4.523	11.44

说明:

1.本图尺寸除钢筋直径以mm计外，余均以cm计。

2.浇筑铰缝混凝土前先用M10水泥砂浆填底缝，待砂浆强度达50%后方可浇筑铰缝。

3.铰缝钢筋1、2号先绑扎好再放入铰缝内，并与预制板中伸出的箍筋绑扎在一起,2号钢筋每隔15 cm扎一根。

图 10-23 边跨 10 m 空心板构造图

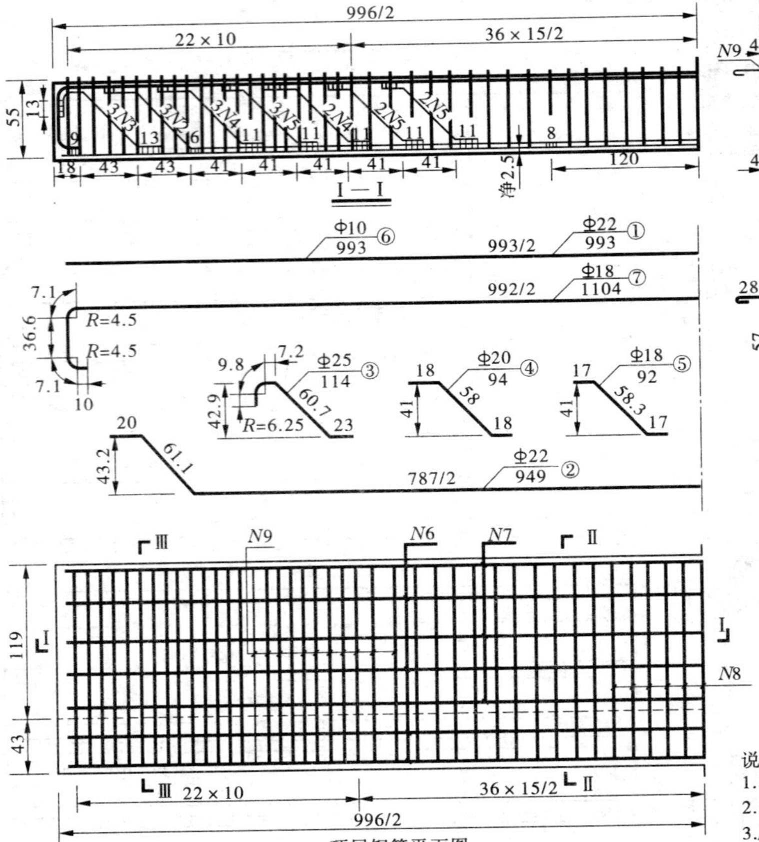

顶层钢筋平面图

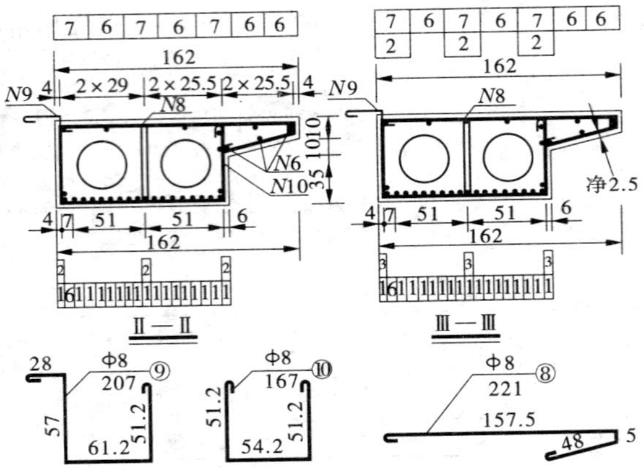

一块板钢筋明细表

编号	直径	每根长度(cm)	根数	总长(m)	质量(kg)
1	Φ22	993	17	168.8	503
2	Φ22	949	3	28.5	85
3	Φ25	114	6	6.8	26
4	Φ20	94	10	9.4	23
5	Φ18	92	14	12.9	26
6	Φ10	993	8	79.4	49
7	Φ18	1 104	3	33.1	66
8	Φ8	221	81	179	71
9	Φ8	207	81	167.7	66
10	Φ8	167	81	135.3	53

说明:

1.本图尺寸除钢筋直径以mm计外，余均以cm计。

2.焊接钢筋均采用双面焊，焊接长度按“公路桥规”办理。

3.*N*8与*N*9、*N*10钢筋对应设置，*N*9钢筋弯直伸入人行道。

图 10-24　10 m 板边板的配筋图

无多大区别,这里主要是为了避免钢筋过多的重叠,才这样处理)。由于板中有弯起钢筋,所以绘制图中横断面Ⅱ—Ⅱ和跨端横断面Ⅲ—Ⅲ,可以看出2号钢筋在中部位于板的底部,在端部时则位于板的顶部。为了更清楚地表示钢筋的布置情况,还画出了板的顶层钢筋平面图。

整块板共有10种钢筋,每种钢筋都绘出了钢筋详图。这样几种图互相配合,对照阅读,再结合列出的钢筋明细表,就可以清楚地了解该板中所有钢筋的位置、形状、尺寸、规格、直径、数量等内容,以及几种弯筋、斜筋与整个钢筋骨架的焊接位置和长度。

二、斜拉桥

随着材料及预应力技术的进步,外形轻巧,简洁美观,跨越能力大的斜拉桥成为现代桥梁的常见桥型之一。近几年以来,斜拉桥迅速发展。

(一)斜拉桥简介

斜拉桥与梁桥相比,除主梁外,增加了索塔和拉索,如图10-25所示为一座双塔双索面斜拉桥的透视图,斜拉桥的主梁一般用钢或钢筋混凝土(或预应力钢筋混凝土)或混和制作。斜拉桥的结构体系分为悬臂式或连续式两种,桥塔的形式有门式塔、A形塔、独立塔或双柱式塔等,如图10-26所示。拉索的形式有辐射形、平行形、扇形和星形等,如图10-27所示。

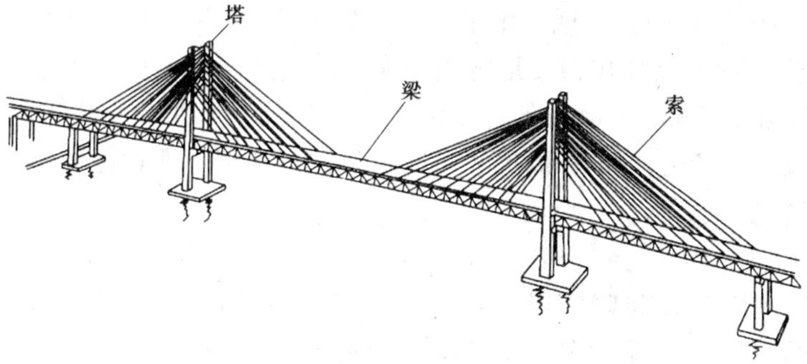

图10-25　斜拉桥的透视图

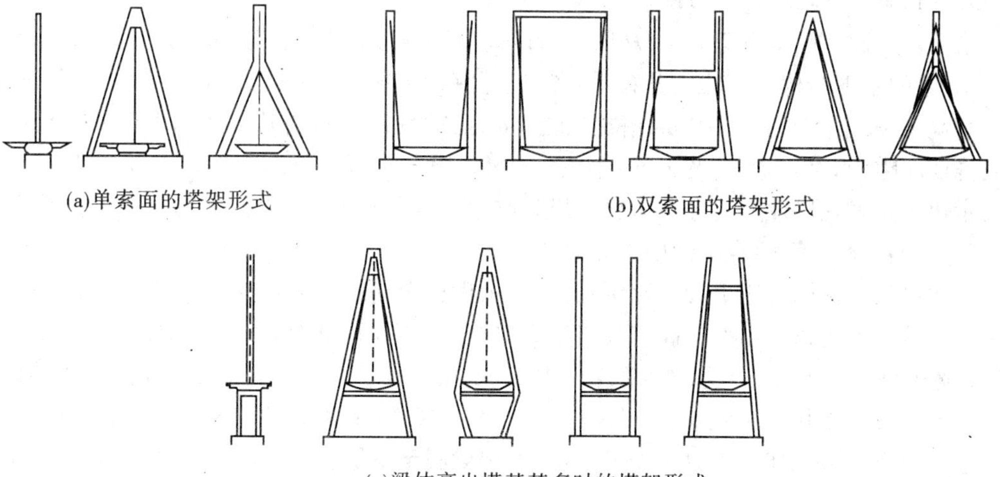

图10-26　斜拉桥的塔架形式

(二)斜拉桥总体布置图

如图 10-28 所示为一座双塔双索面钢桁组合双层斜拉桥总体布置图。其中,主梁采用钢桁组合梁双层行车道体系,上层单箱 6 室箱形截面梁作为高速公路专用道,下层桁架梁用作一般公路的通行。高速公路的行车道为 6 车道,门式塔索,扇式拉索,双索面布置。本桥主跨 460 m,两边跨各为 200 m。为简洁两边引桥部分断开未画。

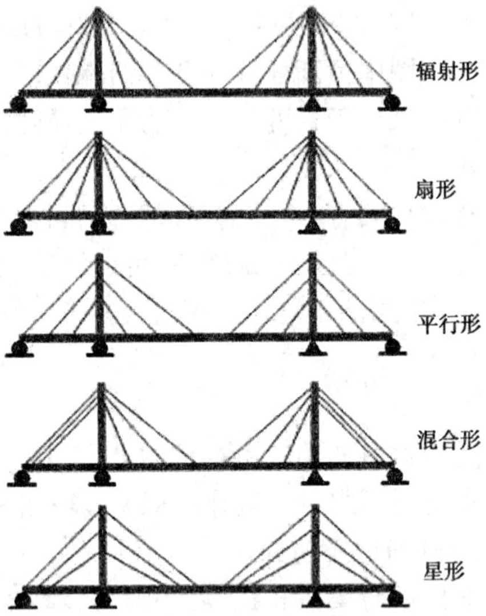

图 10-27　斜拉桥的拉索形式

1. 立面图

由于采用较小的比例 1∶2 500,仅画桥梁的外形而不画剖面。上层箱梁高用两条粗线表示,最上面加一条细线表示桥面高度,横隔梁和护栏均省略不画;下层仅画出了横梁各杆件的外形。从立面图可以看出主桥的分孔布置情况(即 200 m + 460 m + 200 m),三跨连续双层桥面钢斜拉桥。本桥主孔也是主航道通航孔,通航净高 55 m(55. 903 m - 0. 903 m)。桥墩是由承台和混凝土基桩(井柱基础)组合而成的,它和上面的塔柱固结成一整体,使作用稳妥地传递到地基上。立面图上反映了各墩的承台顶面到桩尖的高度及混凝土基桩在顺桥内的排列情况。立面图还反映了河床起伏(地质资料另有图纸,此处略)及水文情况,根据标高尺寸可知桩和桥台基础的埋置深度、梁底、桥面中心和通航水位的标高与尺寸。

2. 平面图

平面图采用了分层揭掉画法,以中心线为界,左半画外形,显示了上层高速公路的桥面宽度以及塔柱断面和 1#、2#墩承台的水平投影,右半是把桥的上面部分揭掉后显示下层的桥面桁梁行车道部分、桁梁下承纵联,下悬杆布置以及 3#、4#墩承台和桩位的平面布置情况。

3. 塔正面图及主梁横断面图

采用较大比例画出塔正面图,从图中可以看出塔的形式为门式塔,塔的各部分尺寸也作了表示,梁的上部结构与塔的位置关系,塔与承台基桩的位置关系也作了表达;塔身分三段,第一段高 39 m,第二段高 87. 9 m,塔柱顶端 4 m、底宽 5. 8 m,塔身顶部内侧净距 27. 35 m、塔身底内侧净距 34. 40 m,承台厚 6 m,第三段高 45. 10 m。塔柱总高为 172. 0 m,在塔身顶部还表示出了拉索在塔柱上的分布情况,对基础标高、水位标高、基桩位处的河床标高和混凝土基桩的埋置深度等,也在本图中予以表达。

对主梁的断面图另用更大的比例画出,显示出整个桥跨结构的断面细部尺寸及相互位置关系。从图上可以看出上层高速公路桥为单箱六室断面,桥面 2. 0% 的双向横坡,中间设 2. 5 m 宽中央分隔带,两边设防护栏,箱梁厚 3 m,梁两翼各为 3. 3 m 宽的三角形截面板,桥面总宽 40. 2 m,其中车道安排为双向隔 3 × 3. 5 m = 10. 5 m、每边护轮带 0. 5 m 的行车部分。其下层梁行车部分的建筑限界也作了表示,上层梁底至下层主桁净高 8 m,主桁厚 1 m,其顶面设 2 × 5 道纵梁,其间距为(2. 44 m + 33. 6 m) × 2,图中未标尺寸数值,用于支承下层行车道,可以看出,主梁总高 12 m,主桁下弦轴线宽 31 m。

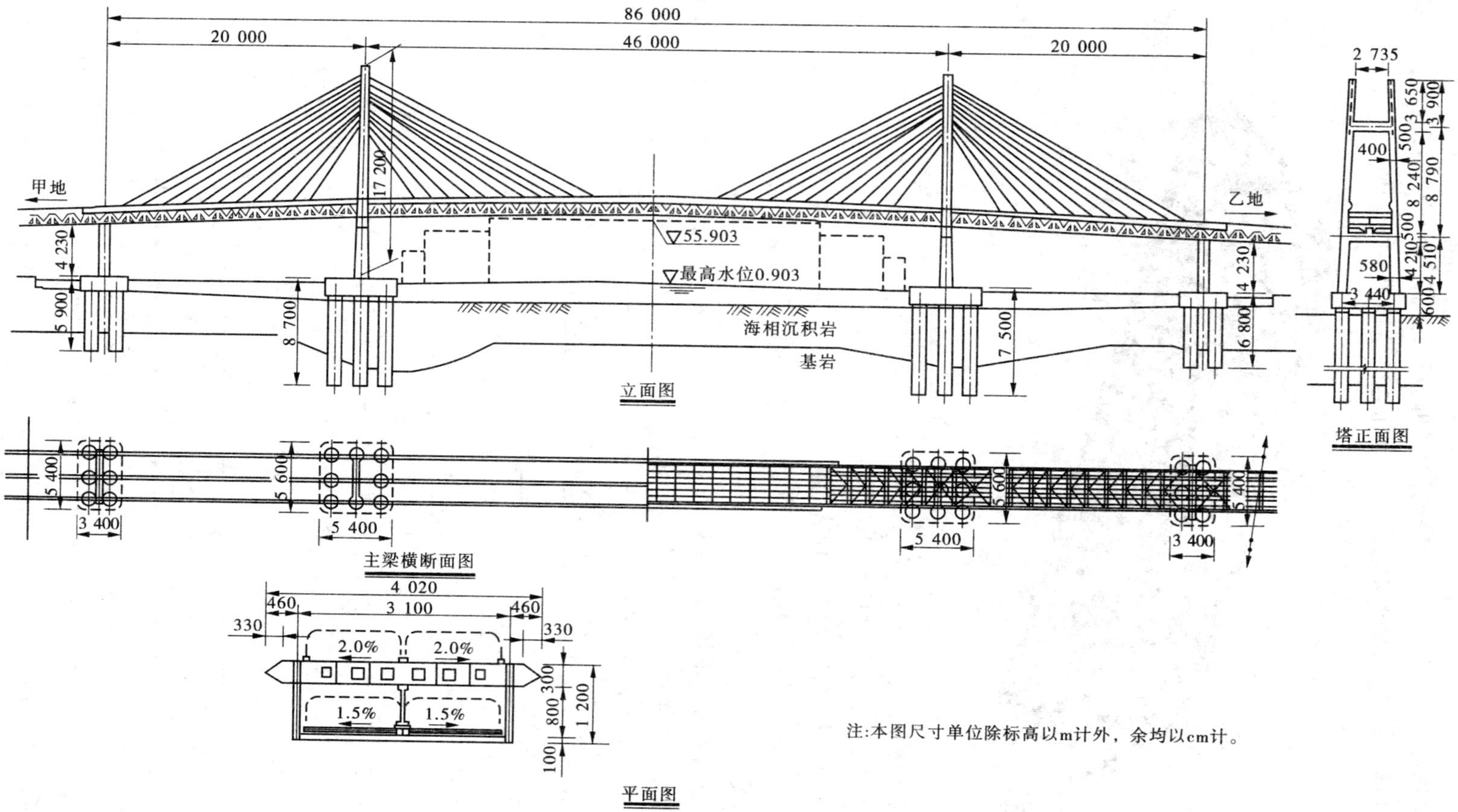

图 10-28 斜拉桥总体布置图

注:本图尺寸单位除标高以m计外，余均以cm计。

三、钢结构图

所谓钢结构，就是通过用铆钉、螺栓或焊接的方法，把各种型钢如角钢、工字钢、槽钢和钢板等连接起来的结构物，如图 10-29 所示，是下承式钢桁架梁的立体图。

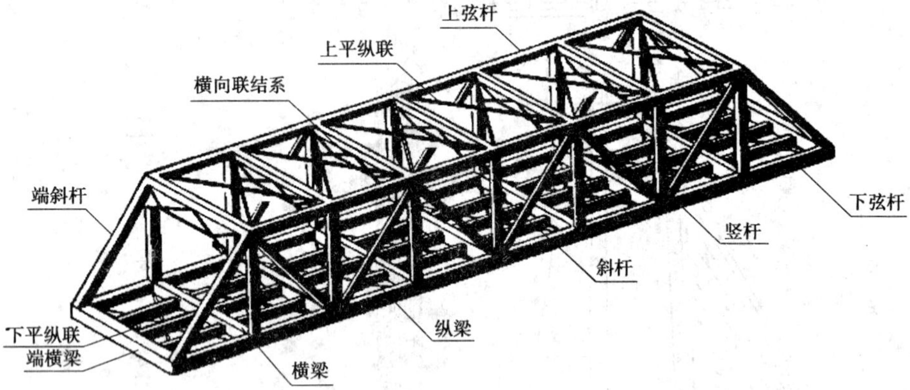

图 10-29　下承式钢桁架梁立体图

钢结构图通常可分为总图、节点图、杆件图及零件图。

(1)总图。表示整个钢结构的图。

(2)节点图。表示节点的详细构造的图。

(3)杆件图及零件图。表示某一杆件或零件的详图。

(一)总图

钢结构总图通常用单线示意图表示。如图 10-30 所示是跨度为 64 m 的下承式钢桁架梁示意图，这个示意图由以下五个投影图组成。

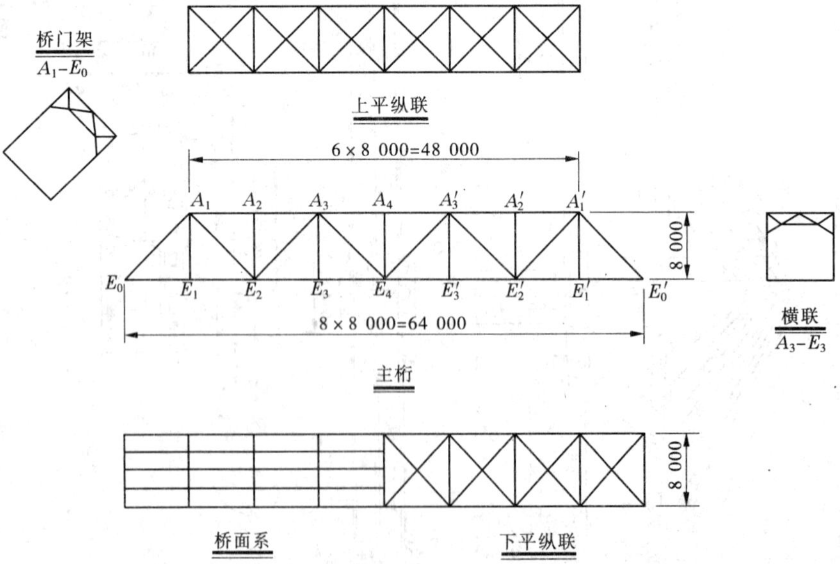

图 10-30　下承式钢桁架梁示意图

(1)主桁架图。它是桥梁纵方向的立面图，表示前后两片主桁的形状和大小，主桁架是主要承重结构，它由上弦杆、下弦杆、斜杆和竖杆共同组成。

(2)上平纵联图。它是上平纵联的平面图，通常画在主桁架图的上面，表示桥梁顶部的上平纵联的结构形式，其作用是保证桁架的侧向稳定及承担作用于桥上的水平力，亦称为上风架。

(3)下平纵联图。它是下平纵联的平面图，通常画在主桁架图的下面。它的右边一半表示下平纵联的结构形式，亦称为下风架；它的左边一半表示桥面的纵横梁位置和结构形式。

(4)横联。它是桥梁的横断面图，表示两片主桁架之间横向联系的结构形式，图中表示了 A_3-E_3 处的横联结构形式。

(5)桥门架。它是采用辅助投影面法把桥门(A_1-E_0)的实形画出来的。它设在主梁末端支座上，主要作用是将上风架所承受的水平力传递到桥梁支座上去。

(二)钢节点图的构造

钢节点是钢结构图中较复杂的部分，如图 10-31 所示为钢桁架梁的下弦节点 E_2 构造的立体图。

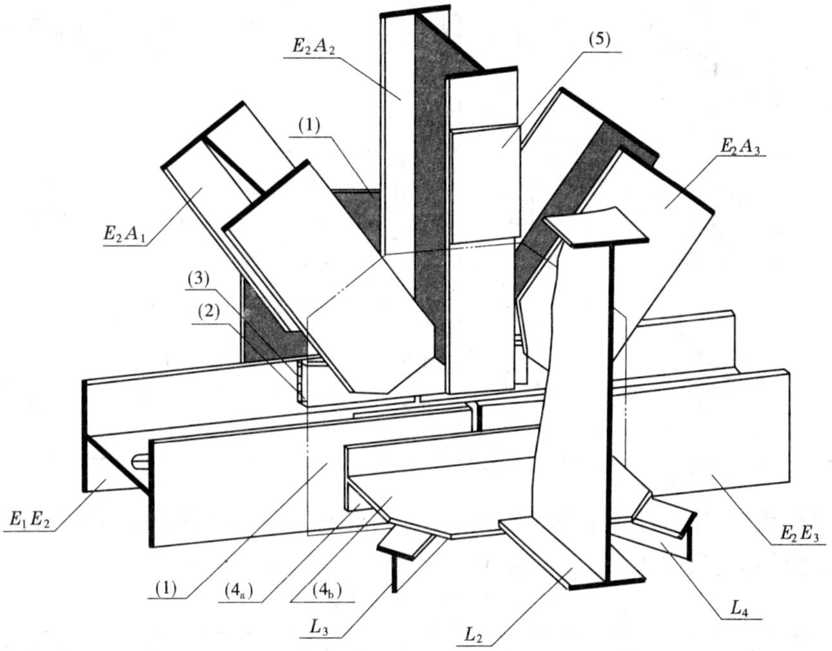

图 10-31　节点 E_2 构造立体图

下弦节点 E_2，是通过两块节点板(1)(前面一块节点用双点画线表示)、接板(2)、填板(3)和高强螺栓将主桁架的下弦杆 E_1E_2、E_2E_3、斜杆 E_2A_1、E_2A_3 和竖杆 E_2A_2 连接组成的。

节点 E_2 除连接主桁架上述的交汇架杆件外，还通过接板(4_a)、(4_b)、填板(5)和角钢(图中没有画出)把横梁 L_2(采用局部断裂画法)和下风架 L_3、L_4 连接起来。

(三)钢结构的焊接

焊接是目前钢结构中主要的连接方法。表示钢结构的焊缝，一般都采用标注法，它是采用箭头引出线的形式，如图 10-32 所示，将焊缝符号标注在指引线的横线上，必要时可在横线末端加一尾部作其他说明之用，如焊接方法等。

图形符号表示焊缝断面的基本形式，如 V 形、I 形、角焊和塞焊等，常见的图形符号和辅助符号如表 10-6 所示。

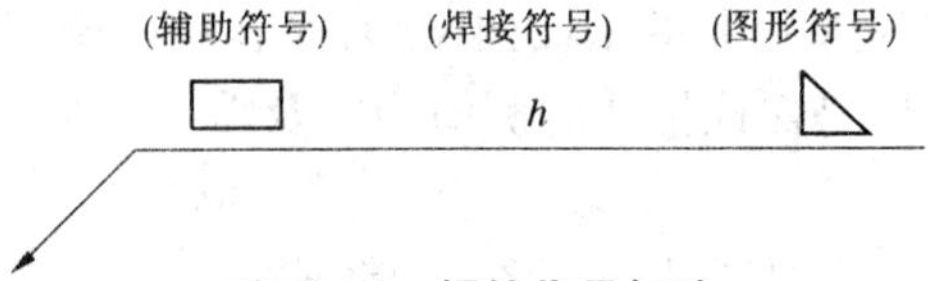

图 10-32　焊接代号标注

表 10-6　焊缝的图形符号和辅助符号

焊缝名称	焊缝形式	图形符号	焊缝名称	焊缝形式	辅助符号	标注方式
V形	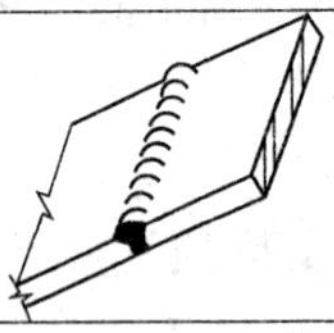	V	三面焊缝	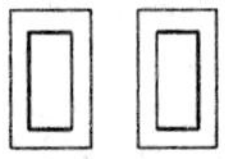	[ ]	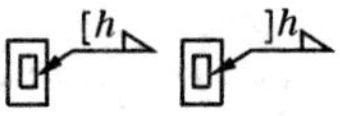
I形	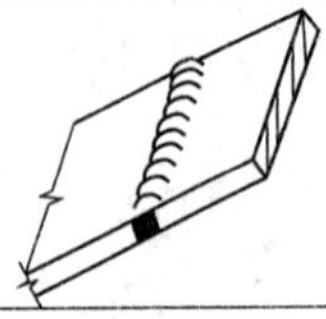	||		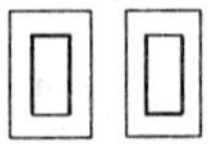	⊓ ⊔	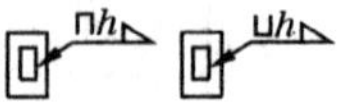
角焊	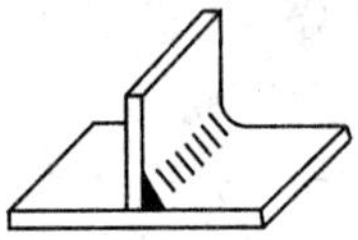		周围焊缝	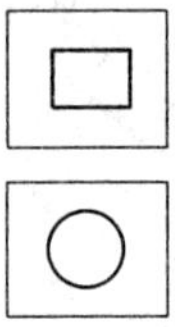	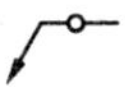	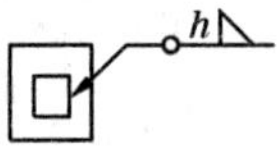
塞焊	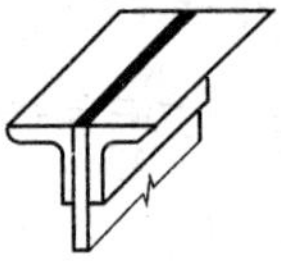	⊓	现场安装	无		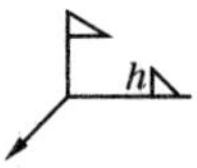

当比例较大时，还可以加上图示法来表示，它是把可见焊缝用带弧形细实线的栅线来标注，而把不可见焊缝用实线表示，如表 10-7 所示。

表 10-7　加注图示表示焊缝

名称	可见焊缝	不可见焊缝	可见与不可见焊缝重叠
图例	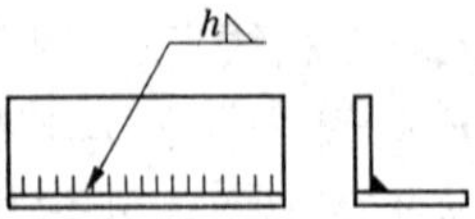	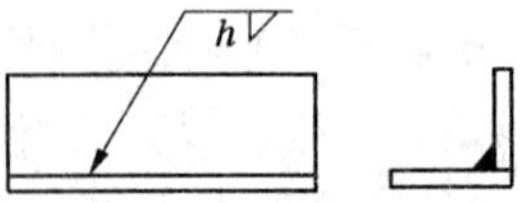	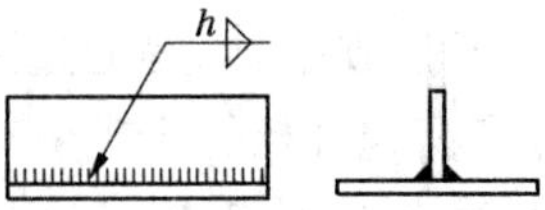

(四)钢节点图

钢结构节点图除采用常用的投影图外，还配合用剖面图、断面图和斜视图(投影在和倾斜表面平行的辅助投影面上画出的视图)等方法来表示，钢结构图的尺寸单位一般采用 mm，常用比例为 1∶10～1∶20。

如图 10-33 所示的钢结构节点 E_2 详图，通常是画出后片主桁架的节点图。

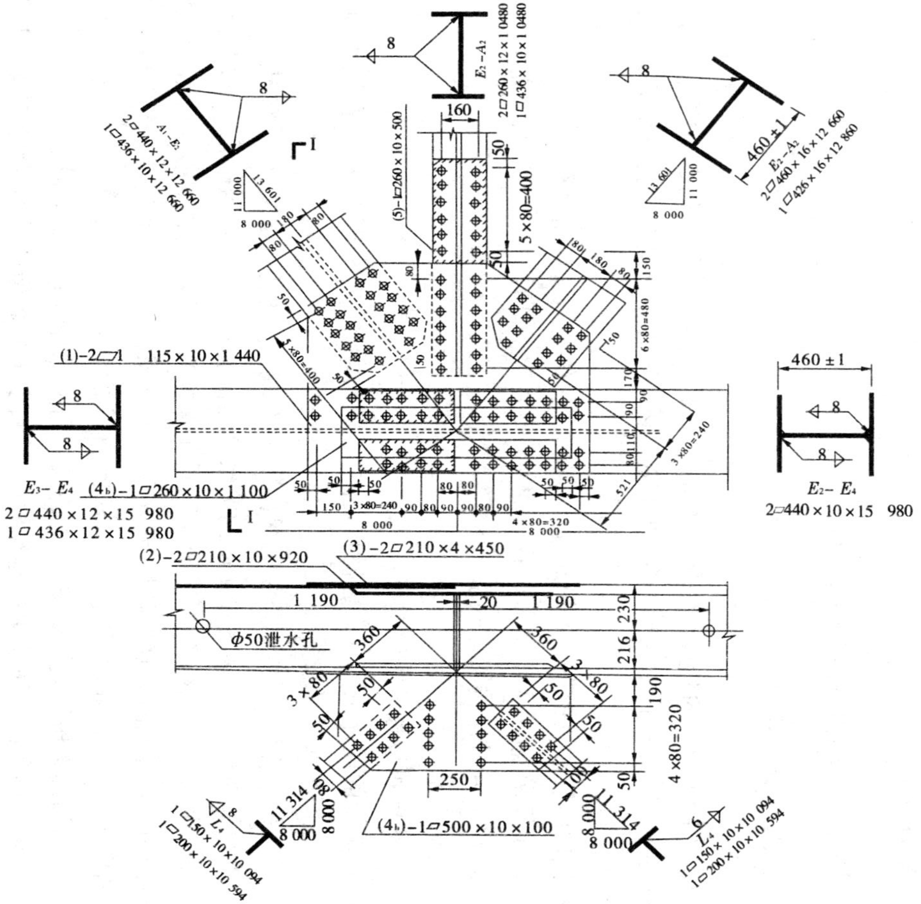

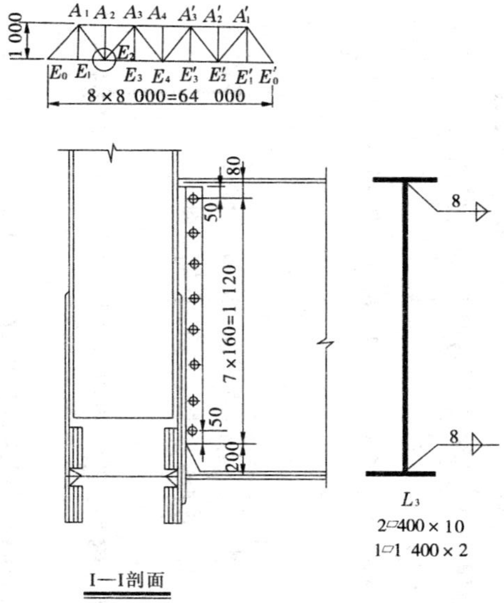

说明：

1.本图尺寸均以mm计。

2.图中符号：

⊕表示ϕ22的高强螺栓孔；

焊缝高度为6 mm和8 mm,都是半自动焊。

3.未注明长度的焊缝,均全长焊接。

4.材料:16锰钢。

5.各构件细部尺寸,在构件图中表达。

图 10-33　钢结构节点 E_2 详图

1. 立面图

立面图是节点图的主要投影图，它没有把横梁和下风架等杆件画出来，而只画出它们的接板(4_a)，这样可以更清楚地显示各杆件和接点板连接的构造。螺孔用小黑圆点表示，还要注出螺孔的定位尺寸和杆件的装配尺寸，如 E_2A_3 杆件中的 3×80、50 和 521。

在立面图的周围(包括平面图和侧面图)，还画出了各杆件的斜视图来表示各杆件断面的形状及构造尺寸，在 E_2A_3 中的 2▱460×16×12 660，1▱426×12×12 660，表示该杆件是由二块尺寸为 460×16×12 660 和一块尺寸为 426×12×12 660 的钢板，通过焊接组成工字梁形式。

2. 平面图

采用拆卸画法把竖杆和斜杆移去画出下弦杆和节点板、接板、填板的连接构造，在图中一般均不画剖面线，而对于填板，不论剖切与否，习惯上均画上剖面线。

3. 侧面图

采用Ⅰ—Ⅰ剖面和拆卸画法把斜杆移去，把竖杆和节点板的连接、竖杆和横梁的连接画出来。

在施工图中，对于非标准构件还必须单独画出并注明详细尺寸及连接方法，这种图称为杆件图或零件图。

四、桥梁工程图的读图和画图步骤

(一)读图方法与步骤

1. 读图的方法

(1)读桥梁工程图的基本方法是形体分析法，桥梁虽然是复杂的建筑物，但它是由许多构件组成的，我们需要了解每个构件的形状和大小，再通过总体布置把它们联系起来，弄清彼此之间的关系。

(2)读图时要注意由整体到局部，再由局部到整体的这一反复过程。

(3)运用投影规律，弄清整体。看图的时候，决不能单看一个投影图，而是同其他投影图，包括总体图、构件结构图等联系起来。

2. 读图的步骤

读图的步骤可按如下顺序进行：

(1)看图纸的设计说明及标题栏和附注，了解桥梁名称、种类、主要技术指标、施工措施及注意事项、比例、尺寸单位等。

(2)看桥位平面图、桥位地质断面图，了解所建桥梁的位置、水文、地质状况。

(3)看总体布置图，弄清各投影图的关系，如有剖、断面，则要找出剖切线位置和观察方向。看图时，应先看立面图(包括纵剖面图)，了解桥梁类型、孔数、跨径大小、墩台数目、总长、总高；了解河床断面及地质情况。再对照看平面、侧面、横剖面等投影图，了解桥的宽度、人行道的尺寸和主梁的断面形式等。这样，对桥梁的全貌便有一个初步的了解。

(4)分别阅读各构件的构造图、大样图及钢筋图，搞清构件的详细构造。

(5)了解桥梁各部分所使用的建筑材料，并阅读工程数量表、钢筋明细表及说明等。

(6)看懂桥梁结构图后，再读尺寸，进行复核，检查有无错误或遗漏。

(7)各构件图看懂之后，再回过头来阅读总体图，了解各构件的相互配置及装配尺寸，看是否有矛盾或不对应之处，直至全部看懂。

（二）画图的方法与步骤

绘制桥梁工程图，基本上与其他工程图样的绘制方法类似，都有共同的规律。首先是布置和画出各个投影图的基线；其次是画出各构件主要轮廓线；再画构件的细部；最后加深或上墨，并注写字符和检查全图。在绘制桥梁工程图时，要确定视图数目（包括剖面图、断面图）、比例和图幅大小。

各类图样由于要求不一样，采用的比例也不同。表10-8为常用比例参考表。

表10-8　桥梁工程图常用比例参考表

序号	图名	说明	比例	
			常用比例	分类
1	桥位图	表示桥位路线的位置及附近地形地物情况，对于桥梁、房屋、农作物等只画出示意性符号	1∶500～1∶2 000	小比例
2	桥位地质断面图	表示桥位处的河床、地质断面及水文情况，为了突出河床的起伏情况，高度比例较水平方向的比例放大数倍画出	高度方向比例 1∶100～1∶500 水平方向比例 1∶500～1∶2 000	普通比例
3	桥梁总体布置图	表示桥梁的全貌、长度、高度尺寸，通航及桥梁各构件的相互位置，横剖面图可较立面图放大1～2倍画出	1∶50～1∶5 00	普通比例
4	构件构造图	表示梁、桥墩、桥台、人行道、防撞护栏、栏杆等构造	1∶10～1∶50	大比例
5	大样图（详图）	钢筋的弯曲和焊接、预应力锚具、支座等细部	1∶3～1∶10	

下面说明总体布置图的绘制方法和步骤。

（1）布置和画出各投影图的基线或构件的中心线。

根据所选择的比例及各投影图的相对位置，把它们均匀布置在图框内。布置时应注意空出图标、说明、投影图名称和标注尺寸的地方。当投影图位置确定后，便可画出各投影图的基线或构件的中心线。首先画出三个图形的中心线，其次画出墩台的中心线，立面图的水平线是以梁顶作为水平基线的。

（2）画出各构件的主要轮廓线。

以基线或中心线为出发点，根据标高或各构件尺寸，画出构件的主要轮廓线。

（3）画出各构件的细部。

根据主要轮廓线从大到小画全部构件的投影，画图时应注意投影关系，即“长对正、高平齐、宽相等”，并把剖面、栏杆、坡度符号线的位置、标高符号及尺寸线等画出来。

（4）加深或上墨。

加深或上墨前要详细检查底稿，有无错误或遗漏，并按规定线型要求加深或上墨，最后画断面符号、标注尺寸和书写文字等。

第三节　隧道工程图

隧道是道路穿越山岭的建筑物，它虽然形体较长，但中间断面形状变化较少，所以隧道工程图除用平面图表示位置外，它的构造图主要用隧道洞门图、横断面图（表示洞身形状和衬砌）及避车洞图等来表达。

一、隧道洞门图

隧道洞门图的形式很多，但使用较多的主要有端墙式和翼墙式两种。如图10-34(a)所示是端墙式洞门立体图，如图10-34(b)所示是翼墙式洞门立体图。

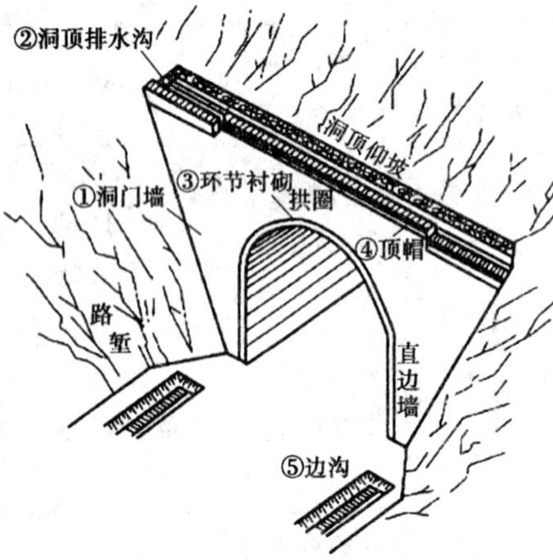

(a) 端墙式

(b) 翼墙式

图 10-34　隧道洞门口立面图

隧道洞门的视图一般采用三面投影图来表达。在视图配置上以洞门正面作为立面图，洞门在正常工作位置的水平投影图作为平面图，侧面图通常用剖面图来代替。现以图10-35所示的端墙式洞门为例，说明其各部分的构造和表达方法。

（一）立面图

它是隧道的正立面投影，不论洞门是否左右对称均应画全。正立面图反映出洞口墙的式样和各细部尺寸。洞门墙上高出的凸起部分称为顶帽，墙顶部从左往右倾斜的虚线表示设在墙顶的洞口顶部的排水沟，坡度为2%，箭头表示流水方向。洞口衬砌断面采用直墙洞顶三心圆拱，它是由两个不同半径（$R=385$ cm 和 $R=585$ cm）的三段圆弧和两直边墙组成的，边墙及圈拱厚均为45 cm，洞口净空尺寸高740 cm，宽790 cm，洞内路面采用1.5%的双向横坡，路面各分层采用虚线分隔，洞口路堑段两侧边坡均为1∶0.5的斜面，其坡脚距洞中心线的边距为500 cm，其他虚线反映了洞门墙和隧道地面的不可见轮廓线，它们被洞门前两侧路堑边坡和路面遮挡，故用虚线表示。

（二）平面图

仅画出洞门外露出部分的投影，平面图表示洞门墙顶帽的宽度，洞顶排水沟的构造及洞门口外两边沟的位置。

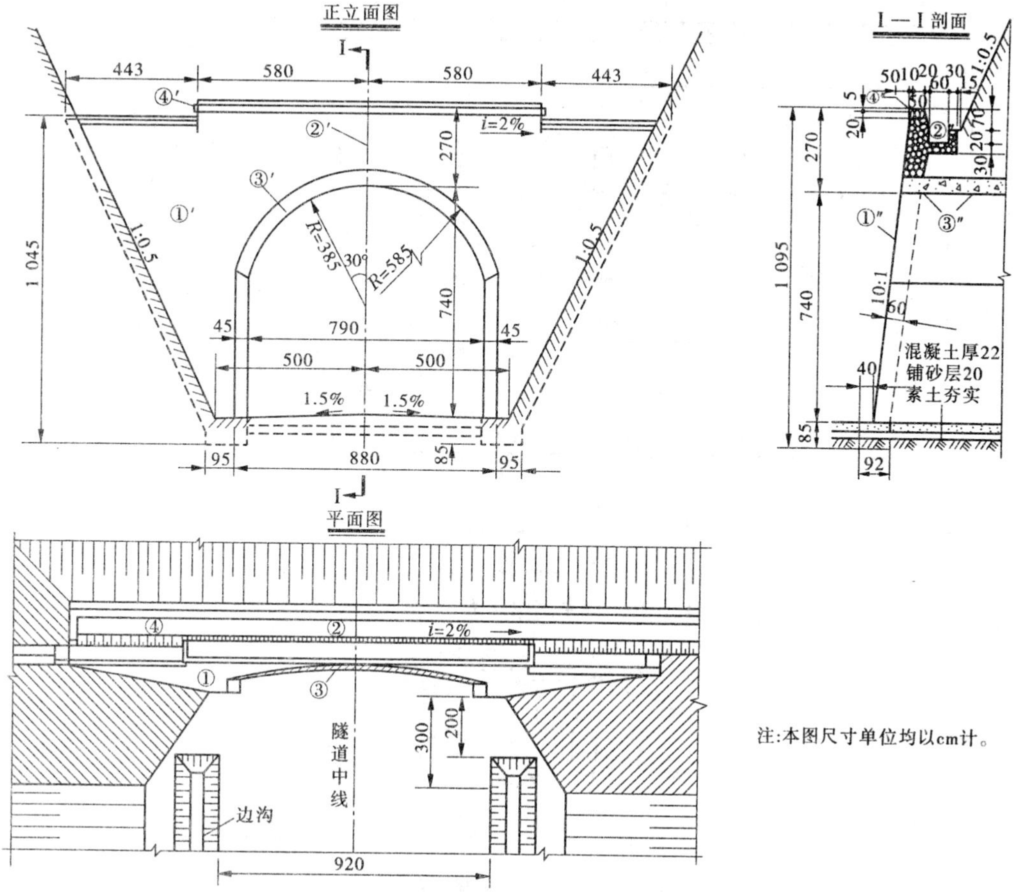

注:本图尺寸单位均以cm计。

图 10-35　端墙式隧道洞门工程图

(三) Ⅰ—Ⅰ剖面图

Ⅰ—Ⅰ剖面图仅画靠近洞口的一小段，图中可以看到洞门墙倾斜坡度为 10∶1，洞门墙厚度为 60 cm，另外，排水沟的断面形状、拱圈厚度及材料断面符号等均可读出。

为读图方便，图 10-35 还在三个投影图上对不同的构件分别用数字标注。如洞门墙为①′、①、①″，洞顶排水沟为②′、②、②″，拱圈为③′、③、③″，顶帽为④′、④、④″等。

二、避车洞图

避车洞有大、小两种，是供行人和隧道维修人员及维修小车避让来往车辆而设置的，它们沿路线方向交错设置在隧道两侧的边墙上。通常小避车洞常每隔 30 m 设置一个，大避车洞则每隔 150 m 设置一个，为了表示大、小避车洞的相互位置，采用位置布置图来表示。

如图 10-36 所示，由于这种布置图图形比较简单，为了节省图幅，纵横方向可采用不同比例，纵方向常采用 1∶2 000，横方向常采用 1∶200 等比例。

如图 10-37 所示为大避车洞示意图，图 10-38 和图 10-39 则为大、小避车洞详图，洞内底面两边做成斜坡以供排水之用。

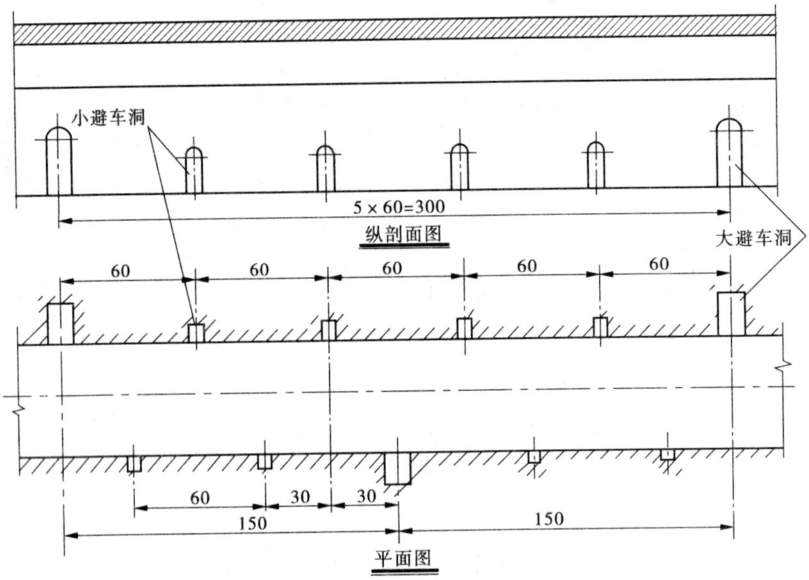

图 10-36　避车洞布置图　（单位:m）

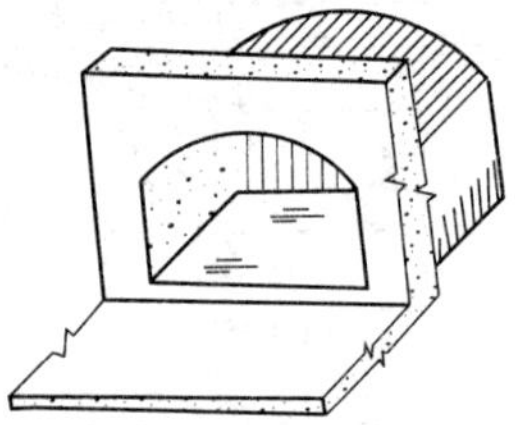

图 10-37　大避车洞示意图

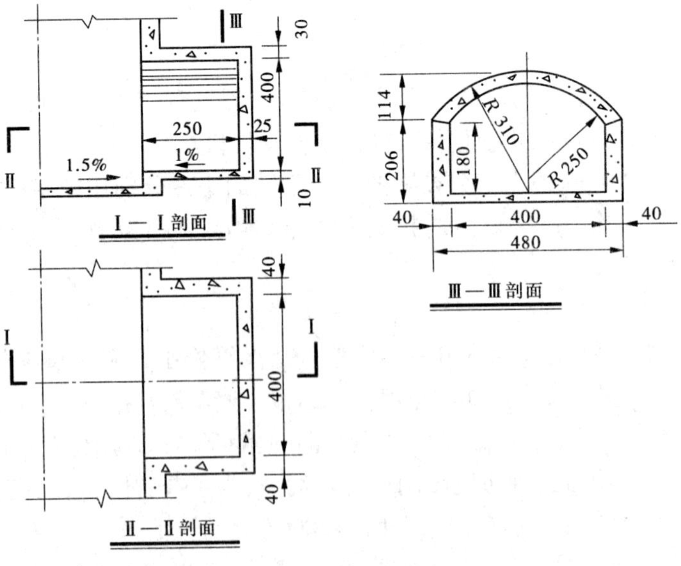

图 10-38　大避车洞详图　（单位:cm）

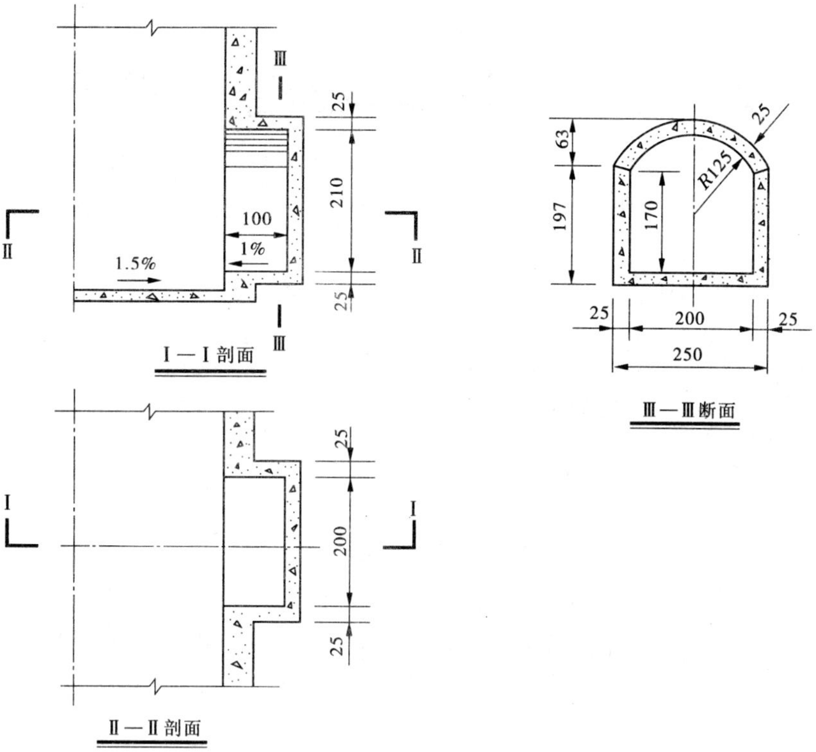

图 10-39　小避车洞详图　（单位：cm）

小　结

- 桥梁隧道工程图
  - 桥梁基本知识
    - 桥梁概述
    - 钢筋混凝土结构图
  - 桥梁工程图
    - 钢筋混凝土桥梁工程图
    - 斜拉桥
    - 钢结构图
    - 桥梁工程图的读图与画图步骤
  - 隧道工程图
    - 隧道洞门图
    - 避车洞图

第十一章　涵洞与通道工程图

知识目标

- 了解涵洞的分类方法。
- 掌握涵洞的组成。
- 掌握涵洞与通道工程的图示方法及表达内容。
- 掌握涵洞与通道工程图的阅读方法。

能力目标

- 能读懂涵洞与通道工程图。

涵洞是宣泄路堤下水流的工程构筑物，它与桥梁的主要区别在于跨径的大小和填土的高度。根据《公路工程技术标准》(JTG B01—2003)中的规定，凡是单孔跨径小于5 m，多孔跨径总长小于8 m，以及圆管涵、箱涵，不论其管径或跨径大小、孔数多少均称为涵洞。

涵洞顶上一般有较厚的填土(洞顶填土大于50 cm)，填土不仅可以保持路面的连贯性，而且分散了汽车荷载的集中压力，并减小对涵洞的冲击力。

通道是指专供行人车辆通行，跨径不大的结构物。其图示特点和图样表达与涵洞有许多类似之处。本章主要介绍涵洞与通道工程图。

第一节　涵洞的分类和组成

一、涵洞分类

(1)涵洞按构造形式分类有圆管涵、拱涵、箱涵、盖板涵等。工程上多用此类分法。

(2)涵洞按建筑材料分类有钢筋混凝土涵、混凝土涵、砖涵、石涵、木涵、金属涵等。

(3)涵洞按洞身断面形状分类有圆形涵、卵形涵、拱形涵、梯形涵、矩形涵等。

(4)涵洞按孔数分类有单孔涵、双孔涵、多孔涵等。

(5)涵洞按洞口形式分类有一字式(端墙式)涵、八字式(翼墙式)涵、领圈式涵、走廊式涵等。

(6)涵洞按洞顶有无覆盖土分类有明涵和暗涵(洞顶填土大于50 cm)等。

二、涵洞组成

涵洞是由洞口、洞身和基础三部分组成的排水构筑物。图11-1为拱涵的立体示意图，从图中可以了解涵洞各部分的名称、位置和构造。

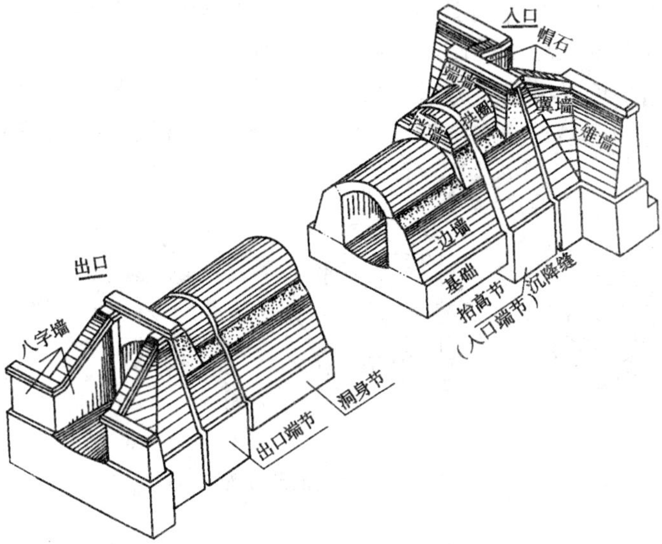

图 11-1　拱涵立体示意

（1）洞口包括端墙、翼墙或护坡、截水墙和缘石等部分，是洞身、路基、河道三者的连接，保证涵洞基础和两侧路基免受冲刷，使水流顺畅的构造。一般进出水口均采用同一形式，位于涵洞上游侧的洞口称进水口，位于涵洞下游侧的洞口称出水口。

常用的洞口形式有八字式、端墙式、锥坡式、直墙式、扭坡式、平头式、走廊式、流线形式等结构形式，如图 11-2 所示。设计时应根据实地情况选择上下游洞口的形式与洞身组合使用。

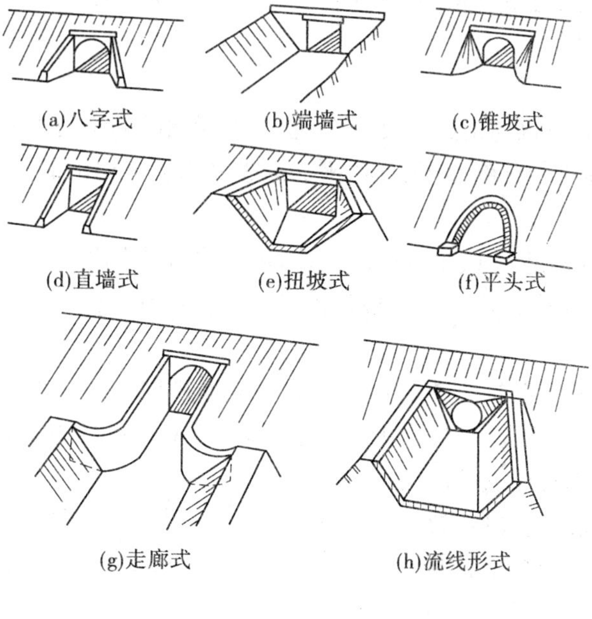

图 11-2　几种常见的洞口形式

(2)洞身是涵洞的主要部分,它由若干节组成,靠近出、入口的一节叫端节,中间的称为洞身节。端节和洞身节均由基础、边墙、拱圈组成。

它的主要作用是承受活载压力和土压力等并将其传递给地基,且保证设计流量通过的必要孔径。常见的洞身形式有圆管涵、拱涵、箱涵、盖板涵,如图 11-3 所示。

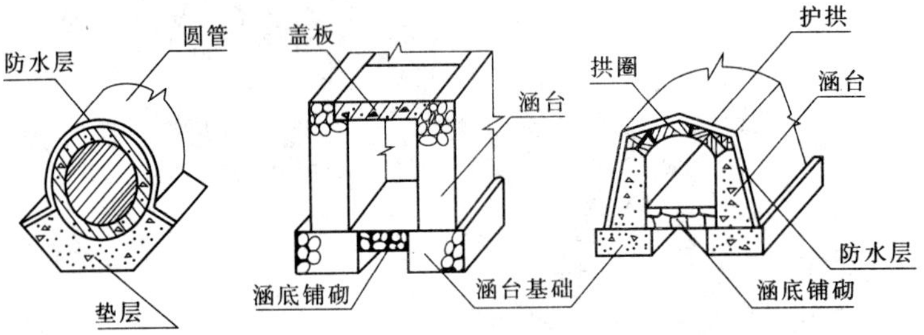

图 11-3　涵洞的断面形式

(3)基础是修筑在地面之下,承受整个涵洞的重量,防止水流冲刷而造成的沉陷和坍塌,保证涵洞的稳定和牢固。

第二节　涵洞工程图

一、涵洞的图示方法

涵洞是窄而长的构筑物,它从路面下方横穿过道路,埋置于路基土层中。根据涵洞的构造特点,涵洞工程图包括常用的平面图、立面图、剖面图(有时还要附加构件详图,如钢筋布置图、翼墙断面图)等。

(一)立面图

涵洞的水流方向可以与道路正交或斜交,一般涵洞的顺水流方向较长,故以水流方向为纵向,立面一般画成半纵剖面图,剖切平面通过顺水流方向的洞身轴线。

(二)平面图

平面图常以水平投影图或半剖面图表达,画水平投影图时,为了表达清楚,将洞顶覆盖的土看作透明体;画半剖面图时一般沿涵洞基础顶面剖切。

(三)侧面图

侧面图一般以洞口正立面图表达。画洞口立面图时,若进水口、出水口构造形式相同,可只绘一个洞口。若进水口、出水口构造形式不同,则要绘两个洞口构造图。绘剖面图时,剖切平面一般垂直水流方向。

涵洞体积较桥梁小,故画图所选用的比例较桥梁图稍大。现以常用的圆管涵、盖板涵和石拱涵三种涵洞为例介绍涵洞的一般构造图,说明涵洞工程图的表示方法。

二、圆管涵

图 11-4 为圆管涵分解图。

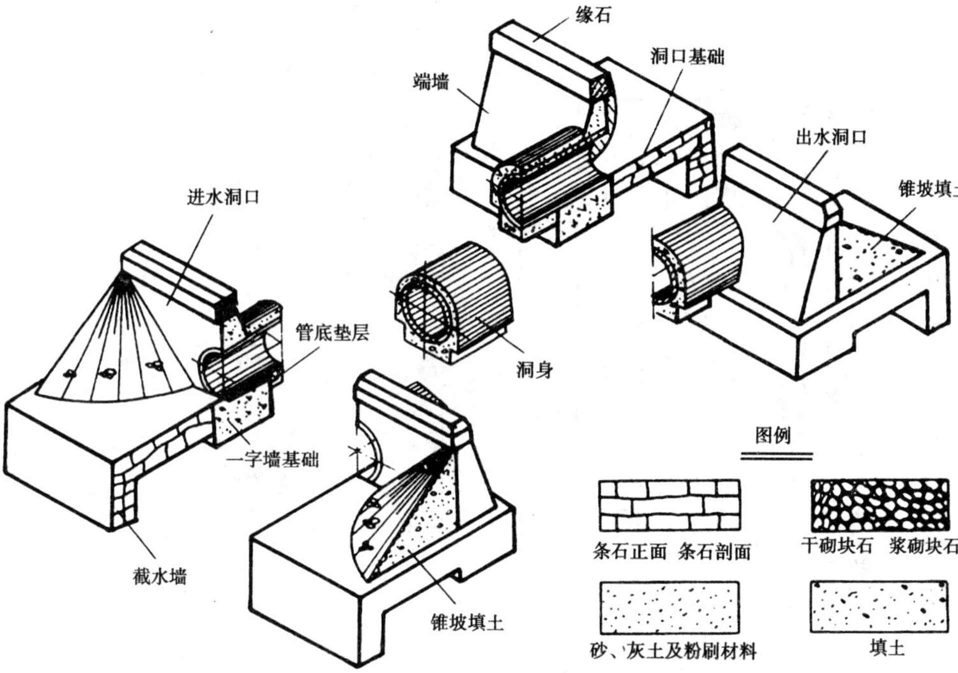

图 11-4　圆管涵分解图

图 11-5 为钢筋混凝土圆管涵构造图,比例为 1∶50。该涵洞进出水洞口均为端墙式,洞口两侧由 20 cm 的干砌片石锥形护坡组成,锥形护坡坡度为 1∶1.5,涵洞洞底设计流水坡度为 1%,涵洞总长为 1 335 cm。由于构造对称,则只绘出了该涵洞的半纵剖面图、半平面图和洞口立面图。

(一)半纵剖面图

由于该涵洞进出洞口一样,左右基本对称,以对称中心线为分界线,布置图中只画出半纵剖面图。从该图中我们可以读出:洞口的锥形护坡由 20 cm 厚的砂浆砌片铺砌。基础顶面与洞口铺砌的顶面平齐。涵洞的圆管内径 75 cm、壁厚 10 cm,管长 1 060 cm,圆管的端部嵌于端墙墙身内,管内圆孔与洞口铺砌顶面相切;在圆管下铺砌 20 cm 的浆砌片石,圆管外壁设 15 cm 厚的防水层。涵上路基覆土厚度大于 50 cm。按构造要求,圆管应纵向分节,图纸未表示出。

(二)半平面图

平面图与半纵剖面图相配合,故也只画一半。图中将涵顶覆土作透明处理,但画出了路基边缘线,并以示坡线表示路基边坡。半平面图中着重表达了洞口基础、端墙、缘石和护坡的平面形状和尺寸,以及管径尺寸与管壁厚度。

(三)侧面图

侧面图又称为洞口正面图,主要表示管涵孔径和壁厚、洞口缘石和端墙的侧面形状及尺寸、锥形护坡的坡度等。为了使图形清晰,把土壤作为透明体处理,并且某些虚线未予画出。

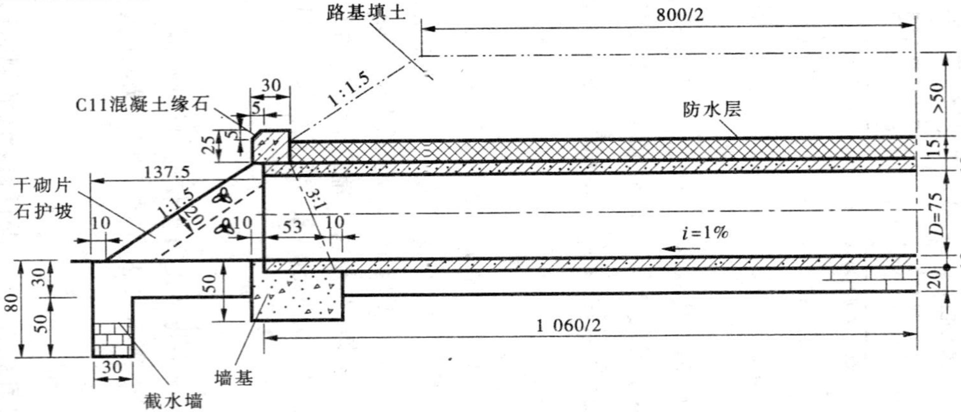

半纵剖面图

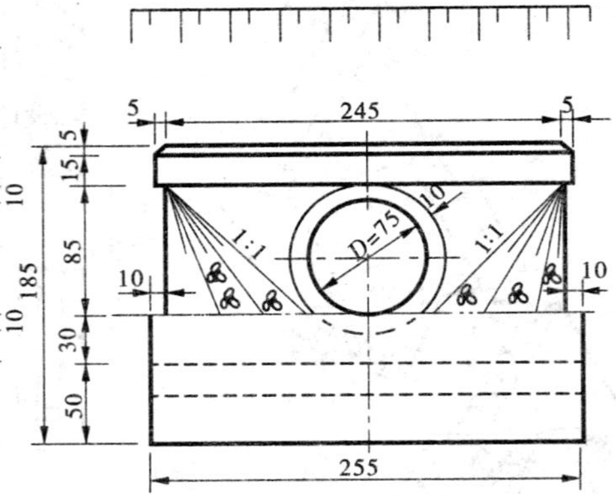

洞口正面图

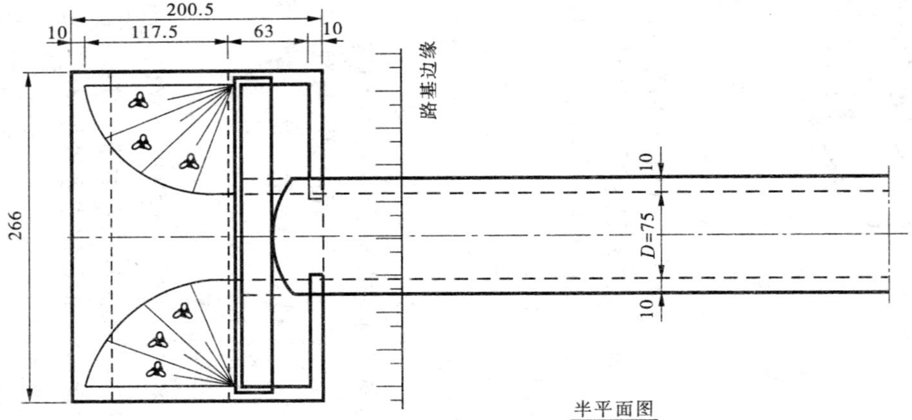

半平面图

洞口工程数量表(一端)

工程数量 \ 项别 / 管径	11号混凝土缘石 (m^3)	3号砂浆砌片石墙身 (m^3)	3号砂浆砌片石基础 (m^3)	干砌片石护坡 (m^3)
75	0.191	0.552	2.200	0.275

说明：

1.图中尺寸以cm为单位。

2.洞口工程数量指一端，即一个进水口或一个出水口。

端墙式圆管涵 (D=75)	汽车-15，挂车-80 比例 1∶50
单孔构造图	图号

图 11-5 某单孔钢筋混凝土圆管涵构造图

三、钢筋混凝土盖板涵

如图 11-6 所示为盖板涵的立体图。

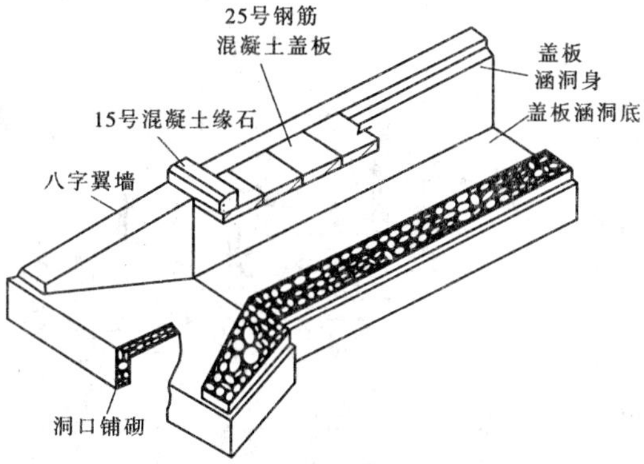

图 11-6　单孔钢筋混凝土盖板涵立体图

图 11-7 所示为某单孔钢筋混凝土盖板涵的布置图。该涵洞为明涵，所以其路基宽度与涵身长度相等，为 1 200 cm，加上两端洞口铺砌长度 260 cm，即涵洞总长为 1 720 cm。该投影图采用纵剖面图、平面图及洞口正立面来表达，由于用三个基本视图不能清楚地反映翼墙、洞身的详细构造和尺寸，通过绘制 Ⅰ—Ⅰ 断面图、Ⅱ—Ⅱ 断面图、缘石大样图来表示。

（一）纵剖面图

纵剖面图中详尽表示出涵洞各细部在长度方向的尺寸，路面横坡以及八字翼墙和其与洞身的连接关系等，八字翼墙坡度为 1∶1.5，采用 15 号混凝土，进水口涵底的标高为 685.19 m，出水口涵底的标高为 685.13 m，洞底采用 7.5 号砂浆砌片石或 15 号混凝土铺砌，厚 30 cm，截水墙深 90 cm，涵台基础另有 60 cm 厚地基处理层。图中还画出了原地面线。为更清楚地表达洞身构造，画出了 Ⅰ—Ⅰ 断面图。

（二）平面图

平面图与纵剖面图对应，画出路肩边缘线及示坡线。采用折断线截去涵洞两侧适当位置以外的部分，突出表示涵洞。涵洞中心桩号为 K81 + 302.4，涵台台身宽 50 cm，台身基础宽 90 cm，因其水平投影被路堤遮挡均画成虚线。平面图中清晰表示出进出水洞口的八字翼墙及其基础的投影形状和尺寸。为更清楚地表达八字翼墙的构造，对其 Ⅱ—Ⅱ 位置进行剖切，并画出断面图，以便放样或制作模板。

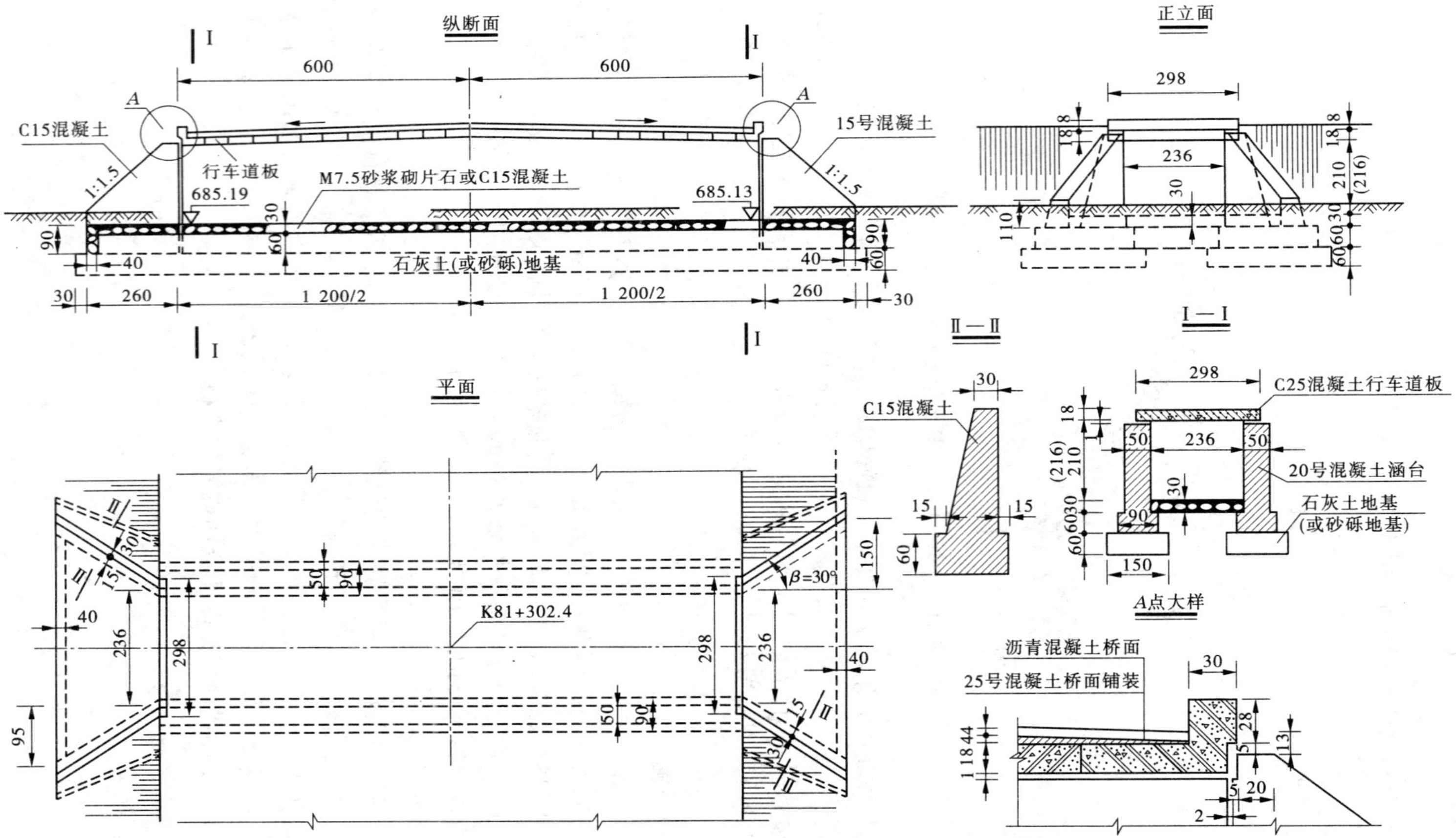

注：1.本图尺寸单位除标高以m计外，余均以cm计。2.括号内尺寸数字为出水口台高。3.行车道板一般构造及钢筋布置另图表达，本图中未示出。

图 11-7　单孔某钢筋混凝土盖板涵构造图

(三)侧面图

侧面图也称为洞口立面图,表达了洞高和净跨径,同时表示出缘石、盖板、八字翼墙、基础等的相对位置和它们的侧面形状。图中地面线以下不可见轮廓线用虚线画出。

四、石拱涵

石拱涵由主拱圈、涵台、台墙基础、洞口侧墙及八字翼墙等组成。常用纵剖面图、平面图、洞口正面图、洞身断面图等来表达其构造。

如图 11-8 所示为石拱涵的立体示意图,图 11-9 所示为某单孔石拱涵的构造图。在图 11-9 中,该石拱涵的洞身长 3 888 cm,涵洞总长 5 533 cm,净跨径 $L_0=400$ cm,矢高 $f_0=248$ cm,矢跨比 $\frac{f_0}{L_0}=\frac{248}{400}\approx 1:1.6$。路基宽度 700 cm,路基覆土 1 072 cm。

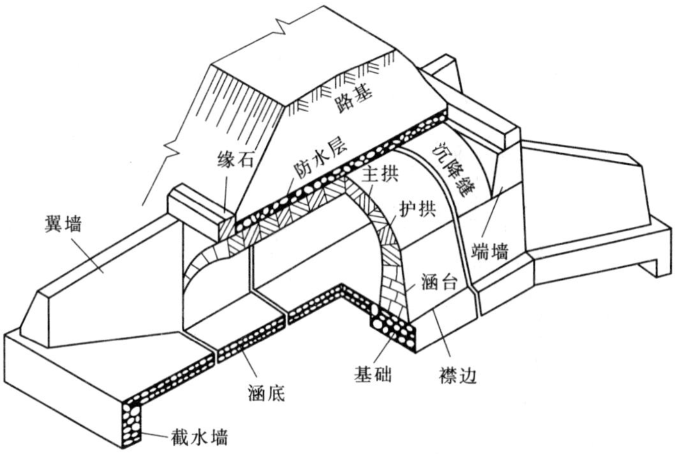

图 11-8　石拱涵立体示意图

(一)纵剖面图

本图沿涵洞纵向轴线进行全剖,表达洞身的内部结构。涵顶覆土厚 1 072 cm,锥体护坡纵向坡度为 1∶1.5,与路基边坡相同;进水口涵底标高 1 142.56 m、涵底中心标高 1 142.27 m、出水口涵底标高 1 141.97 m、设计流水坡度 1.5%、洞底采用 30 cm 厚 5 号浆砌片石铺砌,并以 10 cm 厚砂砾垫层;上游洞口铺砌长 804 cm、下游洞口铺砌长 841 cm、截水墙深 150 cm。

(二)平面图

为突出表示涵洞部分,采用折断线截去涵洞两侧适当位置以外的部分,画出路基边缘线及示坡线。涵位中心桩号处路基中线标高为 1 158.47 m。四道沉降缝把洞身分成五段,每段洞身尺寸均在平面图中给予明确表示。图中还表达了锥坡的平面投影形状。

(三)侧面图

本图为洞口正面图,反映出洞高和净跨径,同时反映出缘石、拱圈、护拱、锥体护坡、基础等的相对位置和它们的侧面形状及尺寸。

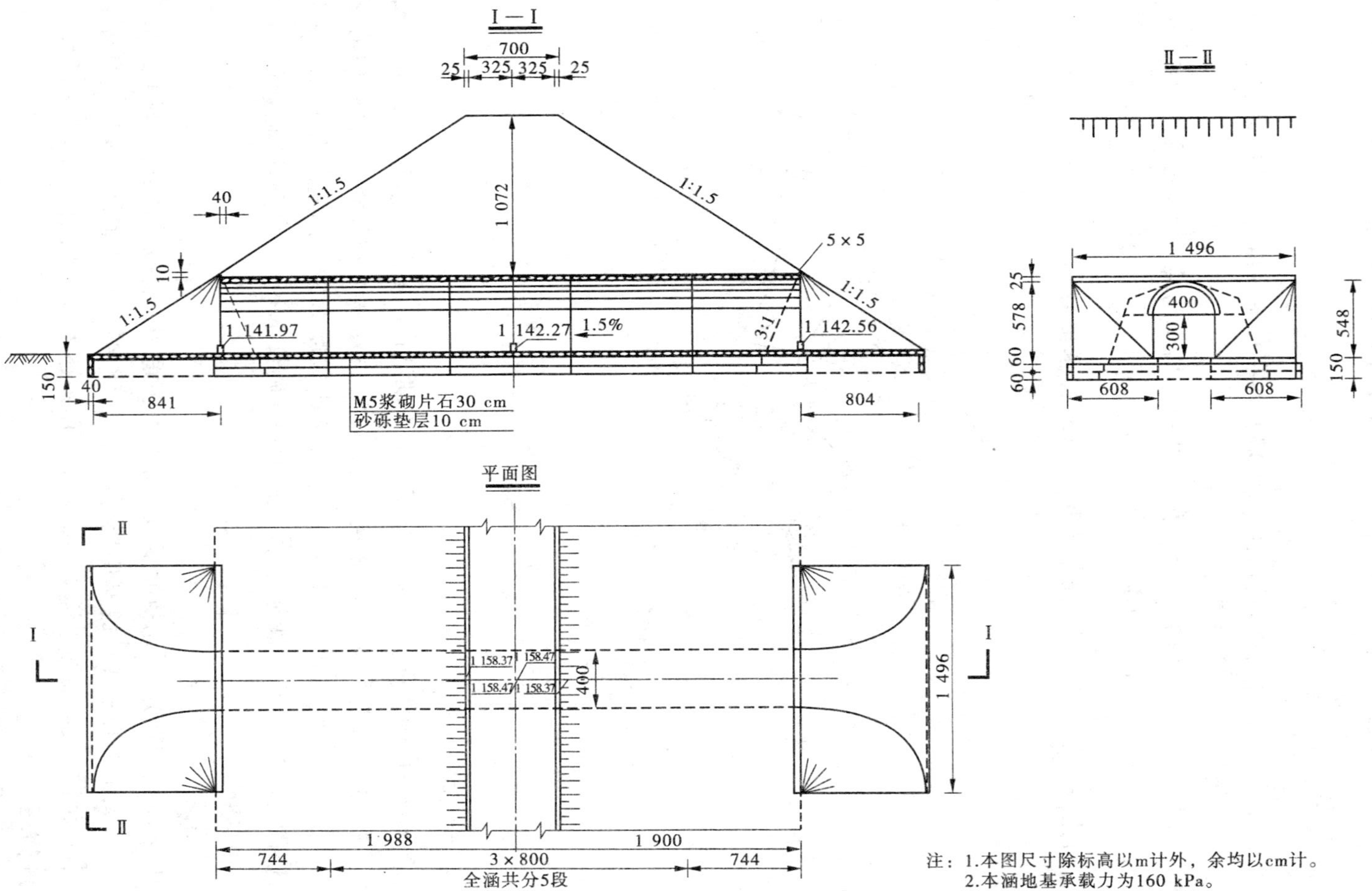

注：1.本图尺寸除标高以m计外，余均以cm计。
2.本涵地基承载力为160 kPa。
荷载等级：汽-15、挂-80。

图 11-9　某单孔石拱涵的构造图

第三节　通道工程图的表示方法

由于通道工程的跨径一般比较小，故投影图处理及投影特点与涵洞工程图一样，也是以通道洞身轴线作为纵轴，立面图以纵断面表示，水平投影则以平面图的形式表达，投影过程中同时连同通道支线道路一起投影，从而比较完整地描述了通道的结构布置情况。如图 11-10 所示为某通道一般布置图。

一、立面图

从图 11-10 上可以看出，立面图用纵断面取而代之，高速公路路面宽 26 m，边坡采用 1∶2，通道净高 3 m，长度 26 m，与高速公路同宽，属明涵形式。洞口为八字墙，为顺接支线原路及外形线条流畅，采用倒八字翼墙，既起到挡土防护作用，又保证了美观。洞口两侧各 20 m 支线路面为混凝土路面、厚 20 cm，以外为 15 cm 厚砂石路面，支线纵向用 2.5% 的单坡，汇集路面水于主线边沟处集中排出，由于通道较长，在通道中部，即高速公路中央分隔带设有采光井，以保证通道内的采光。

二、平面图及断面图

平面图与立面图对应，反映了通道宽度与支线路面宽度的变化情况，还反映了高速公路的路面宽度与支线道路和通道的位置关系。从平面图可以看出，通道宽 4 m，即与高速公路正交的两虚线同宽，依投影原理画出通道内壁轮廓线。通道帽石宽 50 cm，长度依倒八字翼墙长确定。通道与高速公路夹角为 α，支线两洞口设渐变段与原路顺接，沿高速公路边坡角两边各留出 2 m 宽的护坡道，其外侧设有底宽 100 cm 的梯形断面排水边沟，边沟内坡面投影宽各 100 cm，最外侧设 100 cm 宽的挡堤，支线路面排水也流向主线纵向排水边沟。在图纸最下边还给出了半Ⅰ—Ⅰ、半Ⅱ—Ⅱ的合成剖面图，显示了右侧洞口附近剖切支线路面及附属构造物断面的情况。其混凝土路面厚 20 cm、砂垫层厚 3 cm、石灰土厚 15 cm、砂砾垫层厚 10 cm。为使读图方便，还给出了半洞身断面与半洞口断面的合成图，可以知道该通道为钢筋混凝土箱涵洞身、倒八字翼墙。通道洞身及各构件的一般构造图及钢筋结构图与前面介绍的桥涵图类似，此处不再赘述。

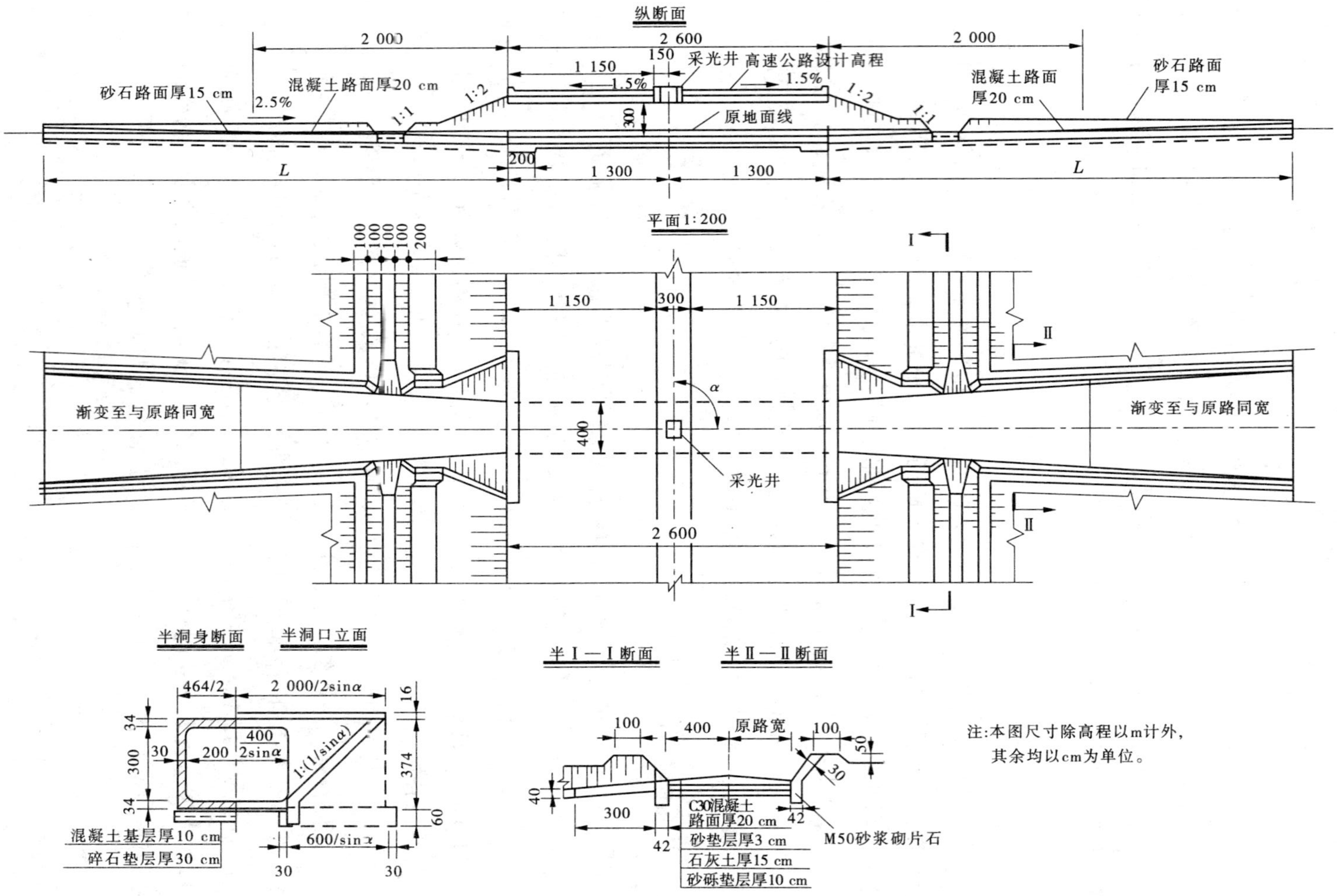

注:本图尺寸除高程以m计外,
其余均以cm为单位。

图 11-10　某通道一般布置图

小　结

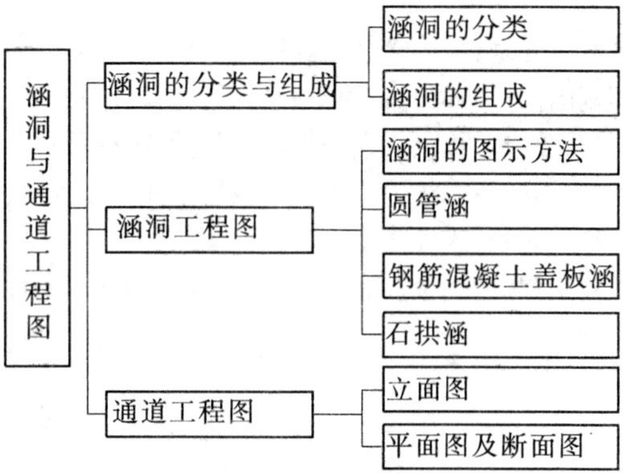
涵洞与通道工程图
涵洞的分类与组成
涵洞的分类
涵洞的组成
涵洞工程图
涵洞的图示方法
圆管涵
钢筋混凝土盖板涵
石拱涵
通道工程图
立面图
平面图及断面图

参 考 文 献

[1] 张淑英. 园林工程制图[M]. 北京:高等教育出版社,2011.
[2] 杨蕊,纪殿彬. 道路工程制图[M]. 郑州. 黄河水利出版社,2008.
[3] 樊琳娟. 道路工程识图与绘图[M]. 北京:人民交通出版社,2011.
[4] 乐荷卿. 土木建筑制图[M]. 武汉:武汉工业大学出版社,1995.
[5] 郑国权. 道路工程制图[M]. 北京:人民交通出版社,2005.
[6] 和丕壮,王鲁宁. 交通土建工程制图[M]. 北京:人民交通出版社,2001.